Das InselLesebuch

Das
InselLesebuch

Dem Meer entrissen
von Gesa Holsten

marixverlag

FSC
www.fsc.org
MIX
Papier aus verantwortungsvollen Quellen
FSC® C006701

Bibliografische Information der Deutschen Nationalbibliothek
Die Deutsche Nationalbibliothek verzeichnet diese Publikation in der Deutschen Nationalbibliografie; detaillierte bibliografische Daten sind im Internet über http://dnb.d-nb.de abrufbar.

Covergestaltung: network! Werbeagentur GmbH, München
Bildnachweis: Nor'East Storm, iStock
Satz und Bearbeitung: SATZstudio Josef Pieper, Bedburg-Hau
Der Titel wurde in der Minion Pro gesetzt.
Gesamtherstellung: CPI books GmbH, Leck – Germany

ISBN: 978-3-7374-0958-2

www.verlagshaus-roemerweg.de

»Mit ›Robinson Crusoe‹ wurde das Ich zu einer Insel;
und jetzt, so scheint es, wird diese Insel zur Welt.«

Jonathan Franzen

»Nights and days came and passed and summer and winter
and the sun and the wind and the rain.
And it was good to be a little Island.
A part of the world and a world of its own all
surrounded by the bright blue sea.«

Margaret Wise Brown

Inhalt

Johann Karl Wezel

Robinson Krusoe

Nichts ist in einer Reisebeschreibung weniger unerwartet als ein Sturm; man wird sich daher nicht im mindesten wundern, wenn dem armen Robinson nicht lange nach seiner Ausfahrt einer der schrecklichsten begegnet, mit welchem jemals ein Schiff gekämpft hat, und ihn nach Norden an die Küste von Guinea trieb. Sein Schiff war durch die Grausamkeit des Wetters in den erbärmlichsten Zustand versetzt und so beschädigt worden, daß man die Fortsetzung der Reise bis zu dem Orte seiner Bestimmung auf ihm schlechterdings nicht wagen durfte. Man beschloß, nach einer von den englischen Kolonien zu segeln, um dort eine Ausbesserung mit ihm vorzunehmen; auch dieses hinderte ein neuer Sturm. Die Angst, die er verursachte, wurde noch durch die Besorgnis vermehrt, daß man an Küsten zu geraten fürchtete, die von Karaiben bewohnt wurden, und die schrecklichen Begriffe, die man sich damals von der Menschenfresserei dieses Volks machte, verminderten die Freude um ein Merkliches, als man nach langem Herumtreiben sich dem Lande zu nähern glaubte. Mit Zittern und Furcht, vielleicht der Raubbegierde hungriger Menschenfresser entgegenzueilen, richtete man seinen Lauf nach dem vermeinten Lande und geriet in eine wirkliche Gefahr, indem man nur eine eingebildete besorgte; das Schiff saß plötzlich auf einer ungeheuern Klippe fest, die man für Land angesehen hatte. Die Wut des Windes schlug die Wellen mit der äußersten Heftigkeit empor, erfüllte das Schiff von allen Seiten mit Wasser und stieß unaufhörlich den Boden wider die spitzigen Felsen, auf welchen es saß. Mit trauriger Niedergeschlagenheit sah man die losgerißnen Bretter fortschwimmen und das Wasser durch die entstandnen Öffnungen so stark hineindringen, daß alles Pumpen nicht vermochte, es zu bezwingen, und die erschlafften Kräfte des Widerstandes eine allgemeine Mutlosigkeit hervorbrachten. Nicht einmal ein dünnes Brett schied mehr Tod und Leben, sondern man war schon mitten in den Wellen, und jede Minute Verzögerung machte die Erhaltung unmöglich. Schon glaubte man bei jeder neuen Erschütterung und jedem neuen Stoße an den Felsen, daß es der letzte entscheidende Stoß sein würde, als der Steuermann den mutigen Entschluß faßte, ein Boot mit Hülfe einiger Matrosen über Bord zu werfen; soviel es ihrer fassen konnte, sprangen in der Geschwindigkeit hinein, und weil es die Flut augenblicklich von dem Schiffe entfernte, wurde den Hineingesprungnen ein Kampf erspart, der unvermeidlich schien, wenn es nicht überladen werden sollte; jeder drängte sich hinzu, der erste zu sein, und alle, denen die Entfernung des Bootes die Rettung benahm, standen mit gerungnen Händen, jammernd und wehklagend, am Bord des Schiffs.

Die Geretteten, unter welchen sich auch Robinson befand, waren nicht aus aller Gefahr, sondern ihr Untergang schien nur verschoben zu sein. Das Boot konnte unmöglich, sosehr sich auch der Sturm gelegt hatte, die noch immer hohe See aushalten; man konnte ihm durch nichts als Ruder eine Richtung geben; jeder war durch die Arbeit im Schiffe zu sehr entkräftet, um diese neue Beschwerlichkeit lange zu ertragen oder das Ruder mit großer Wirkung zu regieren. Sie sammelten den ganzen Überrest ihrer Stärke, um nach dem Lande zu rudern, und wagten die Gefahr, entweder auf sandichtes oder klippenvolles Ufer geworfen oder in einen Meerbusen getrieben zu werden, wo sie vielleicht ebenes Wasser antreffen möchten. Mitten unter dieser ungewissen Erwartung wurde ihre Furcht plötzlich in Schrecken verwandelt: eine hochgetürmte Welle stürzte das Boot um, und es war nichts übrig als zu schwimmen, bis man ermattete und sank.

Robinson war mit einigen seiner Gefährten von dieser ungeheuern Welle ans Ufer geschleudert worden und lag, als sie zurückwich, fast ohne Besonnenheit im Sande; er hatte sich kaum ein wenig gesammelt, als er sich aufraffte, um zu entfliehen, eh ihn eine neue Welle von seinem trocknen Posten vertriebe, allein die Flut verfolgte ihn, und plötzlich war er wieder so tief im Wasser, daß er sich durch Schwimmen fortarbeiten mußte; bald schleuderten ihn die nacheilenden Wellen vorwärts, bald rissen sie ihn wieder zurück. Er widerstand mit der letzten Anstrengung seiner Kräfte, bis ihn die Flut mit einem empfindlichen Stoße auf einen Felsen warf, wo er sich mit Händen und Füßen anklammerte, um Atem zu schöpfen; allein was half's ihm, daß er auf dem Felsen im Trocknen hing? – Jeden Augenblick mußte er fürchten, daß ihn eine neue Welle hinwegriß und begrub. Er warf sich also mit der Entschlossenheit der Verzweiflung in die See hinab, schwamm, watete, ging, kletterte an dem hohen Ufer hinauf und sank kraftlos, von Freude und Ermattung überwältigt, auf den Boden hin in einem dem Schlafe ähnlichen Taumel, der ihm Besonnenheit und Empfindung raubte.

Als er aus diesem ohnmächtigen Schlummer erwachte, drangen alle Empfindungen der Freude auf seine Seele zu; berauscht von seinem Glücke, saß er noch lange Zeit in tiefem Traume da, eh er seine Aufmerksamkeit auf seine Gefährten und den Ort seines Aufenthalts wenden konnte. Keinen einzigen von ihnen erblickte er, weder tot noch lebendig, und fand bloß in der Folge einige von ihren Kleidungsstücken.

Die erste Trunkenheit der Freude über seine Erhaltung ging bald vorüber, um einem traurigen Nachdenken Platz zu machen. Wie schrecklich war noch immer sein Zustand! Naß, in zerrißnen Kleidern, ohne Speise, ohne Gewehr saß er hier in einer Einöde, wo sich nicht die mindeste Spur von Bevölkerung und Anbau zeigte, vielleicht unter ausgehungerten wilden Tieren, um ihnen eine willkommne Beute zu werden. Nichts fand er in seiner Tasche als ein Messer, eine Tabakspfeife und einen kleinen Vorrat durchnäßten Rauchtabak – alles sehr leidige Hülfsmittel für einen abgezehrten Körper!

Tiefsinnig und mit halber Verzweiflung ging er aus, etwas aufzusuchen, das Hunger und Durst einigermaßen befriedigen könnte, und fand zu seiner großen Freude frisches Wasser; doch für die Stillung seines Hungers zeigte sich nicht das geringste, wenn er nicht mit Blättern und Grase vorliebnehmen wollte. Die Nacht nahte sich; um sich vor den Anfällen wilder Tiere zu schützen, wählte er einen dickbewachsenen, tannenähnlichen, dornichten Baum zu seinem Lager, bewaffnete sich statt des Gewehrs mit einem knotichten Stocke, stieg hinauf, reinigte mit dem Messer seine Ruhestelle von den Dornen, so gut er konnte, band sich mit Zweigen fest und wurde sogleich von dem tiefsten Schlummer überfallen, daß er nicht lange das Melancholische der Szene fühlte, wo er schlief. Eine einsame öde Ebne, mit einzelnen, weit auseinander stehenden Bäumen besetzt, die itzt in der tiefsten Finsternis begraben waren! Kein Laut, nicht einmal das Zwitschern eines Vogels! Allgemeine schauernde Stille und in der Ferne das Getöse der Wellen, die sich am Ufer brachen! Über sich tief hängende, schwere, finstre Wolken, die ohne Bewegung zu stehen und jede Minute herabzustürzen schienen, und mitten in dieser fürchterlichen Szene schmachtend und kraftlos auf einem Baume eine ganze lange Nacht hindurch zu liegen! – Wie hätte der arme Verlaßne dies Bild ohne Todesschrecken empfinden können, wenn ihm nicht der Schlaf zu Hülfe gekommen wäre!

Desto fröhlicher war der Anblick, der sich seinen Augen des Morgens darauf bei seinem Erwachen darstellte: ein lichter, lachender Himmel, den nicht ein Wölkchen trübte, der erquickendste Sonnenschein, von kühlenden sanften Winden gemildert, in der Ferne eine ebne ruhige See! – Alle diese Bilder und Empfindungen gaben seinen gestärkten Lebensgeistern einen neuen Umtrieb; er stieg auf den höchsten Wipfel des Baums, der zu seiner Lagerstätte gedient hatte, und genoß das Entzücken dieses Anblicks so stark, als man es nur empfinden kann, wenn man mit Sturm und Tode gekämpft hat. Er bemerkte zu seiner noch größern Zufriedenheit, daß das Schiff dem Ufer näher getrieben und die See weit vom Strande gewichen war; es stand aufrecht und schien in dem Sande festzuliegen. Der erste Gedanke bei dieser Entdeckung konnte kein andrer sein als der Wunsch, zu dem Schiffe zu kommen und sich mit einigen Bedürfnissen aus demselben versorgen zu können; auf diesen Punkt wurde nunmehr sein ganzes Nachdenken und alle seine Aufmerksamkeit gerichtet.

Das natürlichste war, sich nach dem Boote umzusehen, das ihn den Tag vorher seiner Rettung nahegebracht hatte; er ging also längst des Ufers hin und wurde es auch wirklich gewahr, allein ein heftiger Meerstrom trennte ihn von dem Orte, wo es lag; er mußte also für diesmal den Plan, zu ihm zu schwimmen, aufgeben. Zu dem Schiffe zu schwimmen war wegen seiner weiten Entfernung und der starken Ströme nicht weniger unmöglich; auch diesen Vormittag mußte er unter leeren Entwürfen, trostlosen Hoffnungen und vergeblichen Bemühungen zubringen. Sein Nachsuchen auf seinem Wohnorte lief nicht glücklicher ab; der Hunger setzte ihm den Sporn in die Seite, und er kehrte zu dem Ufer zurück. Er sah, daß das Meer während seiner Herumwanderung noch ein beträchtliches Stück weiter vom Strande zurückgewichen war; Mut oder Verzweiflung machte ihn entschlossen, er warf seine Kleider hastig am Ufer hin und wanderte in der drückendsten Sonnenhitze dem Wasser zu, um in ihm Hülfe oder Tod zu finden. Er schwamm glücklich bis zum Schiffe und fand, daß er es nur erreicht hatte, um eine neue Schwierigkeit zu bekämpfen. Es lag in niedrigem Wasser auf dem Grunde fest und ragte hoch über dasselbe hervor, daß es fast unmöglich war, eine Hand anzuschlagen und sich an ihm hinaufzuschwingen. Den weiten Weg wieder zurückzuschwimmen mangelten ihm die Kräfte; seiner Hülfe so nahe, umzukommen oder unverrichtetersache wieder zur vorigen Trostlosigkeit zurückzukehren war beides gleich schrecklich. Fast wollte er das letzte wagen, als er an dem Vorderteile des Schiffs, das tiefer im Wasser lag als der hintere Teil, der auf einer Sandbank ruhte, ein herabhängendes Stück eines Taues gewahr wurde; er arbeitete aus allen Kräften, es zu fassen, schwang sich an ihm in die Höhe, daß er auf einem hervorragenden Brette fußen konnte, und kletterte alsdann mit unsäglicher Mühe vollends weiter hinan. Sein erster Weg war nach den Proviantkammern; einen großen Teil des Vorrats fand er unverdorben, und ohne Anstand wurde sein Körper für den erlittnen Abgang seiner Kräfte reichlich entschädigt. Er aß, suchte weiter, lief herum, um neue Vorräte zu entdecken, fand in der großen Kajüte eine Flasche Rum, trank, lief weiter, bald in die Vorratskammer, bald oben, bald unten – alles mit der freudigsten Geschäftigkeit. Nichts fehlte nunmehr als ein Mittel, diesen Schatz auf seinen Wohnort zu bringen und vor neuen Unfällen zu bewahren. Nichts konnte ihm zu diesem Endzwecke in Ermangelung eines Bootes dienen als ein Floß. Er sah sich deswegen nach Stangen, Brettern und Balken, nach Sägen und ähnlichen Zimmermannswerkzeugen um, fand alles, was er brauchte, und fing seine Arbeit an.

Daniel Defoe

Robinson Crusoe

Jene Arbeiten nahmen mich bis zu Anfang des August in Anspruch. Kaum hatte ich die Einfriedigung vollendet und fing an mich der Früchte meiner Arbeit zu erfreuen, als die Regenzeit mich fest in meiner zuerstgewählten Behausung einschloß. Denn wiewohl ich in der zweiten mir von einem Stück eines Segels gleichfalls ein Zelt errichtet hatte, fehlte mir dort doch der Schutz eines Hügels, um die Stürme abzuhalten, sowie auch eine Höhle, um darin bei ungewöhnlich starkem Regen Schutz zu suchen.

Am 3. August schienen mir die aufgehängten Trauben hinlänglich trocken; sie waren auch wirklich zu trefflichen Rosinen geworden. Ich fing an, sie von den Bäumen abzunehmen und das war gut, denn der Regen würde sie außerdem bald verdorben und mich um den besten Teil meines Winterunterhalts gebracht haben. Nachdem ich nämlich über zweihundert große Trauben eingeheimst und in meine Höhle geschafft hatte, begann der Regen und dauerte vom 14. August bis zur Mitte des Oktobers fort. Einige Male war er so heftig, daß ich mehre Tage hindurch meine Höhle keinmal verlassen konnte.

Während dieser Zeit wurde ich durch einen Familienzuwachs sehr überrascht. Ich hatte eine Weile in Sorgen um eine meiner Katzen gelebt, die verschwunden gewesen war, so daß ich geglaubt hatte, sie sei umgekommen. Nachdem sie geraume Zeit nichts von sich hatte sehen und hören lassen, kam sie plötzlich gegen Ende des August mit drei Jungen heim. Dies befremdete mich sehr. Zwar hatte ich einmal eine wilde Katze geschossen, aber, wie mir schien, war dieselbe von der europäischen Art völlig verschieden gewesen, und ich hatte daher geglaubt, die hier einheimische Art würde sich mit jener nicht paaren. Die Kätzchen glichen aber ganz der Mutter, und da meine beiden Katzen Weibchen waren, fand ich das sehr seltsam. Durch diese drei Katzen wurde ich später so mit Katzen überschwemmt, daß ich sie wie Ungeziefer oder wilde Tiere töten und mit aller Anstrengung von meiner Wohnung verscheuchen mußte.

Vom 14. bis zum 26. August fortwährender Regen. Ich konnte nicht ausgehen und suchte mich nur möglichst vor der Nässe zu schützen. In dieser Eingeschlossenheit ging mir die Nahrung auf die Neige; ich wagte mich daher zweimal hinaus, schoß den einen Tag eine Ziege und fand am andern eine große Schildkröte, die mir einen wahren Leckerbissen bot. Meine Mahlzeiten hatte ich jetzt folgendermaßen geregelt: zum Frühstück genoß ich einige Rosinen, als Mittagsessen ein Stück gedörrtes Ziegenfleisch oder etwas geröstete Schildkröte (denn um zu kochen, mangelte mir zu meinem großen Bedauern ein taugliches Gefäß). Mein Abendessen bestand regelmäßig aus einigen Schildkröteneiern.

Während jener durch den Regen bewirkten Gefangenschaft arbeitete ich täglich mehrere Stunden daran, meine Höhle zu erweitern. Ich gelangte dabei bis zur entgegengesetzten Außenseite des Hügels und legte mir auf dieser eine Tür an, durch die ich nun ein- und ausgehen konnte. Es war mir zwar nicht ganz wohl zu Mute bei dem Gedanken, so offen und frei dazuliegen. Früher war ich vollkommen abgeschlossen gewesen, während jetzt Alles, was Lust hatte, zu mir gelangen konnte. Jedoch hatte ich bis dahin kein lebendes Wesen auf der Insel bemerkt, das ich zu fürchten brauchte; denn die größten Tiere, die ich bisher hier gesehen, waren die Ziegen gewesen.

Den 30. September. Es war jetzt ein Jahr seit meiner Ankunft vergangen, wenigstens fand ich beim Zusammenzählen der Einschnitte an meinem Pfahl, daß ich bereits 365 Tage auf der Insel gelebt hatte. Ich fastete diesen Jahrestag über und verwendete ihn zu frommen Übungen. Ich warf mich nieder in aufrichtiger Demut, bekannte meine Sünden vor Gott, erkannte sie an als gerechtes Gericht über mich und flehte zu ihm, er möge um Jesu Christi willen mir gnädig sein. Nachdem ich zwölf Stunden ohne die geringste Erfrischung geblieben war, verzehrte ich nach Sonnenuntergang ein Stück Zwieback und eine Traube mit getrockneten Beeren und legte mich dann zu Bett, nachdem ich den Tag mit einem Gebete, wie ich ihn begonnen, auch beschlossen hatte. Bisher war nicht ein einziger Sonntag von mir gefeiert worden, da ich anfangs aus Mangel an religiöser Stimmung unterlassen hatte, die Wochen zu bezeichnen, und daher später die Tage nicht mehr zu unterscheiden vermochte. Nun aber teilte ich bei der Berechnung der Tage nachträglich das verflossene Jahr in Wochen und zeichnete den siebenten Tag als Sonntag aus. Bald darauf nahm ich wahr, daß meine Tinte auf die Neige ging, und ich setzte mir daher vor, von nun an nur noch die bemerkenswertesten Ereignisse meines einsamen Lebens aufzuzeichnen.

Jetzt, wo ich allmählich die Regelmäßigkeit im Eintreten der trockenen und nassen Jahreszeit erkannt hatte, war ich auch im Stande, für jede die richtigen Vorkehrungen zu treffen. Wie ich jedoch all meine Erfahrungen teuer erkaufen mußte, war es auch mit derjenigen der Fall, von welcher ich jetzt berichten will, ja sie war eine der entmutigendsten unter allen.

Wie erwähnt, hatte ich die wenigen so wunderbar aufgesprossenen Gersten- und Reisähren aufbewahrt. Es waren, wenn ich nicht irre, dreißig Reis- und etwa zwanzig Gerstenhalme. Weil ich glaubte, es sei jetzt nach dem Regen, als die Sonne sich südlich von mir entfernte, Zeit, die Körner zu säen, grub ich, so gut es mit meinem hölzernen Spaten gehen wollte, ein Stück Land um und streute das Korn in zwei Abteilungen darauf. Wegen meiner nicht völligen Sicherheit darüber, ob es die geeignete Zeit sei, verbrauchte ich zunächst nur zwei Drittel des Korns und behielt etwa eine Handvoll von jeder Art zurück. Das gereichte mir später zu großem Trost; denn nicht ein einziges Korn ging auf, da die trockenen Monate folgten, und die Erde des Regens entbehrte, auch kein Düngmittel das Wachstum unterstützte. Erst in der feuchten Jahreszeit entwickelte sich meine Aussaat, wie wenn sie erst kurz zuvor geschehen sei. Als ich mein Korn nicht wachsen sah, suchte ich eine feuchtere Stelle des Bodens auf, um einen weiteren Versuch zu machen. Ich grub ein Stück Landes in der Nähe meiner Laube um und säete den Rest meines Korns dort im Februar kurz vor dem Frühlingsäquinoctium aus. Da die regnerischen Monate März und April folgten, ging es denn dort auch üppig auf und gab reichlichen Ertrag. Weil ich aber nur wenig Korn gehabt hatte, betrug meine ganze Ernte auch nur eine halbe englische Metze von jeder Art. Doch war ich durch diese Erfahrung gewitzigt, kannte jetzt die zur Aussaat geeigneten Zeiten und wußte, daß ich jährlich zweimal säen und ernten konnte.

Während mein Korn wuchs, machte ich eine kleine Entdeckung, die mir später nützlich wurde. Sobald der Regen vorüber war und das Wetter sich aufheiterte, was gegen den November hin geschah, besuchte ich nämlich meine Laube nach monatelanger Anwesenheit einmal wieder. Ich fand Alles dort, wie ich es verlassen. Die von mir angelegte Doppelhecke war nicht nur fest und unversehrt, sondern es waren auch die Pfähle, die ich von benachbarten Bäumen abgehauen hatte, ausgeschlagen und hatten hohe Zweige getrieben, wie es die Weidenbäume im ersten Jahre, nachdem sie geköpft sind, zu tun pflegen. Die Baumart, von der ich die Pfähle genommen, konnte ich nicht nennen. Ich war sehr angenehm überrascht, die jungen Stämme grünen zu sehen, beschnitt sie und suchte sie zu möglichst gleichmäßiger Höhe zu gestalten. Es ist kaum glaublich, wie schön sie binnen drei Jahren heranwuchsen. Denn wiewohl der Kreis, den sie beschrieben, gegen fünfundzwanzig Ellen im Durchmesser hielt, bedeckten sie ihn doch vollständig und gewährten so viel

Schatten, daß ich fast die ganze trockene Jahreszeit hindurch mich unter demselben aufzuhalten pflegte.

Dies veranlaßte mich, weitere Pfähle zu fällen und mir eine ähnliche Umfriedigung auch um meine erste Wohnung anzulegen. Ich schlug die Palisaden etwa acht Ellen entfernt von der früher angelegten Einzäunung und in einer Doppelreihe ein, sie wuchsen prächtig heran und gewährten meiner Wohnung nicht nur Schatten, sondern dienten, wie ich seiner Zeit erzählen werde, mir später auch zur Verteidigung.

Ich beobachtete, daß das Jahr hier nicht, wie in Europa, in Sommer und Winter, sondern in regnerische und trockene Zeiten zerfiel. Das Verhältnis stellte sich so: die Hälfte des Februar, der März und der halbe April gehörten zur Regenzeit, da dann die Sonne der Tag- und Nachtgleiche nahe war. Der halbe April, der Mai, Juni, Juli und der halbe August, wenn die Sonne nördlich vom Äquator stand, waren trocken. Die zweite Hälfte des August, der September und der halbe Oktober gehörten wieder zur Regenzeit, dagegen zählte zur trockenen Periode: der Rest des Oktober, der November, Dezember, Januar und die erste Hälfte des Februar, wenn die Sonne südlich vom Äquator stand.

Zuweilen dauerte die Regenzeit länger oder kürzer, je nachdem der Wind wehete. Nachdem ich die üblen Wirkungen meiner Ausgänge in der nassen Periode erkannt hatte, trug ich Sorge dafür, mich stets mit den nötigen Vorräten zu versehen, um während der regnerischen Monate zu Hause bleiben zu können. Diese Zeit verwendete ich sehr zweckmäßig, um mich mit allerlei Dingen auszurüsten, deren Herstellung nur durch schwere und langwierige Arbeit zu bewirken war. So machte ich namentlich verschiedene Versuche, einen Korb zu Stande zu bringen. Alle Zweige aber, mit denen ich es probierte, waren unbrauchbar wegen ihrer großen Sprödigkeit. Jetzt gereichte es mir sehr zum Vorteil, daß ich als Knabe in meiner Vaterstadt oft mit großem Vergnügen dem Hantieren eines Korbmachers zugeschaut hatte.

Ich war damals, wie Jungen pflegen, sehr dienstfertig gewesen, dem Korbflechter zu helfen, und hatte mir daher vollkommene Kenntniß seiner Methode angeeignet, so daß mir jetzt nur das Material fehlte. Da fiel es mir ein, daß die Zweige des Baumes, von welchem ich meine Pfähle geholt, vielleicht so geschmeidig seien wie in England die Weidenruten. Daher begab ich mich sogleich am nächsten Tag zu meinem sogenannten Landhaus, schnitt einige dünnere Zweige ab und fand sie zu meinem Zweck so geeignet, als ich es nur wünschen konnte. Ich holte mir daher am folgenden Tage, mit dem Beil versehen, eine große Menge derselben, legte sie zum Trocknen innerhalb meiner Einfriedigung nieder und brachte sie, als sie brauchbar waren, in meine Höhle. Hier fertigte ich mir während der nächsten Regenzeit eine Menge von Körben, teils um Erde oder Anderes darin zu tragen, teils um Allerlei darin aufzubewahren. Meine Arbeit geriet zwar nicht sehr schön, aber ihre Resultate waren doch vollkommen zweckentsprechend. Später trug ich Sorge, immer einen Vorrat von Körben zu haben, und fertigte mir, sobald die früheren abgenutzt waren, eine Anzahl neue. Dabei kam es mir besonders darauf an, die Körbe möglichst stark und tief zu machen, um darin, statt in Säcken, mein Korn aufbewahren zu können, wenn ich davon einmal einen großen Vorrat haben würde.

Nachdem ich diese eine schwierige Aufgabe mit unendlichem Zeitaufwand glücklich gelöst hatte, dachte ich daran, mich mit zwei anderen nötigen Gegenständen, wenn möglich, zu versehen. Ich besaß nämlich kein Gefäß, um Flüssigkeiten darin aufzubewahren, außer zwei, beinahe noch ganz mit Rum angefüllten Fäßchen und einigen Glasflaschen, die teils die gewöhnliche Form hatten, teils viereckig waren. Zur Benutzung beim Kochen hatte ich nichts als einen aus dem Schiff geretteten großen Kessel, der zur Bereitung von Bouillon und zum Kochen kleiner Stückchen Fleisch zu umfangreich war. Das Zweite, wonach ich großes Verlangen trug, war eine Tabakspfeife. Obschon mir anfangs die Verfertigung einer solchen ganz unmöglich schien, gelang es mir endlich doch, eine zu erfinden. Die Anlegung meiner Doppelreihe von Pfählen und die Korbmacherarbeit beschäftigten mich den ganzen Sommer, das heißt die ganze trockene Jahreszeit hindurch.

Ich sprach schon von meiner großen Lust, die ganze Insel kennen zu lernen, und daß ich schon früher an dem Bache herauf bis an die Stelle, wo ich meine Laube angelegt, und weiterhin, wo ich den Ausblick nach der See auf der anderen Seite der Insel hatte, gekommen war. Jetzt beschloß ich, einmal meinen Weg längs der Seeküste auf jener Seite hin zu nehmen, und machte mich denn auch mit meiner Flinte, einem Beil, meinem Hund und mit einer größeren Quantität von Pulver und Blei als gewöhnlich, sowie mit zwei Zwiebacken und einem großen Bündel Rosinen in meinem Beutel auf die Wanderung. Nachdem ich das Ende des Tals, in welchem sich meine Laube befand, passiert hatte, bekam ich bald das Meer in Sicht. Da es ein außerordentlich heller Tag war, entdeckte ich plötzlich in der Ferne Land, konnte aber nicht unterscheiden, ob es eine Insel oder Festland sei. Es lag hoch und streckte sich von Westen nach Westsüdwesten in langer Ausdehnung hin. Nach meiner Berechnung mußte es mindestens fünfzehn bis zwanzig Meilen von meiner Insel entfernt sein.

Es war mir unbekannt, was für ein Stück Erde das sein mochte, nur so viel glaubte ich zu wissen, daß es zu Amerika gehöre und allen meinen Beobachtungen nach in der Nähe der spanischen Besitzungen liegen müsse. Vielleicht mochte es von Wilden bewohnt sein, und wenn ich dort ans Land geraten wäre, hätte ich mich wohl noch in schlimmerer Lage befunden als hier. Dieser Gedanke söhnte mich noch mehr aus mit der Fügung der Vorsehung, die, wie ich jetzt einzusehen begann, Alles aufs Beste ordnet. Meine Seele wurde nun ruhiger und ich quälte mich nicht mehr mit fruchtlosen Wünschen, anderswo zu leben.

Übrigens sagte ich mir, daß, wenn jenes Land wirklich zur spanischen Küste gehöre, sich früher oder später sicherlich in der Nähe desselben ein Schiff zeigen werde. War das Erstere aber nicht der Fall, so konnte jene Küste nur von den zwischen den spanischen Kolonien und Brasilien hausenden Wilden bewohnt sein, welche die schlimmsten von Allen, nämlich Cannibalen oder Menschenfresser sind und alle menschlichen Geschöpfe, die in ihre Hände fallen, ermorden und verzehren.

Unter solchen Gedanken schritt ich gemächlich weiter. Wie ich bemerkte, war die Inselseite, auf der ich mich jetzt befand, weit anmutiger als die meinige. Es gab hier blumengeschmückte Savannen oder Wiesen und schönes Gehölz fand sich in Menge. – Ich erblickte eine große Anzahl von Papageien, und es überkam mich stark die Lust, mir einen zu fangen, um ihn zu zähmen und sprechen zu lehren. Nach mehren vergeblichen Versuchen gelang es mir auch, eines jungen Tieres dieser Vogelart habhaft zu werden, das ich mit einem Stock vom Baume schlug und, nachdem es sich erholt hatte, nach Hause trug. Es währte mehre Jahre, bis dieser Papagei sprechen lernte, endlich aber hatte er gelernt, mich ganz verständlich bei meinem Namen zu rufen. Ein Vorfall, der sich hieran knüpfte, soll, obwohl er an sich unbedeutend ist, später zum Ergötzen des Lesers mitgeteilt werden.

Ich war sehr befriedigt von meiner Wanderung. In den Tälern hatte ich Hasen, wenigstens hielt ich einige mir begegnende Tiere für solche, und Füchse angetroffen. Doch unterschieden sie sich wesentlich von denen, die mir anderwärts vorgekommen waren, und lieferten mir auch kein Nahrungsmittel, wiewohl ich einige davon erlegte. Übrigens litt ich auch in Bezug auf Viktualien jetzt keinen Mangel, denn ich war mit solchen von trefflicher Qualität versehen, und zwar besonders mit dreierlei Fleischarten, nämlich dem der Ziegen, Tauben und Schildkröten. Die Rosinen dazu gerechnet, hätte selbst der Markt von Leadenhall wenigstens für einen einzelnen Menschen keine bessern Tafelfreuden liefern können als diese. So hatte ich, wie traurig meine Lage auch sein mochte, doch Grund genug zur Dankbarkeit. Litt ich doch so wenig Mangel an Unterhalt, daß ich eher im Überfluß, und zwar sogar an nahrhaften Leckerbissen lebte.

Während meiner Entdeckungsreise machte ich nicht viel über zwei Meilen des Tags, dennoch kehrte ich stets durch viele Umwege, die ich einschlug, um Wahrnehmungen zu machen, müde genug zu dem Platze zurück, den ich ein- und für allemal zu meinem Nachtlager bestimmt hatte. Ich schlief dort entweder auf einem Baum, oder bildete mir eine Einfriedigung, indem ich rings um mich her Pfähle einsteckte, oder solche von einem Baum zum andern legte. So konnten wilde Tiere nicht in meine Nähe kommen, ohne daß ich aufwachte. Wieder an das Meeresufer gelangt, sah ich mit Erstaunen, daß ich auch in Bezug auf dieses mein Quartier auf der ungünstigsten Seite der Insel genommen hatte. Denn hier war der Strand von unzähligen Schildkröten bedeckt, während ich deren auf der anderen Seite binnen anderthalb Jahren nur drei gefunden hatte. Auch eine große Menge von Vögeln gab es hier, von denen mir einige bisher noch nicht zu Gesicht gekommen waren. Manche darunter lieferten leckere Mahlzeiten, dem Namen nach erkannte ich darunter nur die sogenannten Fettgänse. Wiewohl es eine Leichtigkeit gewesen wäre, von diesen so viel mir beliebte zu schießen, begnügte ich mich, da ich mit Pulver und Blei sehr haushälterisch umging, lieber damit, mir eine Ziege zu erlegen, die mir längern Unterhalt gewährte. Obgleich auch von diesen Tieren hier eine Menge, und zwar eine noch größere als auf meiner Inselseite vorhanden war, hielt es doch schwerer als dort, an sie heran zu kommen, da sie wegen der Ebenheit und Flachheit der Gegend mich immer sehr bald bemerkten.

Dieser ganze Teil des Eilandes behagte mir, wie gesagt, weit besser als der, in welchem ich mich niedergelassen hatte. Aber dennoch fühlte ich nicht die geringste Lust, meine Wohnung zu verlassen, denn durch die Gewohnheit war diese mir lieb geworden, und es dünkte mich die ganze Zeit meiner Wanderung hindurch, als ob ich in der Fremde sei. Ich ging an der Küste ungefähr zwölf Meilen ostwärts, pflanzte dort einen großen Pfahl zum Merkzeichen am Strande auf und beschloß dann, heimzukehren. Meinen nächsten Ausflug gedachte ich die andere Seite der Insel entlang zu machen und so in die Runde zu gehen, bis ich wieder an jenem Pfahl ankäme. Diesmal schlug ich einen andern Rückweg an, in der Überzeugung, daß ich leicht den Überblick über die Insel behalten und nach meiner ersten Wohnung nicht fehl gehen könne. Ich hatte mich jedoch getäuscht, denn nach zwei bis drei Meilen befand ich mich in einem großen, von Wald bedeckten Hügeln umkränzten Tale, so daß ich mich über den einzuschlagenden Weg nur durch die Beobachtung des Sonnenstandes zu orientieren vermochte. Um das Mißgeschick zu steigern, wurde das Wetter während der drei oder vier Tage, die ich in diesem Tale zubrachte, neblig, so daß ich die Sonne nicht zu sehen bekam und so lange mißmutig herumirrte, bis ich mich notgedrungener Weise wieder nach der Seeseite hinwendete, meinen Pfahl aufsuchte und dann auf demselben Wege, den ich auf dem Hinweg gekommen war, heimkehrte. Da das Wetter ungemein heiß war und ich an meiner Flinte, dem Schießbedarf und dem Beil schwer zu tragen hatte, legte ich den Weg nach Hause in nur kleinen Tagemärschen zurück.

Auf meiner Heimwanderung fing mein Hund ein Ziegenlamm, das ich, herbeigeeilt, während es noch am Leben war, ihm entriß. Es wandelte mich große Lust an, es mit nach Hause zu nehmen, da ich schon darüber nachgedacht hatte, ob es nicht gelingen könne, ein oder zwei Lämmer zu fangen und mir so für die Zeit, wenn mein Pulver und Blei verbraucht sein würde, eine Zucht von zahmen Ziegen anzulegen. So machte ich denn dem kleinen Geschöpf ein Halsband und führte es an einer Leine, die ich mir aus etwas Taugarn, wovon ich beständig ein wenig bei mir trug, verfertigte, bis zu meiner Laube, wo ich es einschloß und zurückließ. Denn ich brannte vor Ungeduld, nach mehr als einmonatlicher Abwesenheit wieder nach Hause zu kommen.

Ich kann nicht beschreiben, mit welcher Freude ich meine alte Behausung begrüßte und mich in meine Hängematte schlafen legte. Die kleine Reise, auf der ich wie ein Nomade gelebt hatte, war mir so wenig angenehm gewesen, daß mein eignes Haus, wie ich es nannte, mir jetzt als ein wohlgeordnetes Heimwesen erschien. Alles um mich mutete mich so traulich an, daß ich mir vornahm, mich, so lange ich auf der Insel verweilen müßte, nicht wieder auf eine so weite Strecke zu entfernen.

Eine Woche hindurch pflegte ich jetzt der Ruhe, um mich von den Anstrengungen meiner Wanderung zu erholen. Den größten Teil dieser Zeit nahm ein wichtiges Geschäft in Anspruch. Ich fertigte nämlich für mein Papchen, das sich schon wie zu Hause bei mir fühlte und gar gut bekannt mit mir geworden war, einen Käfig an. Dann dachte ich an das arme Ziegenlamm, das ich in meiner kleinen Umfriedigung eingesperrt hatte, und ging, es zu holen und ihm zu fressen zu geben. Zwar fand ich es noch am alten Ort, aber es war halb verhungert. Ich schnitt Zweige von Bäumen und Sträuchern ab, warf sie ihm vor, und nachdem es gefressen, wollte ich es wie früher anbinden, um es nach Hause zu leiten. Aber es war durch den Hunger so zahm geworden, daß es nicht nötig schien, es zu fesseln, denn es folgte mir von freien Stücken wie ein Hund. Ich fütterte es dann regelmäßig, und das Tierchen wurde so anmutig, zutraulich und zahm, daß es nun auch zu meiner Familie gehörte und nicht wieder von mir weichen wollte.

Jetzt war wiederum die Regenzeit der herbstlichen Tag- und Nachtgleiche gekommen, und ich beging den 30. September in derselben feierlichen Weise wie früher als den Jahrestag meiner Landung. Zwei Jahre waren seit dieser nun vergangen, und meine Aussicht auf Befreiung schien noch nicht größer als am ersten Tage. Ich verwendete den ganzen 30. September zu demütiger, dankbarer Erinnerung an die vielen wunderbaren Gnadenerweisungen, die mir in meiner Einsamkeit zu Teil geworden waren und ohne die mein Elend unendlich viel größer gewesen sein würde. Aus tiefstem Herzen dankte ich Gott, daß er mir die Augen darüber geöffnet hatte, wie ich in dieser Einsamkeit sogar glücklicher als inmitten menschlicher Gesellschaft und unter allen Freuden der Welt sein könne; daß er mir die Entbehrungen meiner Lage und den Mangel an menschlichem Verkehr durch seine Gegenwart und durch seine gnädige Offenbarung reichlich ersetzt, mir Hülfe und Trost gewährt und mich ermutigt hatte, auf seine Vorsehung zu bauen und zu hoffen, daß er allezeit bei mir sein werde.

Allmählich kam mir zum Bewußtsein, um wie viel glücklicher mein jetziges Leben trotz aller seiner betrübsamen Umstände sei als das nichtswürdige verworfene Dasein, das ich in früheren Tagen geführt hatte. Meine Sorgen und Freuden gestalteten sich von Grund aus um, sogar meine Wünsche änderten ihre Natur, meine Neigungen waren wie vertauscht, und ich fand jetzt mein Vergnügen in ganz anderen Dingen als denen, in welchen ich es nach meiner ersten Ankunft, oder wenigstens noch vor zwei Jahren gesucht hatte.

Sonst, wenn ich umher gewandert war, auf der Jagd, oder um das Land kennen zu lernen, hatte oft eine plötzliche Angst meine Seele überfallen und mir das Herz beklemmt. Der Gedanke an die Wälder, die Berge, die Einöde, die mich umgab, und wie ich eingeschlossen sei durch die ewigen Riegel und Schlösser des Ozeans, in einer öden Wildnis, ohne Hoffnung auf Erlösung, hatte mich da oft niedergebeugt. Mitten in der ruhigsten Stimmung war es oft wie ein Sturmwind über mein Gemüt gekommen, und mit gerungenen Händen hatte ich oft wie ein Kind weinen müssen. Zuweilen hatte mich's mitten in der Arbeit überfallen, dann hatte ich mich sofort niedergesetzt und stundenlang seufzend auf die Erde geblickt. Und gerade dieser Zustand war der schlimmste, denn wenn mein Kummer sich in Tränen oder Worten Luft machen konnte, pflegte er sich bald zu mildern.

Jetzt aber fing ich an, mich in anderen Stimmungen zu ergehen. Ich las täglich in Gottes Wort und wendete seine Tröstungen auf meine gegenwärtige Lage an. Eines Morgens, da ich sehr traurig war, fiel mir die Bibelstelle in die Augen: »Ich will dich nicht verlassen noch versäumen.« Sofort fiel mir auf, daß diese Worte wie für mich geschrieben seien. Weshalb wären sie auch sonst wohl gerade in dem Augenblick mir aufgestoßen, als ich mich über meine Lage grämte und klagte, daß ich ein von Gott und Menschen Verlassener sei? »Nun denn«, sagte ich mir jetzt, »wenn Gott dich nicht verlassen will, was kann dir dann geschehen, und was liegt daran, wenn auch die ganze Welt dich verläßt, da du doch siehst, daß, wenn du die ganze Welt gewännest und solltest Gottes Gnade und Segen dafür entbehren, dein Schade unvergleichlich größer sein würde!«

Von diesem Augenblick an kam ich zu der Erkenntnis, daß ich in dieser Einsamkeit seliger zu sein vermochte, als ich vermutlich in irgendeiner andern Lebenslage gewesen wäre. Nun dankte ich Gott sogar dafür, daß er mich hierher gebracht hatte. Aber ich weiß nicht, wie es kam, daß ich bei diesem Gedanken erschrak und ihm nicht Worte zu geben wagte. »Wie kannst du so heucheln«, sagte ich laut vor mich hin, »und dich stellen, als ob du Gott für eine Lage dankbar seiest, in der zufrieden zu sein du zwar dir Mühe gibst, aus der du aber doch mit herzlichem Dank dich befreien lassen würdest.« Wenn ich nun auch in solcher Weise mit meinem Danke inne hielt, so sprach ich ihn doch um so aufrichtiger dafür aus, daß mir Gott die Augen geöffnet und mich mein früheres Leben im richtigen Lichte hatte sehen, betrauern und bereuen lassen. Niemals öffnete oder schloß ich die Bibel, ohne Gott für die segensreiche Fügung zu danken, der meinen Freund in England, ohne daß ich ihm Auftrag dazu gegeben, veranlaßt hatte, sie unter meine Habe zu packen, und der mir beigestanden, daß ich sie später aus dem Schiffswrack hatte retten können.

In solcher Gemütsstimmung begann ich mein drittes Jahr. Wenn ich aus dem Verlaufe des zweiten bezüglich meiner Arbeiten den Leser auch nicht mit dem Bericht über so viel Einzelheiten ermüdet habe wie in der Erzählung von dem ersten, so wird man doch im Allgemeinen bemerkt haben, daß ich selten müßig gewesen war. Ich hatte meine Zeit regelmäßig eingeteilt und für gewisse tägliche Beschäftigungen fest bestimmt. Dazu gehörten vor Allem mein Gottesdienst und das Bibellesen, das ich eine Zeitlang täglich dreimal vornahm; zweitens, mein Ausgang mit dem Gewehr nach Lebensmitteln, der mich gewöhnlich drei Morgenstunden in Anspruch nahm, wenn es nicht gerade regnete; drittens die Einteilung und Zubereitung dessen, was ich erlegt oder gefangen hatte. Auch darüber ging ein großer Teil des Tages hin. Es ist dabei übrigens nicht zu vergessen, daß um Mittag, wenn die Sonne im Zenit stand, das Übermaß der Hitze mich am Ausgehen hinderte, so daß ich nur etwa vier Abendstunden für jene Arbeit verwenden konnte. Zuweilen vertauschte ich auch die Zeit der verschiedenen Geschäfte, arbeitete am Morgen und ging dafür am Nachmittag auf die Jagd.

Neben der Kürze der Zeit, die ich auf die Arbeit verwenden konnte, muß man die ungemeine Mühseligkeit der letzteren in Anschlag bringen und bedenken, wie viele Stunden durch Mangel an Werkzeug, an Hülfe, an Geschick bei Allem, was ich in Angriff nahm, verloren ging. So brachte ich zum Beispiel volle zweiundvierzig Tage damit zu, ein Brett für ein langes Gestell herzurichten, das ich für meine Höhle brauchte. Zwei Zimmerleute mit dem gehörigen Werkzeug und einem Sägebock hätten in einem halben Tag aus demselben Baum sechs solcher Bretter schneiden können.

Das Verfahren, was ich bei jener Arbeit einschlug, war folgendes: Zunächst war ich genötigt einen großen Baum zu fällen, da mein Brett eine ansehnliche Breite haben mußte. Damit hatte ich drei Tage zu tun, und zwei weitere nahmen die Entfernung der Zweige und die Gestaltung des Stammes zu einem einzigen Block in Anspruch. Mit unglaublicher Arbeit hackte und hämmerte ich an den beiden Seiten des Baumes, bis er begann sich leicht genug bewegen zu lassen. Hierauf machte ich ihn auf der einen Seite von einem Ende bis zum andern eben und glatt und nahm dann dieselbe Arbeit auf der anderen Seite vor, bis das Brett etwa drei Zoll dick war. Jedermann kann sich vorstellen, wie viel Mühe diese Tätigkeit erforderte, aber Fleiß und Geduld ließen mich dieses, wie viele andere Dinge, endlich doch fertig bringen.

Es waren jetzt die Monate November und Dezember herangekommen, und ich hoffte bald eine Ernte von meinem Reis und Korn zu gewinnen. Das Feld, das ich damit besäet, war nicht groß, da, wie bemerkt, meine Aussaat von jeder Kornart, weil ich die frühere ganze Ernte eingebüßt, nicht mehr als eine halbe englische Metze betragen hatte. Diesmal aber versprach der Ertrag reichlich zu werden. Da aber sah ich plötzlich mein Getreidefeld von allerlei Feinden bedroht, die ich nur mit Mühe von ihm fern halten konnte. Vor Allem durch die Ziegen und die hasenähnlichen Tiere, welche Geschmack an den Halmen gefunden hatten und Tag und Nacht daran fraßen, so daß viele Halme nicht zu Ähren aufgehen konnten.

Hierfür sah ich kein anderes Mittel der Abhilfe, als daß ich mit großer Arbeit und Eile eine Einfriedigung um das Stück Land zog. Innerhalb drei Wochen war das kleine Feldstück vollkommen eingehegt, und da ich bei Tage mehrmals einige von den Tieren schoß, und des Nachts meinen Hund, den ich an einen der Pfähle band, wo er die ganze Nacht hindurch bellte, zum Wächter setzte, so zogen sich die Feinde binnen kurzer Zeit weg, und das Korn wuchs hoch heran, stand gut und begann zusehends zu reifen.

Wie mir aber früher die vierfüßigen Tiere Schaden getan hatten, so lange das Korn grün war, so drohten ihm jetzt, als es Ähren trug, die Vögel. Als ich das Feld besuchte, um zu wissen, wie es gedeihe, fand ich eine Menge gefiedertes Volk ringsherum, das nur auf den Augenblick zu warten schien, bis ich mich entfernt habe. Sofort gab ich, da ich mein Gewehr bei mir trug, Feuer unter den Schwarm, und alsbald erhob sich mitten aus dem

Korn eine Wolke von Vögeln, die ich vorher gar nicht gesehen hatte.

Dies verdroß mich sehr, denn ich sah voraus, daß binnen wenigen Tagen meine ganze Hoffnung zu nichte sein, sowie daß ich es niemals bis zu einer ordentlichen Ernte bringen und später in Mangel geraten würde. Daher beschloß ich mein Korn, wenn möglich, zu retten, und wenn ich es auch Tag und Nacht bewachen sollte. Zuerst untersuchte ich den schon angerichteten Schaden und fand, daß die Vögel eine Menge Körner bereits gefressen hatten. Da diese aber noch zu grün waren, belief sich der Verlust nicht sehr hoch, und wenn ich den Rest rettete, so konnte die Ernte wohl immer noch eine gute werden.

Während ich bei dieser Gelegenheit, neben dem Feld stehend, mein Gewehr lud, sah ich die Diebe rings auf allen Bäumen sitzen, als ob sie nur auf mein Weggehen warteten. Deshalb tat ich, als ob ich mich entfernen wollte, und kaum war ich ihnen aus dem Gesicht gekommen, als sie auch schon, einer nach dem andern, wieder ins Korn fielen. Das reizte mich so, daß ich nicht Geduld hatte zu warten, bis sich noch mehre eingefunden haben würden. Ich wußte, daß jedes Korn, das sie jetzt fraßen, mich sozusagen um eine zukünftige Metze bringe. Daher schlich ich mich an die Hecke und tötete diesmal drei. Das war auch für meinen Zweck vorläufig genug. Ich machte es mit den Erlegten, wie man es in England mit ausgezeichneten Dieben macht: ich hing sie nämlich, zum abschreckenden Exempel für die anderen, auf. Man sollte kaum denken, daß dies eine solche Wirkung hätte haben können, wie es in der Tat der Fall war. Denn die Vögel blieben von nun an nicht nur von meinem Korn weg, sondern zogen sich auch sehr bald ganz aus dieser Gegend der Insel weg, und ich habe, so lange die Vogelscheuchen hingen, niemals wieder einen der gefiederten Diebe in der Nähe meines Feldes bemerkt. Wie man denken kann, war ich sehr erfreut darüber; gegen Ende des Dezembers, in der zweiten Herbstzeit des Jahres, heimste ich dann mein Korn ein.

Franz Kafka

Robinson

Er wehrt sich gegen die Fixierung durch den Mitmenschen. Der Mensch sieht, selbst wenn er unfehlbar wäre, im anderen nur jenen Teil, für den seine Blickkraft und Blickart reicht. Er hat, wie jeder, aber in äußerster Übertreibung, die Sucht, sich so einzuschränken, wie ihn der Blick des Mitmenschen zu sehen die Kraft hat. Hätte Robinson den höchsten oder richtiger den sichtbarsten Punkt der Insel niemals verlassen, aus Trost oder Demut oder Furcht oder Unkenntnis oder Sehnsucht, so wäre er bald zugrunde gegangen; da er aber ohne Rücksicht auf die Schiffe und ihre schwachen Fernrohre seine ganze Insel zu erforschen und ihrer sich zu freuen begann, erhielt er sich am Leben und wurde in einer allerdings dem Verstand notwendigen Konsequenz schließlich doch gefunden.

Rainer Maria Rilke

Die Insel

Nordsee

I

Die nächste Flut verwischt den Weg im Watt,
und alles wird auf allen Seiten gleich;
die kleine Insel draußen aber hat
die Augen zu; verwirrend kreist der Deich
um ihre Wohner, die in einen Schlaf
geboren werden, drin sie viele Welten
verwechseln, schweigend; denn sie reden selten,
und jeder Satz ist wie ein Epitaph

für etwas Angeschwemmtes, Unbekanntes,
das unerklärt zu ihnen kommt und bleibt.
Und so ist alles was ihr Blick beschreibt

von Kindheit an: nicht auf sie Angewandtes,
zu Großes, Rücksichtsloses, Hergesandtes,
das ihre Einsamkeit noch übertreibt.

II

Als läge er in einem Krater-Kreise
auf einem Mond: ist jeder Hof umdämmt,
und drin die Gärten sind auf gleiche Weise
gekleidet und wie Waisen gleich gekämmt

von jenem Sturm, der sie so rauh erzieht
und tagelang sie bange macht mit Toden.
Dann sitzt man in den Häusern drin und sieht
in schiefen Spiegeln was auf den Kommoden

Seltsames steht. Und einer von den Söhnen
tritt abends vor die Tür und zieht ein Tönen
aus der Harmonika wie Weinen weich;

so hörte ers in einem fremden Hafen –.
Und draußen formt sich eines von den Schafen
ganz groß, fast drohend, auf dem Außendeich.

III

Nah ist nur Innres; alles andre fern.
Und dieses Innere gedrängt und täglich
mit allem überfüllt und ganz unsäglich.
Die Insel ist wie ein zu kleiner Stern

welchen der Raum nicht merkt und stumm zerstört
in seinem unbewußten Furchtbarsein,
so daß er, unerhellt und überhört,
allein

damit dies alles doch ein Ende nehme
dunkel auf einer selbsterfundnen Bahn
versucht zu gehen, blindlings, nicht im Plan
der Wandelsterne, Sonnen und Systeme.

Arthur Schnitzler

Die Frau des Weisen

Hier werde ich lange bleiben. Über diesem Orte zwischen Meer und Wald liegt eine schwermütige Langeweile, die mir wohltut. Alles ist still und unbewegt. Nur die weißen Wolken treiben langsam; aber der Wind streicht so hoch über Wellen und Wipfel hin, daß das Meer und die Bäume nicht rauschen. Hier ist tiefe Einsamkeit, denn man fühlt sie immer; auch wenn man unter den vielen Leuten ist, im Hotel, auf der Promenade. Die Kurkapelle spielt meist melancholische schwedische und dänische Lieder, aber auch ihre lustigen Stücke klingen müd und gedämpft. Wenn die Musikanten fertig sind, steigen sie schweigend über die Stufen aus dem Kiosk herab und verschwinden mit ihren Instrumenten langsam und traurig in den Alleen.

Dies schreibe ich auf ein Blatt, während ich mich in einem Boote längs des Ufers hin rudern lasse.

Das Ufer ist mild und grün. Einfache Landhäuser mit Gärten; in den Gärten gleich am Wasser Bänke; hinter den Häusern die schmale, weiße Straße, jenseits der Straße der Wald. Der dehnt sich ins Land, weit, leicht ansteigend, und dort, wo er aufhört, steht die Sonne. Auf der schmalen und langgestreckten gelben Insel drüben liegt ihr Abendglanz. Der Ruderer sagt, man kann in zwei Stunden dort sein. Ich möchte wohl einmal hin. Aber hier ist man seltsam festgehalten; immer bin ich im nächsten Umkreis des kleinen Orts; am liebsten gleich am Ufer oder auf meiner Terrasse.

Ich liege unter den Buchen. Der schwere Nachmittag drückt die Zweige nieder; ab und zu hör' ich nahe Schritte von Menschen, die über den Waldweg kommen; aber ich kann sie nicht sehen, denn ich rühre mich nicht, und meine Augen tauchen in die Höhe. Ich höre auch das helle Lachen von Kindern, aber die große Stille um mich trinkt alles Geräusch rasch auf, und ist es kaum eine Sekunde lang verklungen, so scheint es längst vorbei. Wenn ich die Augen schließe und gleich wieder öffne, so erwache ich wie aus einer langen Nacht. So entgleite ich mir selbst und verschwebe wie ein Stück Natur in die große Ruhe um mich.

Mit der schönen Ruhe ist es aus. Nicht im Ruderboot und nicht unter den Buchen wird sie wiederkommen. Alles scheint mit einem Male verändert. Die Melodien der Kapelle klingen sehr heiß und lustig; die Leute, die an einem vorbeigehen, reden viel; die Kinder lachen und schreien. Sogar das liebe Meer, das so schweigend schien, schlägt nachts lärmend an das Ufer. Das Leben ist wieder laut für mich geworden. Nie war ich so leicht vom Hause abgereist; ich hatte nichts Unvollendetes zurückgelassen. Ich hatte mein Doktorat gemacht; eine künstlerische Illusion, die mich eine Jugend hindurch begleitet, hatte ich endgültig begraben, und Fräulein Jenny war die Gattin eines Uhrmachers geworden. So hatte ich das seltene Glück gehabt, eine Reise anzutreten, ohne eine Geliebte zu Hause zu lassen und ohne eine Illusion mitzunehmen. In der Empfindung eines abgeschlossenen Lebensabschnittes hatte ich mich sicher und wohl gefühlt. Und nun ist alles wieder aus; – denn Frau Friederike ist da.

Spät abends auf meiner Terrasse; ich hab' ein Licht auf meinen Tisch gestellt und schreibe. Es ist die Zeit, über alles ins klare zu kommen. Ich zeichne mir das Gespräch auf, das erste mit ihr nach sieben Jahren, das erste nach jener Stunde …

Es war am Strand, um die Mittagszeit. Ich saß auf einer Bank. Zuweilen gingen Leute an mir vorüber. Eine Frau mit einem kleinen Jungen stand auf der Landungsbrücke, zu weit, als daß ich die Gesichtszüge hätte ausnehmen können. Sie war mir übrigens durchaus nicht aufgefallen; ich wußte nur, daß sie schon lange dort gestanden war, als sie endlich die Brücke verließ und mir immer näher kam. Sie führte den Knaben an der Hand. Nun sah ich, daß sie jung und schlank war. Das Gesicht kam mir bekannt vor. Sie war noch zehn Schritte von mir; da erhob ich mich rasch und ging ihr entgegen. Sie hatte gelächelt, und ich wußte, wer sie war.

»Ja, ich bin es«, sagte sie und reichte mir die Hand.

»Ich habe Sie gleich erkannt«, sagte ich.

»Ich hoffe, das ist nicht zu schwer gewesen«, erwiderte sie. »Und Sie haben sich eigentlich auch gar nicht verändert.«

»Sieben Jahre …« sagte ich.

Sie nickte. »Sieben Jahre.« …

Wir schwiegen beide. Sie war sehr schön. Jetzt glitt ein Lächeln über ihr Gesicht, sie wandte sich zu dem Jungen, den sie noch immer an der Hand hielt, und sagte: »Gib dem Herrn die Hand.« Der Kleine reichte sie mir, schaute mich aber dabei nicht an.

»Das ist mein Sohn«, sagte sie.

Es war ein hübscher brauner Bub mit hellen Augen.

»Es ist doch schön, daß man einander wieder begegnet im Leben«, begann sie, »ich hätte nicht gedacht …«

»Es ist auch sonderbar«, sagte ich.

»Warum?« fragte sie, indem sie mir lächelnd und das erste Mal ganz voll in die Augen sah. »Es ist Sommer … alle Leute reisen, nicht wahr?«

Jetzt lag mir die Frage nach ihrem Mann auf den Lippen; aber ich vermochte es nicht, sie auszusprechen.

»Wie lange werden Sie hier bleiben?« fragte ich.

»Vierzehn Tage. Dann treffe ich mit meinem Manne in Kopenhagen zusammen.«

Ich sah sie mit einem raschen Blick an; der ihre antwortete unbefangen: ›Wundert dich das vielleicht?‹

Ich fühlte mich unsicher, unruhig beinahe. Wie etwas Unbegreifliches erschien es mir plötzlich, daß man Dinge so völlig vergessen kann. Denn nun merkte ich erst: an jene Stunde vor sieben Jahren hatte ich seit lange so wenig gedacht, als wäre sie nie erlebt worden.

»Sie werden mir aber viel erzählen müssen«, begann sie aufs neue, »sehr, sehr viel. Gewiß sind Sie schon lange Doktor?«

»Nicht so lange – seit einem Monat.«

»Sie haben aber noch immer Ihr Kindergesicht«, sagte sie. »Ihr Schnurrbart sieht aus, als wenn er aufgeklebt wäre.«

Vom Hotel her, überlaut, tönte die Glocke, die zum Essen rief.

»Adieu«, sagte sie jetzt, als hätte sie nur darauf gewartet.

»Können wir nicht zusammen gehen?« fragte ich.

»Ich speise mit dem Buben auf meinem Zimmer, ich bin nicht gern unter so vielen Menschen.«

»Wann sehen wir uns wieder?«

Sie wies lächelnd mit den Augen auf die kleine Strandpromenade. »Hier muß man einander doch immer begegnen«, sagte sie – und als sie merkte, daß ich von ihrer Antwort unangenehm berührt war, setzte sie hinzu: »Besonders, wenn man Lust dazu hat. – Auf Wiedersehen.«

Sie reichte mir die Hand, und ohne sich noch einmal umzusehen, entfernte sie sich. Der kleine Junge blickte aber noch einmal nach mir zurück.

Ich bin den ganzen Nachmittag und den ganzen Abend auf der Promenade hin und her gegangen, und sie ist nicht gekommen. Am Ende ist sie schon wieder fort? Ich dürfte eigentlich nicht darüber staunen.

Ein Tag ist vergangen, ohne daß ich sie gesehen. Den ganzen Vormittag hat es geregnet, und außer mir war fast niemand auf der Promenade. Ein paar Mal bin ich an dem Haus vorbei, in dem sie wohnt, ich weiß aber nicht, welches ihre Fenster sind. Nachmittag ließ der Regen nach, und ich machte einen langen Spaziergang auf der Straße längs des Meeres bis zum nächsten Orte. Es war trüb und schwül.

Auf dem Wege habe ich an nichts anderes denken können als an jene Zeit. Alles habe ich deutlich wieder vor mir gesehen. Das freundliche Haus, in dem ich gewohnt, und das Gärtchen mit den grünlackierten Stühlen und Tischen. Und die kleine Stadt mit ihren stillen weißen Straßen. Und die fernen, im Nebel verschwimmenden Hügel. Und über all dem lag ein Stück blaßblauer Himmel, der so dazugehörte, als wenn er auf der ganzen Welt nur dort so blaß und blau gewesen wäre. Auch die Menschen von damals sah ich alle wieder; meine Mitschüler, meine Lehrer, auch Friederikens Mann. Ich sah ihn anders, als er mir in jenem letzten Augenblick erschienen war; – ich sah ihn mit dem milden, etwas müden Ausdruck im Gesicht, wie er nach der Schule auf der Straße an uns Knaben freundlich grüßend vorüberzuschreiten pflegte, und wie er bei Tische zwischen Friederike und mir, meist schweigend, gesessen; ich sah ihn, wie ich ihn oft von meinem Fenster aus erblickt hatte: im Garten vor dem grünlackierten Tisch, die Arbeiten von uns Schülern korrigierend. Und ich erinnerte mich, wie Friederike in den Garten gekommen, ihm den Nachmittagskaffee gebracht und dabei zu meinem Fenster hinaufgeschaut, lächelnd, mit einem Blicke, den ich damals nicht verstanden ... bis zu jener letzten Stunde. – Jetzt weiß ich auch, daß ich mich oft an all das erinnert habe. Aber nicht wie an etwas Lebendiges, sondern wie an ein Bild, das still und friedlich an einer Wand zu Hause hängt.

Wir sind heute am Strand nebeneinander gesessen und haben miteinander gesprochen wie Fremde. Der Bub spielte zu unseren Füßen mit Sand und Steinen. Es war nicht, als wenn irgendetwas auf uns lastete: wie Menschen, die einander nichts bedeuten, und die der Zufall des Badelebens auf kurze Zeit zusammengeführt, haben wir miteinander geplaudert; über das Wetter, über die Gegend, über die Leute, auch über Musik und über ein paar neue Bücher. Während ich neben ihr saß, empfand ich es nicht unangenehm; als sie aber aufstand und fortging, war es mir mit einemmal unerträglich. Ich hätte ihr nachrufen mögen: Laß mir doch etwas da; aber sie hätte es nicht einmal verstanden. Und wenn ich's überlege, was durfte ich anderes erwarten? Daß sie mir bei unserer ersten Begegnung so freundlich entgegengekommen, war offenbar nur in der Überraschung begründet; vielleicht auch in dem frohen Gefühl, an einem fremden Orte einen alten Bekannten wiederzufinden. Nun aber hat sie Zeit gehabt, sich an alles zu erinnern wie ich; und was sie auf immer vergessen zu haben hoffte, ist mächtig wieder aufgetaucht. Ich kann es ja gar nicht ermessen, was sie um meinetwillen hat erdulden müssen, und was sie vielleicht noch heute leiden muß. Daß sie mit ihm zusammengeblieben ist, seh' ich wohl; und daß sie sich wieder versöhnt haben, dafür ist der vierjährige Junge ein lebendiges Zeugnis; – aber man kann sich versöhnen, ohne zu verzeihen, und man kann verzeihen, ohne zu vergessen. – – Ich sollte fort, es wäre besser für uns beide.

In einer seltsamen, wehmütigen Schönheit steigt jenes ganze Jahr vor mir auf, und ich durchlebe alles aufs neue. Einzelheiten fallen mir wieder ein. Ich erinnere mich an den Herbstmorgen, an dem ich, von meinem Vater begleitet, in der kleinen Stadt ankam, wo ich das letzte Gymnasialjahr zubringen sollte. Ich sehe das Schulgebäude deutlich wieder vor mir, mitten in dem Park mit seinen hohen Bäumen. Ich erinnere mich an mein ruhiges Arbeiten in dem schönen geräumigen Zimmer, an die freundlichen Gespräche über meine Zukunft, die ich bei Tisch mit dem Professor führte und denen Friederike lächelnd lauschte; an die Spaziergänge mit Kollegen auf die Landstraße hinaus bis zum nächsten Dorf, und alle Nichtigkeiten ergreifen mich so tief, als wenn sie meine Jugend zu bedeuten hätten. Wahrscheinlich würden alle diese Tage im tiefen Schatten des Vergessens liegen, wenn nicht von jener letzten Stunde ein geheimnisvoller Glanz auf sie zurückfiele. Und das Merkwürdige ist: seit Friederike in meiner Nähe weilt, scheinen mir jene Tage sogar näher als die vom heutigen Mai, in welchen ich das Fräulein liebte, das im Juni den Uhrmacher geheiratet hat.

Als ich heute frühmorgens an mein Fenster trat und auf die große Terrasse hinunterblickte, sah ich Friederike mit ihrem Buben an einem der Tische sitzen; sie waren die ersten Frühstücksgäste. Ihr Tisch war grade unter meinem Fenster, und ich rief ihr einen guten Morgen zu. Sie schaute auf. »So früh schon wach?« sagte sie. »Wollen Sie nicht zu uns kommen?«

In der nächsten Minute saß ich an ihrem Tisch. Es war ein wunderbarer Morgen, kühl und sonnig. Wir plauderten wieder über so gleichgültige Dinge als das letztemal, und doch war alles anders. Hinter unseren Worten glühte die Erinnerung. Wir gingen in den Wald. Da fing sie an, von sich zu sprechen und von ihrem Heim.

»Bei uns ist alles noch gerade so wie damals«, sagte sie, »nur unser Garten ist schöner geworden; mein Mann verwendet jetzt viel Sorgfalt auf ihn, seit wir den Buben haben. Im nächsten Jahr bekommen wir sogar ein Glashaus.«

Sie plauderte weiter. »Seit zwei Jahren gibt es ein Theater bei uns, den ganzen Winter bis Palmsonntag wird gespielt. Ich gehe zwei-, dreimal in der Woche hinein, meistens mit meiner Mutter, der macht es großes Vergnügen.«

»Ich auch Theater!« rief der Kleine, den Friederike an der Hand führte.

»Freilich, du auch. Sonntag nachmittag«, wandte sie sich erklärend an mich, »spielen sie nämlich manchmal Stücke für die Kinder; da gehe ich mit dem Buben hin. Aber ich amüsiere mich auch sehr gut dabei.«

Von mir mußte ich ihr mancherlei erzählen. Nach meinem Beruf und anderen ernsten Dingen fragte sie wenig; sie wollte vielmehr wissen, wie ich meine freie Zeit verbrächte, und ließ sich gern über die geselligen Vergnügungen der großen Stadt berichten.

Die ganze Unterhaltung floß heiter fort; mit keinem Wort wurde jene gemeinschaftliche Erinnerung angedeutet – und doch war sie ihr gewiß ununterbrochen so gegenwärtig wie mir. Stundenlang spazierten wir herum, und ich fühlte mich beinahe glücklich. Manchmal ging der Kleine zwischen uns beiden, und da begegneten sich unsere Hände über seinen Locken. Aber wir taten beide, als wenn wir es nicht bemerkten, und redeten ganz unbefangen weiter.

Als ich wieder allein war, verflog mir die gute Stimmung bald. Denn plötzlich fühlte ich wieder, daß ich nichts von Friederike wußte. Es war mir unbegreiflich, daß mich diese Ungewißheit nicht während unseres ganzen Gesprächs gequält, und es kam mir sonderbar vor, daß Friederike selbst nicht das Bedürfnis gehabt, davon zu sprechen. Denn selbst wenn ich annehmen wollte, daß zwischen ihr und ihrem Manne seit Jahren jener Stunde nicht mehr gedacht worden war – sie selbst konnte sie doch nicht vergessen haben. Irgendetwas Ernstes mußte damals meinem stummen Abschied gefolgt sein – wie hat sie es vermocht, nicht davon zu reden? Hat sie vielleicht erwartet, daß ich selbst beginne? Was hat mich davon zurückgehalten? Dieselbe Scheu vielleicht, die ihr eine Frage verbot? Fürchten wir uns beide, daran zu rühren? – Das ist wohl möglich. Und doch muß es endlich geschehen; denn bis dahin bleibt etwas zwischen uns, was uns trennt. Und daß uns etwas trennt, peinigt mich mehr als alles andere.

Nachmittags bin ich im Walde herumgeschlendert, dieselben Wege wie morgens mit ihr. Es war in mir eine Sehnsucht wie nach einer unendlich Geliebten. Am späten Abend ging ich an ihrem Haus vorbei, nachdem ich sie vergebens überall gesucht. Sie stand am Fenster. Ich rief hinauf, wie sie heute früh zu mir: »Kommen Sie nicht herunter?«

Sie sagte kühl, wie mir vorkam: »Ich bin müd. Gute Nacht« – und schloß das Fenster.

In der Erinnerung erscheint mir Friederike in zwei verschiedenen Gestalten. Meist seh' ich sie als eine blasse, sanfte Frau, die, mit einem weißen Morgenkleid angetan, im Garten sitzt, wie eine Mutter zu mir ist und mir die Wangen streichelt. Hätte ich nur diese hier wiedergetroffen, so wäre meine Ruhe gewiß nicht gestört worden und ich läge nachmittags unter den schattigen Buchen wie in den ersten Tagen meines Hierseins.

Aber auch als eine völlig andere erscheint sie mir, wie ich sie doch nur einmal gesehen; und das war in der letzten Stunde, die ich in der kleinen Stadt verbrachte.

Es war der Tag, an dem ich mein Abiturientenzeugnis bekommen hatte. Wie alle Tage hatte ich mit dem Professor und seiner Frau zu Mittag gespeist, und, da ich nicht zur Bahn begleitet werden wollte, hatten wir einander gleich beim Aufstehen vom Tische Adieu gesagt. Ich empfand durchaus keine Rührung. Erst wie ich in meinem kahlgeräumten Zimmer auf dem Bette saß, den gepackten Koffer zu meinen Füßen, und zu dem weit offenen Fenster hinaus über das zarte Laub des Gärtchens zu den weißen Wolken sah, die regungslos über den Hügeln standen, kam leicht, beinahe schmeichelnd, die Wehmut des Abschiedes über mich. Plötzlich öffnete sich die Tür. Friederike trat herein. Ich erhob mich rasch. Sie trat näher, lehnte sich an den Tisch, stützte beide Hände nach rückwärts auf dessen Kante und sah mich ernst an. Ganz leise sagte sie: »Also heute?« Ich nickte nur und fühlte das erstemal sehr tief, wie traurig es eigentlich war, daß ich von hier fort mußte. Sie schaute eine Weile zu Boden und schwieg. Dann erhob sie den Kopf und kam näher auf mich zu. Sie legte beide Hände ganz leicht auf meine Haare, wie sie es ja schon früher oft getan, aber ich wußte in diesem Moment, daß es etwas anderes bedeutete als sonst. Dann ließ sie ihre Hände langsam über meine Wangen heruntergleiten, und ihr Blick ruhte mit unendlicher Innigkeit auf mir. Sie schüttelte den Kopf mit einem schmerzlichen Ausdruck, als könnte sie irgend etwas nicht fassen. »Mußt du denn schon heute weg?« fragte sie leise. »Ja«, sagte ich. – »Auf immer?« rief sie aus. »Nein«, antwortete ich. – »O ja«, sagte sie mit schmerzlichem Zucken der Lippen, »es ist auf immer. Wenn du uns auch einmal besuchen wirst … in zwei oder drei Jahren – heute gehst du doch für immer von uns fort.« – Sie sagte das mit einer Zärtlichkeit, die gar nichts Mütterliches mehr hatte. Mich durchschauerte es. Und plötzlich küßte sie mich. Zuerst dachte ich nur: das hat sie ja nie getan.

Aber als ihre Lippen sich von den meinen gar nicht lösen wollten, verstand ich, was dieser Kuß zu bedeuten hatte. Ich war verwirrt und glücklich; ich hätte weinen mögen. Sie hatte die Arme um meinen Hals geschlungen, ich sank, als wenn sie mich hingedrängt hätte, in die Ecke des Divans; Friederike lag mir zu Füßen auf den Knieen und zog meinen Mund zu dem ihren herab. Dann nahm sie meine beiden Hände und vergrub ihr Gesicht darin. Ich flüsterte ihren Namen und staunte, wie schön er war. Der Duft von ihren Haaren stieg zu mir auf; ich atmete ihn mit Entzücken ein … In diesem Augenblicke – ich glaubte vor Schrecken starr zu werden – öffnet sich leise die Tür, die nur angelehnt war, und Friederikens Mann steht da. Ich will aufschreien, bringe aber keinen Laut hervor. Ich starre ihm ins Gesicht – ich kann nicht sehen, ob sich irgendwas in seinem Ausdruck verändert – denn noch im selben Augenblick ist er wieder verschwunden und die Tür geschlossen. Ich will mich erheben, meine Hände befreien, auf denen noch immer Friederikens Antlitz ruht, will sprechen, stoße mühsam wieder ihren Namen hervor – da springt sie selbst mit einem Male auf – totenbleich – flüstert mir beinahe gebieterisch zu: »Schweig!« und steht eine Sekunde lang regungslos da, das Gesicht der Türe zugewandt, als wolle sie lauschen. Dann öffnet sie leicht und blickt durch die Spalte hinaus. Ich stehe atemlos. Jetzt öffnet sie ganz, nimmt mich bei der Hand und flüstert: »Geh, geh, rasch.« Sie schiebt mich hinaus – ich schleiche rasch über den kleinen Gang bis zur Stiege, dann wende ich mich noch einmal um – und sehe sie an der Türe stehen, mit unsäglicher Angst in den Mienen, und mit einer heftigen Handbewegung, die mir andeutet: fort! fort! Und ich stürze davon.

An das, was zunächst geschah, denke ich wie an einen tollen Traum. Ich bin zum Bahnhof geeilt, von tödlicher Angst gepeinigt. Ich bin die Nacht durchgefahren und habe mich im Coupé schlaflos herumgewälzt. Ich bin zu Hause angekommen, habe erwartet, daß meine Eltern schon von allem unterrichtet seien, und bin beinahe erstaunt gewesen, als sie mich mit Freundlichkeit und Freude empfingen. Dann habe ich noch tagelang in heftiger Erregung hingebracht, auf irgendetwas Schreckliches gefaßt; und jedes Klingeln an der Türe, jeder Brief machte mich zittern. Endlich kam eine Nachricht, die mich beruhigte: es war eine Karte von einem Schulkameraden, der in der kleinen Stadt zu Hause war, und der mir harmlose Neuigkeiten und lustige Grüße sandte. Also, es war nichts Entsetzliches geschehen, zum mindesten war es zu keinem öffentlichen Skandal gekommen. Ich durfte glauben, daß sich zwischen Mann und Frau alles im stillen abgespielt, daß er ihr verziehen, daß sie bereut hatte.

Trotzdem lebte dieses erste Abenteuer in meiner Erinnerung anfangs als etwas Trauriges, beinahe Düsteres fort, und ich erschien mir wie einer, der ohne Schuld den Frieden eines Hauses vernichtet hat. Allmählich verschwand diese Empfindung, und später erst, als ich in neuen Erlebnissen jene Stunde besser und tiefer verstehen lernte, kam zuweilen eine seltsame Sehnsucht nach Friederike über mich – wie der Schmerz darüber, daß eine wunderbare Verheißung sich nicht erfüllt hätte. Aber auch diese Sehnsucht ging vorüber, und so war es geschehen, daß ich die junge Frau beinahe völlig vergessen hatte. – Nun aber ist mit einem Mal alles wieder da, was jenes Geschehnis damals zum Erlebnis machte; und alles ist heftiger als damals, denn ich liebe Friederike.

Heute scheint mir alles so klar, was mir noch in den letzten Tagen rätselhaft gewesen ist. Wir sind spät abends am Strand gesessen, wir zwei allein; der Junge war schon zu Bette gebracht. Ich hatte sie am Vormittag gebeten, zu kommen; ganz harmlos; nur von der nächtlichen Schönheit des Meeres hatte ich gesprochen, und wie wunderbar es wäre, wenn alles ganz still ringsum, am Ufer zu sein und in die große Dunkelheit hinauszublicken. Sie hatte nichts gesagt, aber ich wußte, daß sie kommen würde. Und nun sind wir am Strand gesessen, beinahe schweigend, unsere Hände ineinander geschlungen, und ich fühlte, daß Friederike mir gehören mußte, wann ich wollte. Wozu über das Vergangene reden, dachte ich – und ich wußte, daß *sie* von unserem ersten Wiedersehen an so gedacht. Sind wir denn noch dieselben, die wir damals waren? Wir sind so leicht, so frei; die Erinnerungen flattern hoch über uns, wie ferne Sommervögel. Vielleicht hat sie noch manches andere erlebt während der sieben Jahre, wie ich; – was geht es mich an? Jetzt sind wir Menschen von heute und streben zu einander. Sie war gestern vielleicht eine Unglückliche, vielleicht eine Leichtsinnige; heute sitzt sie schweigend neben mir am Meer und hält meine Hand und sehnt sich, in meinen Armen zu sein.

Langsam begleitete ich sie die wenigen Schritte bis zu ihrem Hause. Lange schwarze Schatten warfen die Bäume längs der Straße.

»Wir wollen morgen früh eine Fahrt im Segelboot machen«, sagte ich.

»Ja«, erwiderte sie.

»Ich werde an der Brücke warten, um sieben Uhr.«

»Wohin?« fragte sie.

»Zu der Insel drüben ... wo der Leuchtturm steht, sehen Sie ihn?«

»O ja, das rote Licht. Ist es weit?«

»Eine Stunde; – wir können sehr bald zurück sein.«

»Gute Nacht«, sagte sie und trat in die Hausflur.

Ich ging. – – In ein paar Tagen wirst du mich vielleicht wieder vergessen haben, dachte ich, aber morgen ist ein schöner Tag.

Ich war früher auf der Brücke als sie. Das kleine Boot wartete; der alte Jansen hatte die Segel aufgespannt und rauchte, am Steuer sitzend, seine Pfeife. Ich sprang zu ihm hinein und ließ mich von den Wellen schaukeln. Ich schlürfte die Minuten der Erwartung ein wie einen Morgentrunk. Die Straße, auf die ich meinen Blick gerichtet hatte, war noch ganz menschenleer. Nach einer Viertelstunde erschien Friederike. Schon von weitem sah ich sie, es schien mir, als ginge sie rascher als sonst: als sie die Brücke betrat, erhob ich mich; jetzt erst konnte sie mich sehen und grüßte mich mit einem Lächeln. Endlich war sie am Ende der Brücke, ich reichte ihr die Hand und half ihr ins Boot. Jansen machte das Tau los und unser Schiff glitt davon. Wir saßen eng beieinander, sie hing sich in meinen Arm. Sie war ganz weiß gekleidet und sah aus wie ein achtzehnjähriges Mädchen.

»Was gibts auf dieser Insel zu sehen?« fragte sie.

Ich mußte lächeln.

Sie errötete und sagte: »Der Leuchtturm jedenfalls?«

»Vielleicht auch die Kirche«, setzte ich hinzu.

»Fragen Sie doch den Mann ...« Sie wies auf Jansen.

Ich fragte ihn. »Wie alt ist die Kirche auf der Insel?«

Aber er verstand kein Wort deutsch; und so konnten wir uns nach diesem Versuch noch einsamer miteinander fühlen als früher.

»Dort drüben«, sagte sie und wies mit den Augen hin – »ist das auch eine Insel?«

»Nein«, antwortete ich, »das ist Schweden selbst, das Festland.«

»Das wär noch schöner«, sagte sie.

»Ja«, erwiderte ich – »aber dort müßte man bleiben können ... lang ... immer –«

Wenn sie mir jetzt gesagt hätte: Komm, wir wollen zusammen in ein anderes Land und wollen nie wieder zurück – ich wäre darauf eingegangen. Wie wir so auf dem Boote hinglitten, von der reinen Luft umspielt, den hellen Himmel über uns und um uns das glitzernde Wasser, da schien es mir eine festliche Fahrt, wir selbst ein königliches Paar, und alle früheren Bedingungen unseres Daseins abgefallen.

Bald konnten wir die kleinen Häuser auf der Insel unterscheiden; die weiße Kirche auf dem Hügel, der sich, allmählich ansteigend, der ganzen Insel entlang hinzog, bot sich in schärferen Umrissen dar. Unser Boot flog geradewegs der Insel entgegen. In unserer Nähe zeigten sich kleine Fischerkähne; einige, an denen die Ruder eingezogen waren, trieben lässig auf dem Wasser hin. Friederike hatte den Blick meist auf die Insel gerichtet; aber sie schaute nicht. In weniger als einer Stunde fuhren wir in den Hafen ein, der rings von einer hölzernen Brücke umschlossen war, so daß man sich in einem kleinen Teich vermeinen konnte.

Ein paar Kinder standen auf der Brücke. Wir stiegen aus und gingen langsam ans Ufer; die Kinder hinter uns; aber die verloren sich bald. Das ganze Dorf lag vor uns; es bestand aus höchstens zwanzig Häusern, die rings verstreut waren. Wir sanken fast in den dünnen, braunen Sand ein, den das Wasser hier angeschwemmt hat. Auf einem sonnenbeglänzten freien Platz, der bis ans Meer hinunterreichte, hingen Netze, zum Trocknen ausgebreitet; ein paar Weiber saßen vor den Haustüren und flickten Netze. Nach hundert Schritten waren wir ganz allein. Wir waren auf einen schmalen Weg geraten, der uns von den Häusern fort dem Ende der Insel zuführte, wo der Leuchtturm stand. Zu unserer Linken, durch ärmliches Ackerland, das immer schmäler wurde, von uns getrennt, lag das Meer; zu unserer Rechten stieg der Hügel an, auf dessen Kamm wir den Weg zur Kirche laufen sahen, die in unserem Rücken lag. Über all dem lag schwer die Sonne und das Schweigen. – Friederike und ich hatten die ganze Zeit über nichts gesprochen. Ich fühlte auch kein Verlangen darnach; mir war unendlich wohl, so mit ihr in der großen Stille hinzuwandeln.

Aber sie begann zu sprechen.

»Heute vor acht Tagen«, sagte sie …

»Nun –?«

»Da hab ich noch nichts gewußt … noch nicht einmal, wohin ich reisen werde.«

Ich antwortete nichts.

»Ah, ist's da schön«, rief sie aus und ergriff meine Hand.

Ich fühlte mich zu ihr hingezogen; am liebsten hätte ich sie in meine Arme geschlossen und auf die Augen geküßt.

»Ja?« fragte ich leise.

Sie schwieg und wurde eher ernst.

Wir waren bis zu dem Häuschen gekommen, das an den Leuchtturm angebaut war; hier endete der Weg; wir mußten umkehren. Ein schmaler Feldweg führte ziemlich steil den Hügel hinan. Ich zögerte.

»Kommen Sie«, sagte sie.

Wie wir jetzt gingen, hatten wir die Kirche im Auge. Ihr näherten wir uns. Es war sehr warm. Ich legte meinen Arm um Friederikens Hals; sie mußte ganz nahe bei mir bleiben, wenn sie nicht abgleiten wollte. Ich berührte mit der Hand ihre heißen Wangen.

»Warum haben wir eigentlich die ganze Zeit nichts von Ihnen gehört?« fragte sie plötzlich. – »Ich wenigstens«, setzte sie hinzu, indem sie zu mir ausschaute.

»Warum«, wiederholte ich befremdet.

»Nun ja!«

»Wie konnte ich denn?«

»O *darum*«, sagte sie. »Waren Sie denn verletzt?«

Ich war zu sehr erstaunt, um etwas erwidern zu können.

»Nun, was haben Sie sich eigentlich gedacht?«

»Was ich mir –«

»Ja – oder erinnern Sie sich gar nicht mehr?«

»Gewiß, ich erinnere mich. Warum sprechen Sie jetzt davon?«

»Ich wollte Sie schon lange fragen«, sagte sie.

»So sprechen Sie«, erwiderte ich tief bewegt.

»Sie haben es für eine Laune gehalten« – »o gewiß!« setzte sie lebhaft hinzu, als sie merkte, daß ich etwas entgegnen wollte – »aber ich sage Ihnen, es war keine. Ich habe mehr gelitten in jenem Jahr, als ein Mensch weiß.«

»In welchem?«

»Nun … als Sie bei uns … Warum fragen Sie das? – Anfangs habe ich mir selbst … Aber warum erzähle ich Ihnen das?«

Ich faßte heftig ihren Arm. »Erzählen Sie … ich bitte Sie … ich habe Sie ja lieb.«

»Und ich dich«, rief sie plötzlich aus; nahm meine beiden Hände und küßte sie – »immer – immer.«

»Ich bitte dich, erzähle mir weiter«, sagte ich; »und alles, alles …«

Sie sprach, während wir langsam den Feldweg in der Sonne weiterschritten.

»Anfangs habe ich mir selbst gesagt: er ist ein Kind … wie eine Mutter habe ich ihn gern. Aber je näher die Stunde kam, um die Sie abreisen sollten …«

Sie unterbrach sich eine Weile, dann sprach sie weiter:

»Und endlich war die Stunde da. – Ich habe nicht zu dir wollen – ich weiß nicht, was mich hinaufgetrieben hat. Und wie ich schon bei dir war, hab ich dich auch nicht küssen wollen – aber …«

»Weiter, weiter«, sagte ich.

»Und dann hab ich dir plötzlich gesagt, daß du gehen sollst – du hast wohl gemeint, das ganze war eine Komödie, nicht wahr?«

»Ich verstehe dich nicht.«

»Das habe ich die ganze Zeit gedacht. Ich habe dir sogar schreiben wollen … Aber wozu? … Also … der Grund, daß ich dich weggeschickt habe, war … Ich hatte mit einemmal Angst bekommen.«

»Das weiß ich.«

»Wenn du das weißt – warum hab ich nie wieder von dir gehört?« rief sie lebhaft aus.

»Warum hast du Angst bekommen?« fragte ich, allmählich verstehend.

»Weil ich glaubte, es wäre jemand in der Nähe.«

»Du glaubtest? Wie ist das?«

»Ich meinte Schritte auf dem Gang zu hören. Das wars. Schritte! Ich dachte, er wär es … Da hat mich die Furcht gepackt – denn es wäre entsetzlich gewesen, wenn er – oh, ich will gar nicht daran denken. – Aber niemand war da – niemand. Erst spät am Abend ist er nach Hause gekommen, du warst längst, längst fort.« –

Während sie das erzählte, fühlte ich, wie irgend etwas in meinem Innern erstarrte. Und als sie geendet hatte, schaute ich sie an, als müßte ich sie fragen: Wer bist du? – Ich wandte mich unwillkürlich nach dem Hafen, wo ich die Segel unseres Bootes glänzen sah, und ich dachte: Wie lange, wie unendlich lange ist es her, daß wir auf diese Insel gekommen sind? Denn ich bin mit einer Frau hier gelandet, die ich geliebt habe, und jetzt geht eine Fremde an meiner Seite. Es war mir unmöglich, auch nur ein Wort zu sprechen. Sie merkte es kaum; sie hatte sich in meinen Arm gehängt und hielt es wohl für zärtliches Schweigen. Ich dachte an ihn. Er hat es ihr also nie gesagt! Sie weiß es nicht, sie hat es nie gewußt, daß er sie zu meinen Füßen liegen sah. Er hat sich damals von der Tür wieder davongeschlichen und ist erst später … stundenlang später zurückgekommen und hat ihr nichts gesagt! Und er hat die ganzen Jahre an ihrer Seite weitergelebt, ohne sich mit einem Worte zu verraten! Er hat ihr verziehen – und sie hat es nicht gewußt!

Wir waren in der Nähe der Kirche angelangt; kaum zehn Schritte vor uns lag sie. Hier bog ein steiler Weg ab, der in wenigen Minuten ins Dorf führen mußte. Ich schlug ihn ein. Sie folgte mir.

»Gib mir die Hand«, sagte sie, »ich gleite aus.« Ich reichte sie ihr, ohne mich umzuwenden. »Was hast du denn?« fragte sie. Ich konnte nichts antworten und drückte ihr nur heftig die Hand, was sie zu beruhigen schien. Dann sagte ich, nur um etwas zu reden: »Es ist schade, wir hätten die Kirche besichtigen können.« – Sie lachte: »An der sind wir ja vorüber, ohne es zu merken!«

»Wollen Sie zurück?« fragte ich.

»O nein, ich freue mich, bald wieder im Boot zu sitzen. Einmal möchte ich mit Ihnen allein so eine Segelpartie machen, ohne diesen Mann.«

»Ich verstehe mich nicht auf Segeln.«

»Oh«, sagte sie und hielt inne, als wäre ihr plötzlich ’was eingefallen, was sie doch nicht sagen wollte. – Ich fragte nicht. Bald waren wir auf der Brücke. Das Boot lag bereit. Die Kinder waren wieder da, die uns beim Kommen begrüßt hatten. Sie sahen uns mit großen blauen Augen an. Wir segelten ab. Das Meer war ruhiger geworden; wenn man die Augen schloß, merkte man kaum, daß man sich in Bewegung befand.

»Zu meinen Füßen sollen Sie liegen«, sagte Friederike, und ich streckte mich am Boden des Kahnes aus, legte meinen Kopf auf den Schoß Friederikens. Es war mir recht, daß ich ihr nicht ins Gesicht sehen mußte. Sie sprach, und mir war, als klänge es aus weiter Ferne. Ich verstand alles und konnte doch zugleich meine Gedanken weiter denken.

Mich schauderte vor ihr.

»Heute abend fahren wir zusammen aufs Meer hinaus«, sagte sie. Etwas Gespenstisches schien mir um sie zu gleiten.

»Heut abend aufs Meer«, wiederholte sie langsam, »auf einem Ruderboot. Rudern kannst du doch?«

»Ja«, sagte ich. Mich schauderte vor dem tiefen Verzeihen, das sie schweigend umhüllte, ohne daß sie es wußte.

Sie sprach weiter. »Wir werden uns ins Meer hinaustreiben lassen – und werden allein sein. – Warum redest du nicht?« fragte sie.

»Ich bin glücklich«, sagte ich.

Mir schauerte vor dem stummen Schicksal, das sie seit so vielen Jahren erlebt, ohne es zu ahnen.

Wir glitten hin.

Einen Augenblick fuhr es mir durch den Sinn: Sag es ihr. Nimm dieses Unheimliche von ihr; dann wird sie wieder ein Weib sein für dich wie andere, und du wirst sie begehren. Aber ich durfte es nicht. – Wir legten an.

Ich sprang aus dem Boot; half ihr beim Aussteigen.

»Der Bub wird sich schon nach mir sehnen. Ich muß rasch gehen. Lassen Sie mich jetzt allein.«

Es war lebhaft am Strand; ich merkte, daß wir von einigen Leuten beobachtet wurden.

»Und heute abend«, sagte sie, »um neun bin ich … aber was hast du denn?«

»Ich bin sehr glücklich«, sagte ich.

»Heute abend«, sagte sie, »um neun Uhr bin ich hier am Strand, bin ich bei dir. – Auf Wiedersehen!«

Und sie eilte davon.

»Auf Wiedersehen!« sagte auch ich und blieb stehen. – Aber ich werde sie nie wiedersehen.

Während ich diese Zeilen schreibe, bin ich schon weit fort – weiter mit jeder Sekunde; ich schreibe sie in einem Coupé des Eisenbahnzuges, der vor einer Stunde von Kopenhagen abgefahren ist. Eben ist es neun. Jetzt steht sie am Strande und wartet auf mich. Wenn ich die Augen schließe, sehe ich die Gestalt vor mir. Aber es ist nicht eine Frau, die dort am Ufer im Halbdunkel hin und her wandelt – ein Schatten gleitet auf und ab.

Georg Heym

Auf einer Insel landete ich …

Auf einer Insel landete ich an,
Die noch der Sommer in des Herbstes Reichen
Als letzte Burg bewahrte. Dort gewann
Mein Herz, was in des Frühlings weichen
Und schwärmerischen Nächten sich's erträumt.

Dort fand es Liebe. Und der Buchenwald,
Der herbstlich goldne, war der Liebe Haus
Für schöne Tage. Doch es spürte bald
Der Sieger Herbst die letzte Zuflucht aus,
Wo der besiegte Sommer noch gesäumt.

Es floh der Sommer. Und mit rauher Hand
Brach der Erobrer Herbst mit lautem Sturm
Des Sommers letzte Burg. Es fraß der Brand
Den Wald, und es zerbarst der Buche Turm,
Der Liebe Wohnung sonst und starke Wehr.

Es starb die Liebe. Wieder naht das Boot,
Das in die Stürme und in dunkle Flut
Mich wieder trägt. In letztem Abendrot
Steht unsre Insel. Bald erlischt die Glut
Und einsam bin ich auf des Lebens Meer.

Salomon Gessner

Der erste Schiffer

*Erster Gesang**

Manch kummervolles Jahr war schon vorbeigegangen, seit jener schrecklichen Nacht, da Milons Hütte auf ihrem kleinen Vorgebirge durch die wilde Flut weit von dem festen Lande getrennt war; zwischen dem festen Land und ihrer Wohnung hatte das Meer die vereinenden Fluren verschlungen. Auf einsamer Insel stand ihre Wohnung, von jenen Ufern so ferne, daß sie bei sanftester Stille des Himmels und des Meeres das lauteste Brüllen der Herden am blauen Ufer nicht hörten; von allen Freuden entfernt, die nachbarliche Liebe und gefällige Freundschaft ihnen ehdem gewährten. Semira hatte lange schon ihren Geliebten begraben, und in trauriger Einsamkeit lebte sie da mit ihrer Tochter, und keine Gesellschaft versüßte ihre Stunden, es seien denn die Vögel des Himmels und ihre kleine Herde.

Melida, ihre Tochter, wuchs, von keinem Jüngling bewundert, in blühender Schönheit; bei frohen Spielen und beim Reihen-Tanz wäre sie unter den Schönen immer die Schönste gewesen; anmutiger als der junge Pfirsich-Baum, wenn er zum ersten mal mit schönen Blüten prangt.

Semira, aus zärtlicher Sorge, die Einsamkeit ihrer Tochter nicht mit bitterm Kummer zu quälen, nicht mit Begierden nach Freuden, denen jeder Zugang verwehrt war, verhält' ihr jede ge-

---

* Diese Insel-Idylle ist ursprünglich in Versform verfasst. Der vorliegende Text ist, was den Wortlaut betrifft, mit dem Original identisch, allerdings wurde die Orthographie dem heutigen Sprachgefühl angepasst.

sellschaftliche Freude, die Freuden, die dort am Ufer auf jeder Flur in jedem Schatten sich umarmen; aber jeden Tag ging sie hin, bei Milons Grab eine traurige Stunde zu verweinen. O du bist hin! so klagte täglich ihr Kummer, du bist hin; ach du, du Trost meines Lebens, du Stütze in unserm Elend! Hilflos von allem verlassen, vom tobenden Meer umschlossen, was für ein Schicksal wartet auf uns! Kein freundschaftliches Mitleid lindert unsern Jammer, und jede nachbarliche Hilfe ist uns versagt. O! könnt' ich auch dich sterben sehen, Melida, geliebteste Tochter! Ach! so groß ist mein Elend, daß dies mein sehnlichster Wunsch ist. Könnt' ich dich sterben sehn! Sterb' ich, ach! und du in aufblühender Jugend, bleibst allein zurück! Schreckliche Aussicht! allein von rauschenden Wellen umschlossen, keine Gesellschaft, als hilfloses Elend und Jammer. Dann kommt keine menschliche Stimme vor dein Ohr, nie ertönt dir die Stimme eines liebevollen Gatten, den dein Lieb-Reiz und deine Tugend beglücken, nie der frohe Mutter-Name der stammelnden Kinder, nie die Stimme der Freude, nur die Stimme deines eigenen Jammers tönt dir aus den traurigen Schatten und aus den Felsenklüften zurück; lange Qualen werden deine Jugend verzehren, trostlos wirst du sterben, die Tränen der Liebe werden nicht bei deinem hilflosen Sterben fließen, und dein Leichnam wird unbegraben an der brennenden Sonne zerfallen, oder der Raub der Vögel des Himmels sein. O verhehlt ihr meine Klagen, ihr Klüfte! Ihr einsamen dunklen Schatten! euch allein kann ich klagen; verhehlt ihr meinen Jammer, ihr, die in unschuldiger Unwissenheit ihr ganzes Elend nicht kennt. So klagte Semira, und verhehlt ihrer Tochter die Qualen, die immer an ihrem welkenden Leben nagten.

Melida spielte indes in reizender Unschuld mit jungen Lämmern; sie brauchten keinen Hüter, da sie das rauschende Meer in ihre kleine Flur umschloß; oder sie wölbte geruchreiche Schatten zu Lauben; sie war die Schützerin der Pflanzen, denn jeder leidenden Blume und jedem Gesträuche half sie zu gesundem Wachstum empor; und eine Quelle leitete sie umher, und ließ von Steinen sie rieseln, oder in kleinen Teichen sie sammeln. Rings um die Insel her hatte sie eine gedoppelte Reihe fruchtbarer Bäume gepflanzt, in deren jungen Schatten sie einsam, schön wie Venus auf der Insel Paphos, daherging. Auch hatte sie eine Höhle in einem Felsen am Ufer sich ausgeschmückt; denn die Einsamkeit ist phantasienreich; was die spielenden Wellen von Muscheln ihr ans Ufer brachten, das trug sie in ihre Höhle, und befestigt es an ihren Wänden, mannigfaltig nach Gestalt und Farben geordnet. Die größeste von allen empfing ein vom Gewölbe in hellen Tropfen fallendes Wasser mit angenehmem plätschern; und vor dem Eingang flatterten Jasmin-Stauden empor.

Unter so unschuldigen Geschäften flossen ihre Stunden dahin, und sie fühlt es nicht, daß sie einsam war; sechzehn jugendliche Jahre waren so vorübergegangen, aber jetzt fing sie es an zu fühlen, daß sie einsam war. Staunend und mutlos ging oder saß sie oft in ihrem Schatten, und redete so mit sich selbst: Wofür haben wohl die Götter uns hieher gesetzt, so einsam? Unglüklicher als alle andern Geschöpfe, wofür sind wir da gewesen, und wofür sind wir noch da? O ich fühl es; woher sonst dieser Unmut, als fehlte mir etwas, das zu meinem Wesen gehörte; etwas, das ich nicht nennen kann; ja ich fühl es, daß ich zu dieser Einsamkeit nicht geschaffen bin; es muß etwas besonders mit uns vorgegangen sein, das meine Mutter mir verhehlt. Ich seh es; immer schwebt ein trauriges Geheimnis vor ihrer Stirne, und wenn ich nachforsche, dann zittern Tränen in ihren Augen, die sie mit Mühe zurückhält. Ich soll mich auf die Weisheit der regierenden Götter verlassen, so sagt sie, und geruhig unser Schicksal von ihren Händen erwarten. Ich will nicht forschen; in stiller Ehrfurcht will ich mein Schicksal von ihren Händen erwarten, so dunkel auch die geheimnisreiche Aussicht ist.

Oft sah sie tief nachdenkend über das weite Meer hin. O ihr unabsehbaren Fluren! Sagt mir, ô! sagt mir. Ist dieser kleine Punkt diese Insel, die ihr umgebet? denn wie klein ist sie in euern unabsehbaren Flächen! Ist sie das einzige Land? Sind nicht etwa meinem Auge zu ferne andre Ufer, die ihr bespielt? Ach! Meine Mutter leugnet mirs, aber ihr schweigender Kummer gibt mir Verdacht. Gewiß! gewiß! das ist nicht das einzige Land in eurer ungeheuern Fläche; denn was ist jenes dort, das wie ein niedres Gewölk unbeweglich in einer langen Reihe über eurem äussersten Rand sich hinzieht? Vielleicht trügt mich die Einbildung; aber mir deuchte schon bei tiefer Stille fern hertönende Stimmen zu hören. Was kann es anders sein? wiewohl es so klein zu sein scheint; das macht die tiefe Entfernung; ich weiß es, ô ich weiß es! scheinen doch die fernen Wellen auch klein; scheint nicht unsre Hütte auch viel kleiner, wenn ich vom äussersten Ende der Insel sie sehe? Und ist es Land, wie dieses hier mit Fluren und fruchtbaren Bäumen, so werden auch Geschöpfe sein, zu deren Genuß sie da sind. Aber vielleicht sinds andre Geschöpfe, als die sind, die wir hier haben; vielleicht auch keine Geschöpfe, wie ich bin; keine, die mir zur Gesellschaft besser dienen könnten, als meine Schafe hier; aber wenns wäre: ach! zwar macht der Gedanke mir bange, wenn jenes ein Land wäre, von Geschöpfen wie ich bin bewohnet, und es wären ihrer viele, wie auch viele Vögel und viele Schafe auf unsrer Insel sind, und sie könnten mit einander sich freuen, wie die mannigfaltigen Vögel sich freuen, oder wie meine Schafe in gesellschaftlicher Einigkeit sich freuen; O glückliche, glückliche Geschöpfe! Verlaß mich, verlaß mich, zureizender Gedanke! Ausschweifende Gedanken, wo führet ihr mich hin, mich unglücklich zu machen? O ihr Wellen! Wenn ihr an jenes Ufer euch wälzet, dann lispelt den glücklichen Bewohnern, daß ein unglückliches Mädchen am Gestade jener Insel weint. Verlaßt mich, ausschweifende Gedanken, ihr macht mich nur trostlos.

Oft fragte sie ihre Mutter; aber sag mir: Warum bleiben wir zwei immer nur zwei, da alle Geschöpfe sich mehren? Um die Pflanzen her wachsen junge Pflanzen von gleicher Art; jährlich mehret sich unsre Herde; wie freudig hüpfen die jungen Lämmer, und freuen sich ihres Daseins! Und die mannigfaltigen Vögel; Ich sah es, und weinte! Dort in der dunkelsten Laube saß ich, und bemerkte viele Tage alles. Zwei Vögel hatten ein reinliches Nest sich gebaut, dann spielten sie mit süßer Freundlichkeit auf nahen Ästen. O wie sie sich liebten! Bald darauf sah ich Eierchen in dem Neste, die das Eine mit sorgfältiger Wache mit seinen Flügeln deckte, indes der andre auf nahen Ästen ihm zur Kurzweile sang. Alle Tage bemerkt' ichs von der Laube. Bald sah ich unbefiederte kleine Vögel, wo die Eier sonst waren, indes daß die grössern mit neuer Freude sie umflatterten, und Speise in ihren Schnäbeln den noch unbehilflichen brachten, die mit zwitschernder Freude sie empfingen; nach und nach befiederten sie sich, und schwangen die noch schwachen Flügel; aber jetzt huben sie sich aus ihrem kleinen Nest auf den nahen Ast, die grössern flogen ihnen vor, als wollten sie ihnen Mut geben, das gleiche zu wagen. O meine Mutter, wie lieblich war das zu sehen! Sie schwangen oft die Flügel, als wollten sie es wagen; und furchtsam wagten sie es nicht. Da wagt es der Kühnste, und sang vor Freude über die gelungene Sache, und schien seinen furchtsameren Gespielen zu rufen; sie wagten es auch, und jetzt flatterten sie umher, und sangen mit allgemeiner Freude. Ach was wunderliche Gedanken da bei mir entstanden! Warum sind wir allein, denen diese Freude versagt ist?

Semira war bang, die ihrem Geheimnis so gefährlichen Fragen zu beantworten. Ich weiß selbst von allem dem nichts, sprach sie; was willst du durch unnützes Nachforschen dir Mutmaßungen, leere Einbildungen erfinden, die Wünsche in dir erwecken, die doch nur Träume sind, und dennoch deine unschuldige Ruhe stören? Was willst du den Göttern mit fürwitzigen Nachforschungen zuvorkommen, die allein wissen, was mit uns vorgehen soll, und unser Schiksal früh oder später nach ihrem weisen Willen lenken werden?

Aber, so antwortete Melida, die Götter wollen mirs verzeihen! wozu wird man in so müßiger Einsamkeit verleitet! Aber den Wunsch kann ich doch nicht unterdrücken, daß unser Geschlecht sich auch, wie andre, vermehren möchten; wie das geschehen kann, das kann ich nicht ausforschen; das muß ich den Göttern überlassen. Die Pflanzen entstehen aus dem Samen, gewisse Tiere gehen aus den Eiern hervor, andre so, andre anders. Ich hab es alles bemerkt; was hab ich auch sonst zu tun? O wenn ich einmal so kleine Menschen fände, die auf die oder irgendeine andre Art entstanden oder ausgebrütet wären! Götter! Wie wollt' ich sie pflegen! Wie wollt' ich sie lieben! Aber nun ich will diese Phantasien alle mit dem Wind wegjagen; die Götter werden für mein Bestes sorgen. Aber eins noch, liebste Mutter! die Frage muß ich tun, und dann keine mehr: Ich weiß noch, daß ich nicht immer war, wie ich jetzt bin; daß ich nach und nach zu dieser Größe wuchs, wie die Pflanzen und wie andre Geschöpfe; ich weiß noch, daß ich nicht viel höher war als ein Nelkenstock; also muß ich vorher noch kleiner gewesen sein, als ich mich erinnern kann; also muß ich einmal angefangen haben zu sein, wie die Pflanzen und wie die Vögel und andre Geschöpfe anfangen zu sein; sag mir, du musst vor mir da gewesen sein; sag mir, wie und wo hast du zuerst mich gefunden, und was ist mit mir vorgegangen? Wenn du mir das sagst, so kann ich vielleicht Mittel finden, ihnen leichter auf sie Spur zu gehn, oder wohl gar – Ach ich weiß selbst nicht recht was, aber du könntest mir alles sagen – so verfolgte sie die unruhige Mutter mit tausend Fragen. Du machst mich böse, sprach sie, mein Kind, mit deinem wunderlichen Geschwätze; wie du entstanden bist, kann ich nicht sagen. Da ich allein, ganz allein war, hab ich die Götter um Gesellschaft gebetten, und da fand ich dich an einem schönen Morgen ganz klein unter den Rosenstauden vor der Hütte; aber noch ein mal, fürwitziges Kind, du wirst mit deinem unnützen Geschwätze mich böse machen; pflege du unserer Blumen, spiele mit deinen jungen Lämmern, und erzürne die Götter nicht, mit deinem Fürwitz und mich mit Fragen, die ich nicht beantworten kann. Seit dem du diesen wunderlichen Phantasien dich ergibst, bist du nicht mehr erfindsam, deine Stunden angenehm durchzubringen; nur erfindsam, dich und mich zu plagen, lässt du deine Höhle unvollendet, und deine Pflanzen ungepflegt.

So lebte Semira mit ihrer Tochter einsam, und voll Unruh und Kummer; aber die Götter hörten ihr Flehen, und beschlossen, ihren Kummer mit Freude zu belohnen. Im Rat der Götter nahms Amor auf sich. Wer unter den Göttern kann besser ein junges Mädchen beglücken?

Auf dem festen Lande der Insel gegenüber wohnte ein Jüngling, herrlich gebildet; man hätt' ihn für einen der Götter gehalten, wenn er auf blumiger Flur oder im Schatten des Hains wandelte. Oft hat ihm sein Vater erzählt, wie vor Jahren ein großer Schrecken weit herum im Land war. Du siehst jenen Fleck dort im Meer, so sprach er und wies mit der Hand gegen der Insel; er sah sie aus seiner Hütte, die nicht fern vom Ufer stand; ein langer Strich Landes ging einst wie ein ausgestreckter Arm weit in das Meer hinaus. Am äußersten Ende wohnte ein redliches Paar, Semira und Milon. Herrliche Fluren zogen von unserm Ufer sich bis zu ihrer Hütte, und zahlreiche Herden weideten an beiden Ufern des lang gestreckten Landes. Ihr größter Segen und ihre Freude war ein damals unmündiges Kind, ein Wunder von Schönheit und Anmut. Weither kamen die Weiber des Landes, die Schönheit des Kindes zu sehen, kleine Geschenke ihm zu bringen und die glückliche Mutter zu segnen; aber mir schauert noch, wenn ich des Schreckens gedenke. In einer Mitternacht weckte ein fürchterliches Krachen, wie tausend Donnerschläge, die ganze Gegend vom Schlafe; die ganze Gegend erbebte, das Meer tobte und stieg mit schrecklichem Getöse über sein Ufer, die Stimmen des Schreckens und des Jammers tönten weit umher durch den nächtlichen Himmel. Bei finstrer Nacht konnte keiner die Ursache des Jammers entdeken. Bebend und voll Entsetzen fand man sich auf dem Feld, in banger Erwartung; aber die Dämmerung kam, da sahn wir die schreckliche Verwüstung im Meere; die Fluren zwischen dem Land und jener Insel waren in das tobende Meer versunken; erst da die Morgensonne ins stillere Meer schien, entdeckten wir jene Insel; und einer von uns, dem die Götter ein schärferes Auge gegeben, glaubte, bei hellen Tagen Milons Hütte und um sie her Bäume zu sehen. Vielleicht lebt er noch mit seinem Weib; vielleicht ist Melida (so hieß das schöne Kind) in trauriger Einsamkeit das schönste Mädchen, das je ein Sterblicher sah.

Diese Geschichte machte großen Eindruck auf das Gemüt des Jünglings; seither ging er oft ans Ufer des Meeres, und staunte dem Schicksal der Bewohner jener Insel nach. Einstmals überschlich ihn ein sanfter Schlaf beim Geräusche der Wellen; da flog Amor zu ihm, setzt an seiner Seite sich, kühlt ihn mit sanften Flügeln, daß die Mittagshitze ihn nicht wecke, und gab ihm den Traum, daß ihn deuchte, wie er das Ufer jener Insel sähe; kleine Liebes-Götter flatterten da in heiligen Schatten, mit traurigen Gebärden; oder sie trauerten auf wankenden Ästen des Gesträuches, oder auf Blumen; tief aus dem Schatten hervor kam mit langsamem Schritt und tiefstaunend ein Mädchen mit jedem Liebreiz geschmückt. Schlank gebogen ging sie in nachlässiger Schönheit einher; ihre weißen Haare zerflossen zum teil auf ihren Schultern, wie Milch auf glänzend weißem Marmor zerfließt; zum Teil waren sie in einem Knoten mit einem Mürtenschoß auf ihrem Kopf nachlässig befestigt; eine reizende Blässe war in ihrem schönen Gesicht, wie Rosen, die vor einem jugendlichen Busen verwelken, und feurige Sehnsucht schmachtete in ihren grossen blauen Augen. So ging sie einher, und achtete der sanften Winde nicht, die mit ihr spielten, und der schönsten Blumen nicht, die schmeichelnd um ihre Füße sich schmiegten, und mit den lieblichsten Gerüchen ihre Aufmerksamkeit reizten; nicht der süssesten Früchte, die in mannigfaltigem Glanz von beiden Seiten an wiegenden Ästen ihr winkten. So ging sie ans Ufer des Meeres, sah traurig über die blaue Entfernung nach dem andern Ufer hin, hub ihre weißen Arme empor, und schien um Hilfe zu flehen. Da deucht ihn, wie er über das Meer hinschwebte, und schnell zu ihrer Hilfe eilte. Amor empfing ihn am schattichten Ufer, und führt ihm die Schöne in seine zitternden Arme; freudig flatterten die Liebesgötter umher in mutwilligen Spielen, umwanden sie mit Blumenkränzen, und umdüfteten sie mit Blumengerüchen von ihren sanft-wehenden Flügeln. Dem Schlafenden pochte das Herz, seine Wangen glühten, und seine Arme umschlangen die weichende Luft; und da erwacht er, lange lag er noch in betäubender Entzückung. Götter! (so rief er mit bebenden Lippen) Wo bin ich? Wie? sie ist weg; sie ist aus meinen Armen geflohen. Ach! Hier lieg ich am Ufer, – dort, fern ist die Insel! Ein Traum, ach ein Traum hat mich für immer betrogen, für immer, ich fühl es, mich unglücklich gemacht!

Jetzt ging er öfter ans Ufer als vorher; in tiefen Gedanken, und seufzend ging oder saß er jetzt am Meersand, und sah über die spielenden Wellen nach der Insel hin. Besonders des Nachts beim Schimmer des Mondes, wenn tiefe Stille über die ganze Gegend war, und das Meer nur lispelte, dann stand er am äussersten Rande des Ufers, und horcht, ob er keine Töne von der Insel her vernähme; oft glaubt er, Klagen zu hören, oder die Töne einer lieblichen Stimme: Dann wie oft trügt die erhitzte Einbildungskraft die Wünsche derer, die lieben! Oft rief er, und ihn deuchte, als hört' er Antwort aus tiefer Entfernung. Oder zuweilen glaubt er, Licht oder den Schimmer eines Feuers von der Insel zu sehn, wenn hinter ihr ein Stern am Rande des Himmels stand. Vielleicht, (so sagt er) vielleicht sitzt sie dort einsam bei der nächtlichen Flamme des Herdes, und staunt über ihr verlassenes Schicksal, und verseufzt umsonst bei nächtlicher Stille ihre jugendlichen Tage. O ihr Winde! Hätt' ich eure Flügel, ihr Winde! Eilet, flieget jenem Ufer zu, und sagt ihr, daß ich Elender hier am Ufer verschmachte.

Aber wie, (so sagt er sich oft) wo ist meine Vernunft hin, ich Elender! was lieb ich? Einen Traum, einen eitlen Traum! Hier schlief ich, und meine Einbildungskraft schuf ein Bild vor meine Stirne, zwar schöner, weit schöner, als alles, was ich bisher sah; ich erwachte; aber, Götter! es verschwand nicht wie ein

Traum; tief unauslöschlich sitzt es in meiner Einbildungs-Kraft, und herrschet über meine ganze Seele; und doch ein Traum, ein Schatten, der vielleicht nirgend in der Welt seine Wirklichkeit hat; den lieb ich, der verfolgt mich bei allen meinen Geschäften; wo ich gehe, wandelt er an meiner Seite, nähret in meinem Herz ein beständiges Feuer und diese phantastische Qualen, und reißt mich gewaltsam an dieses Ufer hin. O schäme dich, suche deine Vernunft wieder, und sei wieder, was du vor warest, ruhig und zufrieden, und fleißig und erfindsam in deiner Arbeit. Geh, lache deiner überwundenen Torheit. Verlasse dies Ufer, und danke den Göttern, daß du noch nicht das Gespötte der ganzen Gegend bist.

Aber umsonst bekämpft er die wunderbare Liebe; umsonst war sein Entschluß, das Ufer zu meiden. Bei dem angenehmsten Geschäfte schwebte das Bild immer vor seiner Stirne; immer war es, als schleppt' eine unsichtbare Gottheit ihn ans Ufer. O ihr Götter! (so rief er dann) soll diese Liebe ewig umsonst mich quälen, und ein Schatten-Bild meine jugendlichen Tage mit Hoffnung-loser Pein erfüllen? Aber das ist kein Traum, wie die schwärmende Phantasie sonst gibt; zu dieser Idee von Schönheit hat meine Einbildungskraft sich nie erhoben, die so weit jede Schönheit übertrifft, die bisher mein Auge gesehen. Das kann auch die bloße Phantasie im Traum nicht; gewiß, ein Gott gab mir den Traum. Aber warum, was muß die geheime Absicht sein? Das kann ich nicht ausfinden. Lebt die schöne Gestalt wirklich dort auf der Insel, warum ließ er mir im Traum sie sehn, warum will er, daß ich in Liebe gegen sie verschmachte; warum verläßt er mich ohne Hoffnung, ohne Beistand, ohne mir die Mittel zu zeigen, an jenes Ufer zu kommen? Da es unmöglich ist, jenes zu entfernte Ufer mit Schwimmen zu erreichen, was für Rat, was für Erfindung kann mir helfen; zwar die Götter gaben dem Menschen hohe kühne Gedanken und erfindungreichen Witz, und überlassens ihm, seine edlen Kräfte zu seinem Besten zu üben; aber, Götter! welch menschlicher Witz kann mich lehren, auf den Wellen des Meeres zu wandeln, oder wie die Meerente gefahrlos durch die Fluten zu schwimmen?

Jetzt saß er oft tief staunend am Ufer, mit arbeitendem Verstande dacht er lange umsonst einer Erfindung nach; denn damals war die Kunst, auf Schiffen sich den Fluten zu vertrauen, noch nicht erfunden; was sollten sie auf fernen Küsten? da an jedem Ort, wo Gras für ihre Herden wuchs, Bäume mit gesunden Früchten standen, und eine klare Quelle rauschte, sie ihren ganzen Reichtum fanden, und Überfluß für jedes ihrer Bedürfnisse. Lange dacht er nach, fand und verwarf lange; einmal sah er traurig ins Meer hin, da sah er fernher dem Ufer nach etwas, das die Wellen ihm näher trieben; Freude und Hoffnung stürzten plötzlich in sein scharf bemerkendes Auge; immer kams näher, und da sah er den dichten Stamm eines umgeworfenen Baumes daherschwimmen, von Alter ausgehölt, und ein schüchternes Kaninchen, von irgendeinem Feind am Ufer verfolgt, hatte mit Schwimmen sich auf den Stamme gerettet; da saß es sicher im ausgehöhlten Baum; ein laubigter Ast bog sich über ihm hin, und deckt es mit seinem Schatten, und ein sanfter Wind trieb den Stamm neben dem Jüngling ans Ufer. Ihm ahnte sein Glück, trunken vor Freude hüpft er am Ufer. Dann staunt er wieder, das dunkle Bild zu entwickeln, das wie ein zweifelhafter nächtlicher Schatten in seiner Einbildung saß, bald sich verlor, bald wieder entstand. Jetzt schleppt er den Stamm auf trockenen Meersand, um morgens bei früher Dämmerung ein Werk zu versuchen, das so unreif noch in seinen Gedanken lag. Hoffnung und Zweifel und Schlaflosigkeit waren bis zur Dämmerung seine Gefehrten; aber jetzt eilt er mit schlechtem Werkzeug versehen, denn damals bedurfte die glücklichere Einfalt nicht vieles. So eilt er ans Ufer. Hab ich doch oft gesehen, (so sagt er) daß vom Ufer gewehetes Laub, in sich gewölbt, sanft über dem Wasser schwimmt; erst kürzlich sah ichs im Teich bei unsrer Hütte, und Schmetterlinge, die über dem Teich flatterten, setzten sich hier und dort auf ein Blatt, und netzten die zarten Füße nicht; nun will ichs versuchen; schon hat die Natur die Hälfte der Arbeit getan; den Stamm will ich so weit höhlen, daß ich gemächlich drin sitze; so sprach er und hub freudig seine Arbeit an. O du, (so rief er) wer du auch bist, milde Gottheit! die den unvergeßlichen Traum vor meine Stirne gebracht hat, höre, O höre mein Flehen, laß meine Arbeit mir gelingen.

Oft sah er von seiner Arbeit ruhend nach der Insel, und sprach: O du! Schönste unter den Sterblichen! Was ist schwierig genug, das die Liebe nicht möglich macht? Welche Gefahr ist zu groß, daß die Liebe sie nicht besiege? O was für süße Hoffnungen schweben um mein Haupt! Wie kannst du, komm ich nun bald an dein Ufer, wie kannst du deine Liebe mir versagen, mir, dessen Liebe dem Abgrund des Meeres trotzt? Hat je die Liebe was kühners gewagt?

Oft auch ließ er mutlos von seiner Arbeit ab. Ich Tor, (so redet er zu sich) wie lächerlich ich mich hier bemühe! Wenn ein Vorübergehender mich fragen würde: Freund, was machst du da? Was würd er zu der Antwort sagen? Ich höhle mir dies Holz, um mich darein zu setzen, und ins weite Meer darin zu schwimmen. Wer ist der Elende, der seinen tollen Sohn so sorglos seinen Rasereien überlässt? Das müsst er sagen. So sprach er, und sah unwillig auf sein angefangenes Werk. Aber wie, so sprach er wieder, wenns auch nicht gelingt, so hab ich einige, sonst müßige Stunden verschwendt. Sollt ich für meine Liebe das nicht wagen? Gewiß wohnen Leute auf der Insel; was mir mein Vater erzählte, machet mirs wahrscheinlich, und mein Traum, (den hat ein Gott vor meine Stirne geführt) der macht mirs gewiß. Und wenn sie da wohnen, Götter! wie hilflos müssen sie sein, wie verlassen! Oder wenn ihr Vater, wenn ihre Mutter tot wären, oder wenn sie einst sterben, und sie wär allein auf der Insel, von allem verlassen, und ihre jugendliche Schönheit müßte in trostloser Einsamkeit vor Gram und Verzweiflung verblühen: Götter! Nein, nicht Liebe, Mitleiden allein müßte hier das kühnste wagen! So verlor er oft, und gewann immer wieder seinen Mut.

Wenige Tage waren verflossen, da war der Stamm ausgehöhlt, und hatte die unvollkommene Gestalt eines Nachen. Jetzt schleppt er mühsam ihn dahin, wo das Ufer einen kleinen Teil des Meeres umschloß, und vor der Gefahr der Wellen ihn schützte, da stieß er das Fahrzeug in die Flut, setzt' in seine Mitte sich, ließ am Ufer sich treiben, wohin die sanften Wellen ihn führten, und beobachtete das Gute und das Mißlungene an seiner Arbeit; die Wellen führten ihn wieder ans Ufer, da hub er seine Arbeit wieder an, ändert oft, und versucht es oft wieder. Aber so dacht er: Nun ist die Hälfte des Werkes vollendet; aber was für Mittel hab ich, die Reise nach meinem Willen zu lenken? so fahr ich nach der Willkühr des Windes und der Wellen; tollkühn wär es, wenn ich die Reise in das offene Meer hinaus nach der Insel so wagte. Hundert Gedanken stellten sich seiner Einbildungskraft dar, und hundert verwarf er. Aber (dacht er jetzt) lenkt doch der Schwan mit breiten fortstoßenden Füßen seinen Lauf, und alle Vögel, die in den Fluten schwimmen; hat ein Tier mich gelehrt, auf dem Stamm eines Baumes zu schwimmen, so können auch Tiere vielleicht mich hier unterrichten. Wie wenn ich Füße von Holz mir mache, breit wie die Füße des Schwans, wo sie in die Flut sich tauchen, und ich würde mit jeder Hand einen auf beiden Seiten des gehöhlten Stammes sie regieren. Voll Entzücken über diesen Gedanken eilt er, bequemes Holz sich zu schneiden, und bald war es in Gestalt zweier Ruder; da lief er in den Nachen, und probierte lang umsonst; aber jeden Tag beobachtet er die Lenkung der Füße der schwimmenden Vögel, und jeden Tag fand er neue Vorteile, sein Fahrzeug zu lenken. Lange schwebt er in dem kleinen Meerbusen umher; aber kühner auf seine Kunst sich verlassend schwamm er jetzt hinaus ins offene Meer, und lenkte seinen Nachen glücklich zurück, und sprang voll Freude wieder ans Ufer. O süße Freude! (so rief er) Nun ist mir das Wunder gelungen; kühn will ich jetzt mit den ersten Strahlen der Sonne auf dem Meer sein; wofern morgen die Winde mir gewogen sind, will ich in kleinem Gefässe von Holz den

Fluten des Meeres mich vertrauen. Kühn ist mein Unternehmen, aber marternd und tödlich meine Liebe; und nur ein Elender wagts nicht, Unglücklichen durch drohende Gefahren hindurch Trost und Hilfe zu bringen. Jetzt befestigt er seinen Nachen im kleinen Meerbusen, und ging (denn die Nacht kam) in seine Hütte zurück.

Zweiter Gesang

Ungesehn hat Amor bei der Arbeit immer seinen Mut befeuert; aber jetzt flog er in tauiger Nacht beim Schimmer des Mondes auf schnellen Flügeln der Insel zu, die Aeolus, der Gott der Winde, bewohnt. Fernher rauscht ihm das Getöse des Felsen entgegen, der in ungeheurer Höhle die Winde verschließt, wie das Getöse eines Sturmes im Welt-Meer. Jetzt senkt' er sich gerade auf den Felsen herunter, der hoch aus den Wellen empor stand; da saß der Gott der Winde auf einer Klippe beim Eingang der Höhle. Winde mit sausendem Geräusche flogen aus und ein, wie Bienen um ihren Stock sumsen. Auf seinen Befehl gehorchend kamen sie sonst, oder flogen aus, im Meer zu toben, oder in Gebirgen zu heulen, oder über Strafbaren ein Gewitter zu sammeln; sanftern Winden befahl er, um stille Hütten und Fluren zu säuseln, den Fleiß bei seiner Arbeit zu kühlen, oder in den Schatten der Haine und Gebüsche zu schwärmen. Aber mutlos achtet er jetzt nicht der Winde, saß auf der tautriefenden Klippe da, stützte den Arm auf sein Knie, und der eine Schlaf lag in der von Locken umflatterten Hand. Harmvoll saß er da, und sah in die Wellen, die im Mondschein sich wälzten. Ihn peinigte Liebe, Liebe zu einer der Nymphen des Meeres. Amor hatt' ihn, da er einmal vorüberflog, und müßig vor seinem Fels ihn liegen sah, mit einem seiner schärfesten Pfeile verwundet. Citherens Sohn hört fernher ihn klagen, und ließ auf einer nahen Klippe des Felsens sich nieder, um seine Klagen zu behorchen. O du, (so klagt er) die du lieblicher bist, als alle vom Gefolge der Thetis, schöner als alle, die in dem Meere schwimmen, soll denn Mitleiden und Liebe, sollen sie nie meine Schmerzen belohnen? Ach! Zu lange schon hat mich die Liebe gemartert; umsonst tragen dienstbare Winde meine Seufzer und meine Klagen vor dein Ohr; und du achtest meiner nichts, wie schmachtend ich hier auf meinem Fels liege, und mit sehnsuchtsvollem Auge dir nachsehe, wenn du auf sanften Wellen daherschwimmest, in denen deine milchweiße Brust wiederscheint. Wenn du oft hoch über die Fluten emporsteigest, daß ich den ganzen Reichtum deiner Schönheit sehe, dann schauert Entzücken ganz durch mich hin; aber wenn du dann plötzlich tief in die wirbelnde Flut dem lüsternen Aug entfliehest, ach! dann durchbebet mich eiskaltes Entsetzen. Oder wenn du mit andern Nymphen auf glänzender Flut in muntern Spielen umherschwebst, daß das Meer um euch her schäumt, und Wasser aus euern Kränzen von blumigtem Meer-Grase rinnt. Aber wütende Eifersucht zerreißt mir die Brust, wenn ihr in mutwilligem Kampf die Schilf-bekränzten Meer-Götter mit Ruten von Schilfrohr verfolget; wenn der Verfolgte oft plötzlich sich umwendet, und mit nervigtem Arm dich umfaßt. Zwar entschlüpfen deine nassen Lenden ihm leicht; unter den Fluten verborgen kommst du dann plötzlich mit spöttischem Lachen fern von ihm wieder hervor. Aber wenn er dich unter die Fluten verfolgt, Götter! wenn mein Auge beide nicht mehr sieht, oder wenn plötzlich einer der Götter dir unversehen tief aus dem Meer herauffährt, und auf triefenden Schultern mit lautem Gelächter dich Erschrockene hoch emporhebt, ô dann stampf ich rasend den Boden – – – denn du lächelst, und bist nicht böse über das tollkühne Spiel, und vergissest, was für Marter derweil mich Elenden verzehrt. Schon ergreift mein nervigter Arm den nahesten Fels, den Bösewicht zu zerschmettern; schon ruf ich den rasendsten Winden, im wütenden Sturm ein mir so häßliches Schauspiel zu stören; aber aus Furcht, dich zu erzürnen, entstürzt der Fels meiner Hand, jag ich die tobenden Winde zurück, und sinke in ohnmächtiger Raserei dahin. Immer sucht dich mein schmachtender Blick, und weckt mich des Nachts das Plätschern der Wellen; dann glaub ich, du schwimmest am Ufer, ruf dir umsonst, und fluche der Dunkelheit, die dich verbirgt. Ach daß du nicht eine der Erd-Gebornen bist! Falsche Fluten verhindern mich, dir zu folgen, dich mit Seufzen und Klagen, wohin du gehst, zu verfolgen. Komm, O komm an mein Ufer! hier sind liebliche Höhlen; meine sanftesten Winde sollen dich kühlen; aus allen Welt-Teilen sollen sie die lieblichsten Gerüche dir sammeln, und unter ihrem belebenden Wehen sollen die lieblichsten Schatten rings um mein Ufer aufblühen. Komm, sei du die Herrscherin der Winde; komm in der lieblichen Gestalt, in der ich dich zum ersten mal an meinem Ufer überschlich, da du im blumigen Grase saßest, da deine lilienweißen Glieder an der Sonne glänzten, und glänzende Tropfen sanft herunter ins Gras floßen, wie Morgentau von frischen Rosen fließt; komm und bleib in meiner Umarmung, und geh nie wieder in die Wellen zurück, wie du damals, ach! da ich dir schon nahe war, in die Wellen dich stürztest, und allen Martern der Liebe mich ließest.

So klagte der König der Winde, als Amor ihm nahe trat. Deine Klagen hab ich alle gehört, mächtiger Beherrscher der Winde! (so sprach er) Ich bin der Sohn der schön-gegürteten Venus, mächtig deine Qualen zu enden; ich schwör es dir beim hohen Olymp, wirst du eine Bitte mir gewähren, so soll mein schärfester Pfeil die spröde Tochter des Nereus verwunden, daß sie mit lieblich-errötender Schamhaftigkeit an dein Ufer steigt, und mit sehnsuchtsvoller Liebe jeden deiner Schmerzen belohnt. Ihm antwortet' Aeolus voll frohen Erstaunens: Du Sohn der mächtigen Venus! Was für eine Bitte soll ich dir gewähren; nur geringe kann ich das Glück dir belohnen, das du mit hoher Beteuerung mir verhießest. So vernimm meine Bitte, (sprach Amor) verschließe alle deine Winde von jetzt, bis an dem Abend die Sonne wieder ins Meer geht, und mir gib tausend Zephir, daß sie so lange meinen Befehlen gehorchen. Schnell rief Aeolus mit mächtiger Stimme die schwärmenden Winde zurück; mit wildem Geräusche flogen sie von allen Seiten herbei; der Gott verschloss sie in ihrer Höhle, und tausend Zephir flatterten um den Gott der Liebe her.

Bald (so sprach Amor) sollst du deine Dienste belohnt und deine Wünsche erfüllt sehn; jetzt eil ich, wo meine Geschäfte mich rufen; er sprachs, und flog mit seinem Gefolge von Zephirs schnell dem Ufer zu, wo er bei der Morgen-Dämmerung den kühnen Jüngling schon sah, der voll Freude über die Schönheit des Morgens, voll froher Ahnungen da stand. Still und sanft glitzerte das Meer in der kommenden Morgen-Sonne, und heller, als sonst, sah er die gegenüberstehende Insel; das Ufer ertönte von dem Gesange der Vögel, und zwei wilde Tauben flogen über seinem Haupt hin, der Insel zu. Nur sanfte Winde lispelten am schattenreichen Ufer; so sanfte Stille war auf dem Meer und an den erwartenden Ufern, als die Göttin Venus in blendender Schönheit aus dem Meerschaum entstand; da sah der helle Himmel und das grüne Meer und die Ufer in feierlicher Entzückung auf das werdende Wunder, die Winde lagen erstaunt auf unbewegten Flügeln, nur sanfte Zephir küssten die Göttin und jede werdende Schönheit. Von neuem befeuert jetzt Amor seine Kühnheit und seine Liebe; und jetzt stieg er in den Nachen. O du Herrscher des Meeres, Neptun, (so rief er) Götter und Göttinnen, die ihr die Meere bewohnet, O seid meinem kühnen Unternehmen gewogen! nicht Trotz, nicht sträflicher Stolz, nein Liebe, die ein Gott in meinen Busen legte, und tugendhaftes Verlangen, auf gefährlichem Wege notleidenden Hilfe zu bringen, hat mich zu so kühnem Unternehmen befeuert. Laßt, O laßt glücklich mich jenes Ufer erreichen; und du, der diese Liebe entflammet hat, verlaß, O verlaß mich jetzt nicht, du hast zuerst den kühnen Gedanken in mein Gemüte gelegt!

Plötzlich, als er noch sprach, ließ Amor aus seinem Nachen einen hohen Stab empor wachsen, von dessen oberster Spitze Blumenkränze in der Luft gegen die Insel hinflogen. Denn er hatte den Zephir befohlen, in die Blumenkränze zu wehen, und vom Ufer her die Wellen gegen den Hinterteil des Nachen zu schlagen; andre mußten vor ihm her die Wellen zerteilen, und den flüssigen Weg ebnen; und andern befahl er, den Jüngling bei seiner Arbeit zu kühlen. Jetzt sah es der Jüngling mit heiligem Erstaunen, daß ein Gott ihm beisteht, und stieß voll hohen Mutes vom Ufer, und Amor flog ihm unsichtbar, hoch über seinem Nachen vor ihm her. Aus der Tiefe heraus und von fernen Ufern kamen die Tritonen, die Söhne des Neptun, und schilfbekränzte Töchter des Nereus; in plätschernden Spielen schwammen sie in weitem Kreis um ihn her, in freudigem Erstaunen über den kühnen Sterblichen, der erst es wagt, in kleinem Schiffe dem weiten Meer sich zu vertrauen. »O sei beglückt! (so sangen sie) gefahrlos sei deine Reise, kühner Jüngling! Dich wird die Liebe belohnen, sie die so erfindsam dich macht, so kühn, in kleiner Schale des gehöhlten Stammes auf die Fluten des Meeres dich zu wagen. Wie schön schwimmst du daher mit flatternden Blumenkränzen auf schimmernden Wellen daher, wie der majestätische Schwan, mit künstlich lenkenden Füßen. Zwar Amor flieget vor dir; der muß glücklich sein, den die Liebe in ihren Schutz nimmt. Empfangt ihn unverletzt, ihr Schatten der Insel! dort soll er den Lohn, den süßesten Lohn der kühnen Erfindung empfangen. Wir sehens, ô wir sehen in der Zukunft deine verbesserte Kunst! Nationen decken mit Fahrzeug den Ozean, und schwimmen zu fernen Nationen; Völker ungleich an Sitten, durch ganze Meere gesündert, empfangen sich erstaunt am friedsamen Ufer; sie holen und bringen sich fremde Schätze, und Überfluß und Wissenschaft und neue Künste. Auf unwirtbaren Meeren findet dann der Schiffer den ungepfadeten Weg, und schwimmt auf unermeßlicher Tiefe. Er trotzet kühn dem tobenden Sturm, wenn Himmel und Meer wüten, und ungeheure Wellen mit seinem Fahrzeug spielen. So kühn und erfindsam ist Prometheus' Geschlecht; Feuer der Götter lodert in ihrem Busen, und drohende Gefahr befeuert den unaufhaltsamen Mut.«

So sangen die Nymphen und Meer-Götter in plätscherndem Tanz um den Nachen her, andre bließen auf ihrem Muschel-Horn harmonisch zum Lied. So schwamm er glücklich dahin, und glücklich kam er ans Ufer, das mit hüpfenden Schatten und lieblicher Kühlung ihn empfing; jetzt sprang er freudig aus dem Nachen, und zog ihn ans sichere Ufer; dann dankt er den Göttern, die so gnädig sein kühnes Unternehmen schützten. Voll froher Hoffnung irrt er jetzt durch den Schatten der Insel, auf jedem Fußtritt sieht er entzückt die Spuren arbeitender Hände, sah Feigen- und Apfel- und Birnen-Bäume in fruchtreiche Reihen gepflanzet; Reben waren von einem zum andern gezogen, mit Trauben-behangenen Armen, Jasminen und Myrthen-Gesträuche waren hier und da in schattige Lauben gewölbt, ein klarer Bach war von einer zur andern durch wölbende Schatten geleitet, sein Ufer mit mannigfaltigen Blumen bekränzt. So irrt er forschend im Schatten; indes saß Melida bei ihrer Mutter in der Hütte, stumm ihren Kopf auf den Busen gebogen, saß sie lange da; da sprach Semira: Wie, immer staunest du, mein Kind! Was staunest du, geliebte Melida?

Ihr erwiderte Melida, und Tränen stiegen in ihre Augen. Ach! ich staune, ich kanns nicht nennen warum ich staune; ich weiß nicht warum mein Herz pocht, ich weiß nicht, was so schwer auf meinem Busen liegt, das mich unglücklich macht, unglücklicher als alle andern Geschöpfe.

Wie, meine Melida! so antwortete die kummervolle Mutter, wie unglücklich! Deine wunderbaren Einbildungen machen dich unglücklich. Was fehlt dir? Wachsen nicht alle deine Gewächse gesund empor? Was du unternimmst, das gelingt dir; deine Lauben kleiden sich mit den lieblichsten Schatten, um dich zu empfangen; die Bäume, die du pflanzest, sind alle die schönsten; sonst war deine Herde dein angenehmstes Geschäfte; und jedes Geschöpf dieser Insel sucht, mit freundlichem Betragen dich zu erfreuen.

Ja, sprach Melida, und weinte, ach ja! Ehedem war alles Freude um mich her, aber sie ist nirgends mehr, der Schatten dient nur, meinen Kummer zu nähren; bei allen Gewächsen fand ich sonst Freude, sie duftete mir aus jeder Blume zu; aber ach! auf der ganzen Insel hat sie für mich verblüht; und die lebenden Geschöpfe, ach! sie sind alle glücklicher als ich; seh ich auf den Wipfeln die Vögel, wie sie sich sammeln, und froh sind und singen; seh ich meine Schafe, wie sie im Schatten sich sammeln, und mit frohen Sprüngen sich ihrer Gesellschaft freuen, oder zufrieden eines an des andern wohlichter Seite ruhen, dann kann ich den traurigen Wünschen nicht wehren – –

Semira unterbrach ihre Rede: Aber wie, immer die alte Klage, unzufriedenes Mädchen! Was das für Einbildungen sind! Verlangen nach Sachen, die du nicht nennen kannst, nach Sachen, die nicht in der Natur sind. Wie wenn ich auch murren wollte, daß dies Meer nicht Land ist, oder daß ich nicht fliegen kann, wie die Vögel, oder daß diese Bäume nicht mit mir reden? Und das wäre noch lange nicht so wunderlich.

Melida sprach: Aber das deucht mir doch so wunderlich, so unnatürlich nicht, was ich wünsche. Warum müssen wir das allein missen, was die Tiere alle haben; und doch haben wir sonst so viel ähnliches mit ihnen. Sie essen, sie schlafen, sie hören, sie riechen, wie wir, sie freuen sich, sie trauern, besonders wenn man sie von ihrer Gesellschaft trennt; wir haben so vieles mit ihnen gemein; warum das nicht?

Warum das nicht? Wunderliches Mädchen! (antwortete die Mutter in unzufriednem Ton) Frage die Götter, warum sie dir keine andre Gesellschaft gegeben haben als deine sanften Schafe und die muntern Vögel; wenns die Götter so haben wollen, warum bist du mit dieser Gesellschaft unzufrieden?

Furchtsam leise erwiderte Melida: Ja; aber das Schaf freut sich nicht der Gesellschaft des Rehes, und die Daube nicht der Gesellschaft der Ente; jedes freut sich nur der Gesellschaft dessen, das von seiner Gattung ist. Sind wir nicht auch eine besondre Gattung? Auch mein zamestes Schaf freuet sich mehr über seines gleichen als über mich.

Aber (sprach Semira) bin nicht ich deiner Gesellschaft von deiner Gattung, und ich liebe dich mehr, als Schafe Schafe lieben können, und Vögel die Vögel ihrer Art.

Ja, (antwortete zärtlich Melida) ach ja, geliebteste Mutter! Aber auch du trauerst; vielleicht würdest du weniger trauern, wenn unser mehrere wären, dann wäre die Freude mannigfaltiger. Wenn unser mehrere wären, O wie entzückend würd es sein, wenn wir mit vereinten Kräften uns bemühen würden, dich zu erfreuen. Ach! wenn auch nur eins, nur eins noch wäre. Jemand, der jede meiner kleinen Freuden mit mir teilte, der immer an meiner Seite wäre, der – – Ach! es ist – – Mein Herz liebet dich über alles; aber es ist, als wenn noch mehr Liebe da wäre, Liebe für etwas, das ich nicht finde und nicht kenne.

Semira seufzte: Wie sehr beunruhigt mich dein unglückliches Verlangen! Die Götter versagens dir, weil du es zu ungestühm verlangest! Sie könnten aus jedem Baum; aus Steinen könnten sie Geschöpfe machen, wie du bist; aber – –

Lebhaft unterbrach die Tochter ihre Rede: Wie, aus jedem Baum, aus Steinen könnten sie das? O ihr Götter! Bei jedem Baum, auf jedem Stein will ich euch Opfer bringen; das Schönste, was jede Jahreszeit mir gibt, will ich mit unermüdetem Flehen euch opfern; – – ja ich will – – Plötzlich fuhr Semira zurück. Götter! (so rief sie) was seh ich, und stand wie eine Bildsäule da; der Jüngling war vor der Schwelle der Hütte; eben so bestürzt, Götter! sie ists, rief er, sie ists, die ich im Traume sah.

Semira, ganz erschroken, sah rückwärts; voll Verwirrung stand sie von ihrem Sitz auf. Bist du einer der Olympier, und willst in unsrer Wohnung uns besuchen, ô so sieh gnädig uns an, und – aber wie? eben so bestürzt wie wir, stehest du da an der Schwelle, wer du auch seiest, sei uns willkommen, so sprach sie. Aber der Jüngling trat in die Hütte, und sprach: O nehmet gütig mich in eure Wohnung auf, ich bin nicht vom Olymp; auf wunderbare Weise komm ich zu euch, und flehe um eure Gewogenheit euch und euern Schutz.

Melida, indes daß sie das reden, stand unbewegt, nur ihre Blicke eilten auf der ganzen schönen Gestalt des Jünglings umher. Jetzt sprach sie: O die Götter haben meine Wünsche erhört, diese schöne Gestalt haben sie mir zur Gesellschaft geschaffen. Komm näher, an meine Seite komm, daß ich deine Hände berühre, und deine rosenfarbenen Wangen! Aber sag mir: Wie haben dich die Götter geschaffen? O wie will ich unablässig die Guttat ihnen danken! Sag mir: Was warest du erst noch? ein Baum, ein Stein? so sprach sie, indes daß sie des Jünglings bebende Hand an ihre wallende Brust drückte. Jetzt seufzte der Jüngling: Meine Geliebte! wofern ich dich so nennen darf – – Mich! (sprach Melida) ach sag es mir immer! mit Entzücken hör ichs. Ich fühl es, ich bin glücklich, jeder meiner Wünsche ist in dir erfüllt. O fühle, fühle, wie mein Herz vor Freude pocht, meine Hand zittert in der deinen; so hab ich noch nie mich gefreut, noch nie das empfunden.

Götter! Wie bin ich glücklich! (rief jetzt der Jüngling) Lang schon hab ich dich über alles geliebt. O wie ist meine Gefahr-volle Reise beglückt! wie sehr mein kühnes Unternehmen mir belohnt! so sprach er, und drückte des Mädchens Hand an seine Lippen.

Was machst du, was fühl ich! (sprach Melida) O ich sterbe vor Wollust! Alles gießt neues noch nie empfundenes Entzücken in mein Herz, alles, alles, was du unternimmst. Aber du, du willst ja immer meine Gesellschaft sein, in allen meinen Geschäften mir beistehn, und alle meine Freuden mit mir teilen?

Wie kann ich anderst, da ich nur durch dich glücklich bin? sprach der Jüngling.

O geliebte Mutter! (sprach Melida) wie die Götter gütig sind, daß sie meine wunderbaren Wünsche erhören, und mir dieses Geschöpfe zu meiner Gesellschaft erschaffen so liebenswürdig; sieh, Mutter, dies schöne Geschöpf ist gleich groß mit mir, nicht klein, wie du einst unter den Rosen mich fandest.

Semira sprach jetzt: Laßt von unsrer Verwirrung uns erholen; setzt euch neben mir; und du, sei uns gesegnet, du kannst in keiner üblen Absicht zu uns kommen; erzähl uns, woher du kommst, und wie du zu unsrer einsamen Wohnung kommen bist. Es muß etwas wunderbares mit dir vorgegangen sein?

Sie setzten sich jetzt, Melida und der Jüngling, Hand in Hand; da hub er an, seine Geschichte zu erzählen, wie ein Gott ihm im Traum die schöne Gestalt der Melida gezeigt, wie er sie geliebt habe; wie er sich hoffnungslos quälte, da das weite Meer sie trennte; wie er endlich seinen Nachen gebauen, und auf einem gehöhlten Stamm mit Füßen von Holz in das Meer sich gewagt habe, und unter dem Beistand der Götter an dieses Ufer gelanget sei.

Ganz erstaunt hörten sie die wunderbare Geschichte; da sprach Semira: Die Götter haben dirs in den Sinn geleget, die gefahrvolle Reise auf den Wellen des Meeres zu tun. O sei uns gesegnet! und den Göttern will ich Dankopfer bringen; sie haben zu unserm Glück dich herübergeführt, und den schweren Kummer von meinem Busen gewälzt.

Also (so sprach Melida) ist dort über dem Meer ein andres Ufer, und andre Bewohner; das hab ich immer vermutet, und meine Mutter hat mirs immer verhehlt; aber du gehst doch in deinem gehöhlten Stamm nie wieder an jenes Ufer zurück; O bleibe bei mir, sei einzig und allein mein! mir deucht, ich könnt es nicht ertragen, wenn du andre Gespielen lieben würdest wie mich. Aber sag mir: Du scheinst mir nicht ganz zu sein, was ich bin; zarte Haare wachsen um dein Kinn her, die ich nicht habe. Das machts, (antwortete der Jüngling) weil ich ein Mann bin, und du ein Mädchen bist. Ein Mann, (sprach Melida) das ist wunderbar; und doch könnt ich dich nicht mehr lieben, wenn du auch ganz meines gleichen wärest. O wie vieles hat meine Mutter mir verhehlt!

Semira lächelte, und befahl ihr von den schönsten Früchten die Abendmahlzeit zu rüsten. Sie ging, der Jüngling mußte mit ihr, die schönsten Früchte zu brechen. Unvermerkt, da sie unter öftern Umarmungen und zärtlichen Gesprächen, der Früchte, die sie suchten, vergaßen, verirrten sie dahin, wo der Nache am Ufer stand. Sieh, sprach der Jüngling, sieh, meine Geliebte! da steht der Stamm am Ufer, der mich über die Wellen des Meeres hin in deine Umarmung gebracht hat. Schnell voll froher Bewunderung lief sie dahin. O wunderbare Erfindung! (so rief sie) O Kühnheit, in solchem Gefäße dem weiten Meer sich zu vertrauen, das nichts ist im Meer, ein Spiel der Wellen, wie das fliegende Blatt einer Blüte ein Spiel des sanftesten Windes in der Luft ist, und Liebe zu mir gab dir den kühnen Mut! O mein Geliebter! Wie, ach wie kann ich deine Liebe dir danken! Aber sag mir: Was ist das, an beiden Seiten befestigt? Gewiß, das sind die Füße von Holz, mit denen du, wie der Schwan, deine Reise gelenkt hast! O sei mir willkommen, gehöhlter Stamm! sei mir willkommen, du Fremdling von fernem Ufer! Mir Schöner, wie du schmucklos da liegest, als jeder andere in der schönsten Frühlingszierde! Gesegnet sei der Ort, den du beschattet hast! Gesegnet die Gebeine dessen, der dich gepflanzet hat! Der Frühling gieße alle seine Schönheiten dahin, wo er ruhet! Aber du, mein Geliebter! so sprach sie, und eine zärtliche Träne floß von ihrem Auge, da sie den Jüngling umarmend es sprach: O ich beschwör, bei allen Göttern beschwör ich dich, verlaß mich nicht, steige nie wieder in den holen Stamm, dies Ufer zu verlassen! Tust du es, O dann müssen die erzürnten Wellen zurück dich in meine Umarmung, zu meinen zärtlichsten Klagen über deine Untreu zurück dich treiben! O meine Geliebte! (sprach der Jüngling, und küßte zärtlich die Träne von ihren Wangen,) wie ungerecht ist deine Sorge! Mich müsse die erste Welle in den Abgrund verschlingen so bald ich in der abscheuwürdigen Absicht dies Ufer verlasse! Aber wie könnt' ich, du über alles Geliebte, wie könnt' ich da bei dir allein mein Glück, bei dir allein alle meine Freuden wohnen? An diesem glücklichen Ufer will ich zwei Altäre bauen, der schönen Venus einen, und ihrem mächtigen Sohn, denn er hat die unauslöschliche Liebe in meinen Busen gelegt, und den kühnen Entschluß; der andre sei dem Gott des Meeres heilig, der auf dem Rücken der Wellen mich beschützte. Aber jetzt gingen sie in die Hütte zurück, und stellten in reinlichen Körbchen die Früchte auf den Tisch. Bei frohen Gesprächen kam da die Nacht, und Amor führte sichtbar sie in eine duftende Laube von Jasminen und Rosen, eine sanfte Quelle rieselte an ihrer Seite. Liebesgötter spielten durch die Ranken der Laube und sanfte Winde flatterten mit wohlriechenden Flügeln um die Liebenden her.

Ihre Enkel vervollkommneten die Kunst, das Meer zu beschiffen. Am Ufer der Insel bauten sie eine volkreiche Stadt, und hießen sie Cythera*; hohe Türme und Tempel warfen ihren Schimmer weit in das lakonische Meer; der schönste von allen war der Liebe geheiligt, mit gedoppeltem Zirkel von hohen Säulen umgeben; Glück und Überfluß wohnten in ihren Mauern, und die reichbeladenen Schiffe des Ozeans sammelten sich in ihrem sichern Hafen.

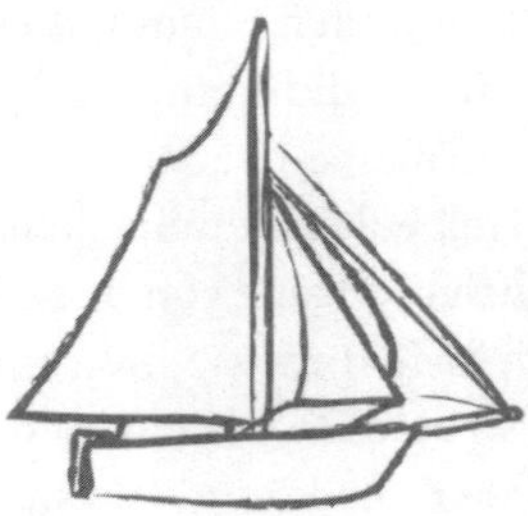

* In der griechischen Mythologie ist Cythera die Insel der Aphrodite, der Liebesgöttin.

Joachim Ringelnatz

Insel Hiddensee

Kühe weiden bis zum Rande
Großer Tümpel, wo im Röhricht
Kiebitz ostert. – Nackt im Sande
Purzeln Menschen selig töricht.

Und des Leuchtturms Strahlen segnen
Eine freundliche Gesundheit.

Andrerseits: Vor steiler Küste
Stürmen Wellen an und fliehen. –
Nach dem hohen Walde ziehen
Butterbrote und Gelüste.

Fischerhütten, schöne Villen
Grüßen sich vernünftig freundlich.

Steht ein Häuschen in der Mitte,
Rund und rührend zum Verlieben.
»Karusel« steht angeschrieben.
Dieses Häuschen zählt zu Vitte.

Asta Nielsen – Grischa Chmara,
Unsre Dänin, und der Russe –,

Auf dem Schaukelpolster wiegen
Sich zwei Künstler deutsch umschlungen. –
Gar kein Schutzmann kommt gesprungen. –
Doch im Bernstein träumen Fliegen.

Um die Insel rudern, dampfen,
Treiben, kämpfen Boote, Bötchen.

Julius Rodenberg

Stillleben auf Sylt

1859

Die Einwohner der Inseln sind stille geworden. Jesaia 23,2.

Westerland, am 10. August

Hier sind wir am fernsten Nordseestrande. Ein kleines, friedlich stilles Haus unter den Dünen beherbergt uns. Die Wände sind weiß, die Decke ist niedrig; von den Fenstern läßt nur eines halb sich öffnen, die andren sind fest zugenagelt, denn scharf streicht der Wind über Sylt. Unser Blick geht südwärts auf die weite, breite Haide. Einzelne Häuser sind hier verstreut, andere liegen dort beisammen. Wie einsam ist es auf Sylt! Am Abend, als ich ankam, und ein Rauschen, halb des Meeres, halb des Windes, auf dem sanften Rasenboden aber keines Menschen Tritt gehört ward, während mich das Geheimnis der Dunkelheit und des Ungekannten umgab: da hatte ich die Empfindung, als könne man hier ein neues Leben voll schweigender Glückseligkeit beginnen.

Hinter uns liegen die Dünen, bleiche, traurige Hügel mit wehendem Schilf und Riedgras. Unter den Hügeln ist das Meer – weit, breit und gelbgrün gleich der Haide. Aber wie wettert es auf der Meereshaide! Immer Wellen, immer Wind. Die Brandung rollt gegen die Dünenhügel, zeichnet ihre phantastischen Linien in den feinen weißen Sand, und läßt Muscheln, bunte Steine und milchweiße Kiesel zurück, wenn sie geht; Spielwerk aus dem

Meeresgrund für die Kinder. Wir sehen es, wir heben es auf, wir schleudern es wieder in die Flut zurück. Wir werden selber Kinder am Meeresstrand.

Menschen gehen wenig am Strand. Die tiefe Einsamkeit desselben wird selten, selten nur gestört. Der Wanderer kann schweifen, kann sinnen und träumen. Oft stößt sein Fuß auf schwarze dicke torfartige Massen, halb im Sande vergraben, oben von der Flut frei gewaschen. Das sind die Waldreste von Sylt. Wo wir jetzt im breiten Sonnenschein zur Seite des Meeres auf Sand wandeln, da haben einst hohe, schöne Bäume gestanden; weit hinaus, dort, wo im offenen Meere die Schaumwelle spritzt, hat eine große Stadt gelegen, in welcher reiche Kaufleute gewohnt. Aber das Meer hat dieses Land zerrissen, es hat sich neue Straßen gesucht, und neue Küsten gegründet. Die große Stadt mit den reichen Kaufleuten ist hinunter, der schöne Wald von Sylt ist hinunter; wir leben auf einer kahlen baum- und strauchlosen Haideinsel in neun oder zehn kleinen Dörfern, und vor uns und hinter uns und rechts und links ist das Meer. Fahren wir nach Norden, so erreichen wir Island. Fahren wir gen Westen, so landen wir bei England. Südlich liegt Hamburg und Helgoland und Deutschland und Belgien.

Das östliche Meer ist still und schmal. Wir sehen gegenüber die Küsten von Jütland und Nordschleswig. Zur Zeit der Ebbe liegt es halb trocken; die *Watts*, flache Sandbänke, treten hervor und flimmern wie Silberstaub in der Sonne, während das blaue Wasser des *Wattenmeeres* sie wie ein blaues Band vielgestaltig umschlingt. Kleine Fischerböte segeln hin und wieder; ab und an steigt eine Rauchsäule auf, wenn das Dampfschiff von Husum oder Hoyer kommt. Weidenbüsche mit Besenreisern an der Spitze bezeichnen seinen Kurs; sie sind zu beiden Seiten in die Watts gesteckt und zwischen durch in den Kanälen des Wassers steuert das flachgehende Schiff. Man verliert das Land nie aus den Augen; wenn das Festland zur Rechten verschwindet, so tauchen zur Linken aus dem Wasser die *Halligen* auf, breitgestreckte Sandflächen, deren hügelförmige Erhöhung auf der Mitte drei, vier Hütten, ein paar Scheuern und Ställe trägt. Die Hügelabhänge geben reiche Weide und die Halligbauern haben das schönste Vieh. Im Winter, wenn der Wind kommt und das Wasser türmt, sitzen sie oft monatelang einsam auf ihren Halligen, sie sehen das Festland, sie können aber nicht hinüber. Mit Böten ist dann gleichfalls nicht anzukommen. Einmal oder zweimal, wenn das Wasser ganz tief gefallen ist, wagen sich junge rüstige Leute, welche mit den gefährlichen Straßen vertraut sind, über die Watts an's Land; während der einen Ebbe hinüber, während der andern zurück. Dieses sind die sogenannten *Schlickläufer*, deren Schicksale der abenteuerliche Zug sind in der Monotonie der Wattbänke und der Halligen.

Einmal war ein alter Halligbauer, der sich den Fuß gebrochen hatte, an's Land nach Husum gebracht worden, damit ihn der dortige Chirurgus kuriere. Es war um die Winterzeit, wo das Meer überzutreten pflegt. Der Kranke hoffte auf Heimkehr, bevor das hohe Wasser sie ihm abschnitte; aber sein Übel zeigte sich hartnäckiger, und eines Tages kam das Wasser und stieg über den breiten Sand jenseits der Deiche und überschwemmte die Watts, so weit man sehen konnte. Da saß nun der arme Bauer tagelang, den Blick der traurig wogenden Fläche zugekehrt; und des Nachts, seiner körperlichen Schmerzen vergessend, hörte er ihr Rauschen. Sein Heimweh wuchs; und oft, bei klaren Sonnenuntergängen, sah er auf dem kalten Winterabendrot fern zwischen Himmel und Wasser die bläulich-scharfen Umrisse von Giebel, Dach und Mauerwerk. Es war sein Haus auf der Hallig, bis zu deren oberstem Hügelrande das Meer gestiegen. So saß er Tag für Tag, und sein Herz tat ihm über die Maßen weh. Da, eines Nachmittags spät, erblickte er auf der Straße von Husum einen Mann, welchen er kannte. Er war von seiner eigenen Hallig, hatte die Zeit des Neumondes wahrgenommen, um über den Schlick nach dem Festland zu laufen und gedachte des Abends, bei Ebbe, den Heimweg zu suchen. Der kranke Bauer rief seinen Freund, den Schlickläufer, herein und sagte ihm, daß er es hier nicht mehr aushalten könne und daß er mit ihm heimkehren wolle. Umsonst daß dieser ihm abredete und mehr als einmal sprach: »Bedenk' was das Ende ist, wenn Dein Fuß Dich nicht mehr tragen will.« Der Bauer beharrte bei seinem Vorsatz. Der Schlickläufer sagte, gleich nach Sonnenuntergang müßten sie sich auf den Weg machen, und heimlich, zu der verabredeten Zeit, stahl sich der Kranke an das Ufer. »Nun folg' mir«, sagte der Schlickläufer, »und bleib um Gotteswillen nicht zurück. Wenn die Flut eintrifft, sind wir verloren, und ich kann Dich nicht retten. So komm!«

Sie gingen und der Neumond schien matt über ihren Pfad, der sich schmal und gefährlich durch's Wasser zog. Eine Stunde lang hörte der Schlickläufer den Schritt des Kranken hinter sich, gleichmäßig wie beim Aussetzen; dann, allmälig, blieb er ein wenig zurück. Er wandte sich um und rief: »Eil Dich, um Gotteswillen! Sonst erreichen wir die Hallig nicht!« – Mehrere Mal noch wandte er sich um. »Holla, ho!« rief er, und »ho!« kam es zurück, erst näher, dann weiter, immer weiter und schwächer, als käm' es schon aus dem Wasser.

Zuletzt war es ganz still, nur sein eigenes »Holla, ho!« klang in die Nacht hinaus und mischte sich mit dem fernen Brausen der Flut, welche von Westen hereinkam. Das Wasser spülte schon flach über seinen Weg und mit lautem verzweifeltem »Holla, ho!« lief er weiter; aber keine Antwort und dicht hinter seinen Fersen das steigende Gewässer. Schweißtriefend erreichte er die Hallig zuletzt, und als er sich umsah, da stand Alles wieder unter Wasser, von dem Hügelrand bis zu den Deichen, die er beim schwindenden Licht der Mondsichel leise verdämmern sah. Trüb und voll rauschte die Flut herein; von dem kranken Bauern aber hat man nie und nie mehr Etwas gehört. –

So ist das Wattenmeer. Anders die Nordsee, die vom Westen an gegen unsere Dünen rollt. Ihre Brandung ist hoch und gefährlich, ihre Küste für Schiffe unnahbar, zum Landen zu jäh und steil.

Darum ist das Meer hier leblos – kein Segel, kein Mast in noch so weiter Ferne; kein Punkt, auf dem das Auge haften, mit dem das Herz und seine Sehnsucht langsam weiter schwanken möchte. Nur Möwen über der breiten, unermeßlichen Wogenmasse und Wolken, das ist Alles. So weit ist der Blick, so hoch der Himmel, so phantastisch, so groß, so golden geballt die Wolken; aber die Seele des Menschen fürchtet sich, mit ihnen zu reisen. Wohin auf dieser kalten, ungastlichen Meeresfläche? Schaurig rollt und rauscht sie; es ist nicht das Lied des Lebens und des kräftigen Wagemutes, das sie an den Küsten von England singt. Auch in Ostende hatte sie noch andere Töne. Es war Liebe dazwischen, Sehnsucht und Heimweh. Hier singt sie ihren düstern Gesang von Einsamkeit, von Entsagung, von Trauer um Vergangenes.

Oft, wenn ich in der grauen Abenddämmerung durch den Sand gehe und diesen Gesang höre, wird mir ängstlich zu Mute, und über die Dünenhügel kehre ich auf die Haide zurück, und unter dem schweren Himmel erblicke ich die Abendlichter der kleinen Häuser in der Ferne. Die Männer, die in diesen Häusern wohnen, sind Seefahrer und weitgereiste Kapitaine, die nun auf ihrer Heimatinsel nach stürmischem Leben zeitlich und ewig zu ruhen gedenken. Aber auch die Frauen tragen ihr Teil von dem, was das Meer gibt und nimmt.

Ich wohne bei einem grau gewordenen Mädchen, des Namens Jungfer Brigitte Mario, und nicht ohne Ehrfurcht seh' ich im Stillen ihrem Wandel zu. Ihr Liebster ist vor zwanzig, dreißig Jahren auf der See verunglückt; aber Brigitte ist dem Toten treu geblieben. Sie hat das Bild des Schiffes, welches er geführt, an die Küchenwand, dem Herd gegenüber, gehängt; sie spricht nicht von ihm, ich weiß kaum, ob sie noch an ihn denkt – sie ist so alt, so grau geworden. Aber treu ist sie ihm geblieben, und obwohl sie so gut einen Jüten hätte zum Mann bekommen können, wie manche Andere, so hat sie's doch vorgezogen, so lange beim alten Ratsmann Dekker als Magd zu dienen, bis sie sich ein kleines Vermögen erspart hatte, um davon ihr Alter zu fristen. Sie hatte ein kleines Haus, hundert Schritt von dem entfernt, welches sie heute bewohnt; aber der Blitz schlug ein und verzehrte in einer Nacht, wo der Brand weithin geleuchtet haben soll über die dunkle Insel, Alles, was sie besaß. Da sammelten die Westerländer für sie und bauten ihr das neue Haus, stellten ihr Tische, Stühle, Betten für ein billiges Mietgeld in die Stuben, und zogen um den Platz des alten, welches Brigitte jetzt als Garten benutzt, eine Mauer von Erde, Rasen und dunklen Steinen. Statt der gehofften Ruhe hat ihr das Alter neue Sorgen gebracht; sie muß wieder schaffen und arbeiten, wie zuvor; sie tut es stumm, aber mit Freuden, und was ihr auf Erden noch von Liebe und Neigung geblieben, das verteilt sie ehrlich zwischen den armen Kindern, die mehrere Mal in der Woche zu ihr kommen, und den Schafen, der Kuh und der Katze, die mit ihr den Hüttenraum bewohnen.

Viele ehrwürdige Frauen, viele schlanke Mädchen in schwarzen Kleidern und schwarzen Miedern, weiße Tücher um das blonde Haar geknüpft, begegnen uns, wenn wir gegen Abend die Insel durchstreifen, denn jedes Jahr verunglücken sylter Männer auf fernen Meeren, und bei dem engen Verwandtschaftsverhältnis, in dem hier Familie zu Familie steht, ist die Trauer allgemein. Männer mit ergrauendem Haar und harten Händen sitzen vor der Tür oder man trifft sie im Wirtshaus bei einem Glase Grog; es sind Schiffskapitäne, die auf Hamburger Schiffen das atlantische Meer wohl fünfzigmal gekreuzt haben, oder auf holländischen Fahrzeugen die batavischen Inseln besuchten. Jetzt bauen sie Hafer und Gerste, jetzt bekümmern sie sich um die Schafe und um die Kühe; auf der Kommode ihrer kleinen, sauberen Zimmer steht das Modell ihres Schiffes, und gern erzählen sie dem Fremden von den Abenteuern, die sie auf See gehabt.

Einige haben sich dicht an dem geschützten Strande des Wattenmeeres schöne, steinerne Häuser mit weißen Wänden und platten Dächern errichtet. Bei einem dieser Häuser fuhr ich jüngst vorbei, um die Stunde des Sonnenuntergangs. Unten in der schön beleuchteten Stube sah ich Teppichflur und Polsterstühle und bequeme Sophas; auf dem Tische stand ein silbernes Kaffeeservice, die Tassen noch ungeordnet hier und dort, als habe man sich erst eben erhoben. So traulich war dies Zimmer, so voll Abendsonne, so voll Seeluft. Oben auf dem Dache stand der Kapitain und über einen niedrigen Schornstein hatte er sein Fernglas auf den Strand und die blaue See gerichtet.

»Was sucht Ihr, Kapitain?« fragte ich.

»Mein Weib und meine Kinder!« antwortete er. »Sie sind nach dem Kaffee hinunter in die Dünen gegangen. Nun will es Nacht werden und ich habe sie aus den Augen verloren!«

Dann fuhr ich weiter, und lange noch, wenn ich zurücksah, erblickte ich das weiße Haus und im Abendsonnenglanz darauf den Kapitain mit dem Fernrohr, der sein Weib und seine Kinder suchte.

Es ist merkwürdig, wie sehr diese Leute mit ihren falbblonden Haaren, ihren wasserblauen Augen, ihren starken Knochen und ihrem breiten, täppischen Wesen mich an die Engländer erinnern. Auch ihre Sprache erinnert mich jedesmal an sie. Sie reden unser Hochdeutsch, wie die auf dem Kontinente reisenden Engländer es zu reden pflegen; etwas weniger gebrochen, aber grade so hart, als sei es eine ihnen fremde Sprache. Unter sich gebrauchen sie nichts anderes, als ihr altes, heimatliches Friesisch. Es klingt wie Englisch, und ist die Mutter des Englischen; auch Worte, und namentlich diejenigen Ausdrücke, die sich auf das Meer, die Schiffe und die gemeinsam heidnische Vergangenheit beziehen, sind in beiden gleich. Das Loch heißt *Gap* und *Gat*, die Klippe *Cliff*, die Marsch *Marsh*, wie an der englischen Ostküste, das Tal *Daehl (dale)*, ganz wie es sich in den Ortsbezeichnungen des nördlichen Englands erhalten hat; die Wochentage, deren Namen und Bedeutung aus dem Heidenglauben stammen, sind dieselben: *Windjsdei, Türsdei, Fridei* – Mittwoch, Donnerstag, Freitag und Weihnachten heißt, wie in England *(the feast of Yule)*, auch hier noch immer das *Jöölfest* oder der *Jöölabend*.

Hier hören wir auch das englische »*th*« wieder, jenen Buchstaben des angelsächsischen Alphabets, dessen Aussprache uns so viel Mühe macht, wenn wir nach England hinüber kommen. Aber die Sylter sprechen ihn schärfer, als die Engländer; sie sagen »Zinghügel« für Thinghügel, und nennen das südwestlich von dem unseren belegene Dorf Thinnum: »Zinnum.« Ja, während das eigentümliche Zeichen, welches in dem alten angelsächsischen Alphabet für dieses »*th*« existierte, nämlich ein d mit einem Strichlein durch den Kopf des Buchstabens, in England verschwunden ist, hat es sich im Alphabet des Mutterlandes erhalten, und noch heute heißt das deutsche »ob, oder« z. B. auf Sylt: »*wedder*«, und wird ungefähr so ausgesprochen, wie das englische »*wether*«.

Eigentliche Schriftsprache ist die Friesensprache nie recht gewesen, obgleich sie sehr edel ist; oder es war ihr doch nicht vergönnt, lange als solche zu bestehen. »Keine Fürsten von Holland und von Dänemark und keine Fürsten von Schleswig und Holstein haben sich je der Friesensprache angenommen oder sie nur irgendwie begünstigt. Wer das Edle untergehen läßt, wenn er es erhalten kann, den wird die Zukunft richten.« So sagt in seinem Buche über Irland der Nordfriese C. I. Clement.

Unsere Insel ist der letzte Vorposten jenes »cimbrischen Chersonesus«, auf dem die Jüten und die Angeln und die nördlichsten Sachsen wohnten; und dieser Boden, auf dem wir stehen, und alles Land ringsum, das wir im Horizonte matt dämmern sehen, wenn wir die Innenhügel besteigen, ist der wahre Boden Alt-Englands.

Nordöstlich von Westerland, wenn wir gegen das Dorf Wenningstedt gehen, kommen wir an eine mächtige Einbucht in den Dünenstrichen. Durch die Wölbung sehen wir das blaue Meer zur Linken und schimmernd bis dicht an den jähen Küstenhang rauscht es heran. Kräftiger wettert uns die Meeresluft entgegen; die Halme schwanken, der dürre Sandhafer weht, der langhalmige Dünenroggen schlägt hin und her. Dies ist das *Riesgap*, Reiseloch, die Bucht der Abreise. Vor uns, am Fuße des roten Kliffs, steht der Leuchtturm, dessen wechselnde Flammen wir am späten Abend, im dämmernden Mondeshimmel so gerne betrachten; weit, in blauer Ferne, zeichnen die Thinghügel sanfte Konturen in den Duft des Ostens.

Wo wir nun im Reisegap über ellenhohen Flugsand niedersteigen an die festere Feuchtigkeit, zu den gehäuften Kieseln des Seegestades: da stiegen einst vor vierzehnhundert Jahren wilde Männer, trotzig und halb nackt, mit flachsgelben Haaren, mit kurzen, breiten Schwertern, »Saxe« genannt, und setzten sich in kleine Segelböte von Eschenholz und schwammen hinüber, und schwammen viele Tage, bis sie bei der Insel Thanet, an der Küste von Britannien Anker warfen, und eroberten von der kleinen Insel aus die große Insel, und gaben derselben ihren Namen und ihre Sprache, und herrschen noch immer, nachdem ihre ferne Heimat vom Nordmeere an allen Ecken zerrissen ist, und die kleine Insel, die Insel Thanet, längst keine Insel mehr ist, sondern die letzte Landspitze von Kent bildet. Das Meer ist dasselbe, das die Barken der Angeln und Sachsen und Friesen an's Land trug; die Luft ist dieselbe, die ihre Standarten mit dem schneeweißen Roß flattern ließ, und das schneeweiße Roß ist noch heut das Wappentier von Kent, von Braunschweig und Hannover.

Gerne sitz' ich auf den Hügeln des Reisegaps und denke an die Männer, die hier niedergestiegen und nach Britannien gefahren sind, und denke an Hengist, ihren grausamen, heldenmütigen Führer und an Vortigern, den guten, milden, poesiereichen König der britischen Celten, den Freund Merlin's. Dann schlage ich ein Buch auf, das ich mit an das Meer genommen – »Sechs altenglische Chroniken«; ich schlage die britische Geschichte Gottfrieds, des Weihbischofs von Monmouth, auf. Der Meerwind aus Westen saust durch die Blätter, und ich lese:

»Inzwischen aber kehrten die Botschafter von Deutschland zurück, mit achtzehn Schiffen voll der besten Kriegsmannen, die zu finden waren. Sie brachten auch Rowena mit, die Tochter des Hengist, eine der schönsten Jungfrauen jener Zeit. Nach ihrer Ankunft lud Hengist den König ein, seine neuen Gebäude und die neuen Männer zu sehen, die herübergekommen. Der König kam; hier ward er mit einem fürstlichen Banquet unterhalten und als das vorbei war, da kam die junge Dame aus ihrem Gemache mit einer goldenen Schale voll Wein, nahte sich dem Könige damit und sagte unter einer tiefen Verbeugung: ›Lord! König, wacht Heil!‹ Der König, als er das Gesicht der Dame gesehen, war plötzlich eben so erstaunt als bezaubert durch die Schönheit desselben; er rief seinen Dolmetscher, um ihn zu fragen, was sie gesagt habe, und was er antworten solle? ›Sie nannte Euch Herr und König,‹ sagte der Dolmetscher, ›und bat um die Erlaubnis, Eure Gesundheit trinken zu dürfen! Ihr müßt nun antworten: Trink Heil!‹ Vortigern antwortete demgemäß: ›Trink Heil!‹ und bat sie, zu trinken; darauf nahm er die Schale aus ihrer Hand, küßte sie und trank selber. Von jener Zeit bis zu dieser ist es Gebrauch im Britenland geblieben, daß der, welcher einem Andern zutrinkt, sagt: ›Wacht Heil!‹ und dieser Letztere erwiedert: ›Trink Heil!‹ Vortigern war nun trunken von den verschiedenen Getränken, und der Teufel nahm die Gelegenheit wahr, um in sein Herz zu schleichen und ihn in das Mädchen verliebt zu machen, so daß er bei ihrem Vater um sie anhielt. Es geschah, sage ich, durch des Teufels Spiel, daß er, so doch ein Christ war, sich in eine Heidin verliebte. Hier nun entdeckte Hengist, der ein schlauer Mann war, den Leichtsinn des Königs, und er überlegte mit seinem Bruder Horsa und den andern alten Männern, was zu tun sei in Bezug auf des Königs Bitte. Sie rieten ihm einstimmig, seine Tochter dem Könige zu geben und als Gegengabe dafür die Provinz Kent zu verlangen. Demgemäß ward die Tochter ohne Verzug Vortigern übergeben, und Hengist empfing die Provinz Kent, ohne daß Gorangan, der sie verwaltete, Kenntnis davon hatte. In derselben Nacht aber heiratete der König die heidnische Jungfrau und vergnügte sich im höchsten Maße mit ihr; wodurch er den Haß des Adels und seiner eigenen Söhne rasch auf sich lud.«

Und so lieg' ich im Reisegap bei Wenningstedt und denke an den grausamen Hengist, den Sachsen, der seine schöne Tochter Rowena dem weichherzigen König Vortigern zur Frau gab, und ihn später ermorden ließ und sein Reich eroberte … und der Meerwind streicht durch die Blätter der alten Chronik und dem Westen zugewandt ist mein Auge und der untergehenden Sonne.

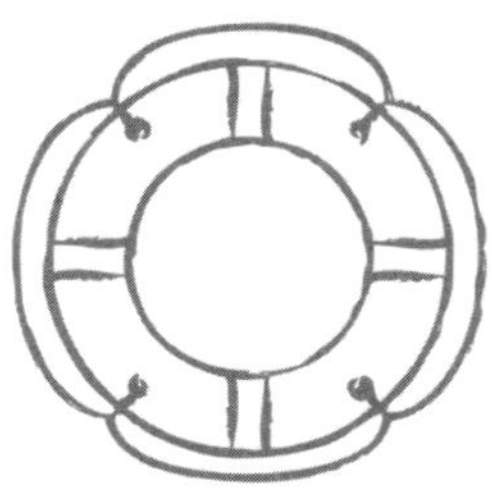

Lukian von Samosata

Wahre Geschichte

Ich schiffte mich also einstmals zu Cadix ein und steuerte bei gutem Winde in den hesperischen Ozean*. Die Veranlassung und der Zweck meiner Reise war (aufrichtig zu reden), daß ich nichts Gescheiteres zu denken noch zu tun hatte und gerne was Neues hätte sehen und dahinterkommen mögen, wo der abendländische Ozean aufhöre und was wohl für Menschen jenseits desselben wohnten. In dieser Absicht hatte ich dann die zu einer so großen Seefahrt erforderlichen Vorräte an Lebensmitteln und süßem Wasser an Bord genommen, hatte mir fünfzig Kameraden, die gleicher Gesinnung mit mir waren, beigesellt, mich überdies mit einer großen Menge Waffen versehen und einen der geschicktesten Piloten unter einem ansehnlichen Gehalt in meine Dienste genommen. Mein Schiff war eine Art von Jacht, aber doch so groß und stark gebaut, als zu einer langen und gefahrvollen Seereise vonnöten war.

Wir segelten einen Tag und eine Nacht mit günstigem Winde und wurden, solange wir noch Land im Gesichte hatten, nicht sehr heftig fortgetrieben: am folgenden Tag aber, mit Sonnenaufgang, wurde der Wind stärker, die See ging hoch, die Luft verfinsterte sich, und es war uns nicht einmal möglich, das Segel einzuziehen. Wir mußten uns also dem Winde überlassen und wurden neunundsiebzig Tage lang vom Sturm herumgetrieben: am achtzigsten aber erblickten wir, mit Anbruch des Morgens, nicht ferne von uns eine hohe und waldichte Insel, an welcher,

---

* Atlantik. Im Folgenden auch »abendländischer« Ozean.

da der Sturm sich meistens schon gelegt hatte, die Brandung nicht sonderlich heftig war. Wir ländeten also an, stiegen aus und legten uns als Leute, die nach so viel ausgestandenem Ungemach froh waren, wieder festen Boden unter sich zu fühlen, der Länge nach auf der Erde herum. Endlich, nachdem wir eine ziemliche Zeit ausgerastet hatten, standen wir auf und wählten dreißig aus unserm Mittel, die beim Schiffe bleiben mußten; die andern zwanzig aber sollten mich tiefer ins Land hinein begleiten, um die Beschaffenheit der Insel zu erkundigen.

Wie wir nun ungefähr zweitausend Schritte vom Ufer durch den Wald fortgegangen waren, wurden wir einer ehernen Säule gewahr, auf welcher in halb erloschnen und vom Rost ausgefreßnen griechischen Buchstaben diese Aufschrift zu lesen war: »Bis hierher sind Bacchus und Herkules gekommen.« Auch entdeckten wir nicht weit davon zwei Fußstapfen in dem Felsen, wovon mir der eine einen ganzen Morgen Landes groß, der andere aber etwas kleiner zu sein schien. Ich vermutete, daß der kleinere vom Bacchus und der andere vom Herkules sei. Wir beugten unsre Knie und gingen weiter, waren aber noch nicht lange gegangen, als wir an einen Fluß kamen, der statt Wassers einen Wein führte, den wir an Farbe und Geschmack unserm Chierwein sehr ähnlich fanden. Der Fluß war so breit und tief, daß er an manchen Orten sogar schiffbar war. Ein so augenscheinliches Zeichen, daß Bacchus einst hier gewesen, diente nicht wenig, unsern Glauben an die vorbesagte Aufschrift zu befestigen. Weil ich aber begierig war, zu wissen, wo dieser Fluß entspringe, gingen wir an ihm hinauf, fanden aber keine Quelle, sondern bloß eine Menge großer Weinstöcke, die voller Trauben hingen, und unten an jedem Stocke rann der Wein in hellen durchsichtigen Tropfen herab, aus deren Zusammenfluß der Strom entstand. Wir sahen auch eine Menge Fische in demselben, deren Fleisch die Farbe und den Geschmack des Weins, worin sie lebten, hatte. Wir fingen einige und schlangen sie so gierig hinunter, daß wir uns einen derben Rausch daran aßen; auch fand sich, wie wir sie aufschnitten, daß sie voller Hefen waren. Doch kamen wir in der Folge auf den Einfall, diese Weinfische mit Wasserfischen zu vermischen, wodurch sie dann den allzustarken Weingeschmack verloren und ein ganz gutes Gerichte abgaben.

Nachdem wir hierauf den Fluß, an einer Stelle, wo er sehr seicht war, durchwatet hatten, stießen wir auf eine wunderbare Art von Reben; von unten auf nämlich war jeder Stock grünes und knotiges Rebholz; von oben hingegen waren es Frauenzimmer, die bis zum Gürtel herab alles, was sich gebührt, in der größten Vollkommenheit hatten; ungefähr so, wie man bei uns die Daphne malt, wenn sie in Apollos Umarmung zum Baume wird. Ihre Finger liefen in Schößlinge aus, die voller Trauben hingen; auch waren ihre Köpfe statt der Haare mit Ranken, Blättern und Trauben bewachsen. Diese Damen kamen auf uns zu, gaben uns freundlich die Hände und grüßten uns, einige in lydischer, andere in indianischer, die meisten aber in griechischer Sprache; sie küßten uns auch auf den Mund; aber wer geküßt wurde, war auf der Stelle berauscht und taumelte. Nur ihre Früchte zu lesen wollten sie uns nicht gestatten und schrien vor Schmerz laut auf, wenn wir ihnen etwa eine Traube abbrachen. Einige von ihnen kam sogar die Lust an, sich mit uns zu begatten; aber ein paar von meinen Gefährten, die ihnen zu Willen waren, mußten ihre Lüsternheit teuer bezahlen. Denn sie konnten sich nicht wieder losmachen, sondern wuchsen dergestalt mit ihnen zusammen, daß sie zu einem einzigen Stocke mit gemeinschaftlichen Wurzeln wurden; ihre Finger verwandelten sich in Rebschosse, voll durcheinandergeschlungner Ranken, und fingen bereits an, Augen* zu gewinnen und Früchte zu versprechen.

Wir überließen sie ihrem Schicksal und eilten, was wir konnten, unserm Schiffe zu, wo wir unsern zurückgelaßnen Kameraden alles erzählten, was wir gesehen hatten, besonders auch das

* Knospen.

Abenteuer der beiden, denen die Umarmung der Rebweiber so übel bekommen war. Hierauf füllten wir unsre leeren Fässer teils mit gemeinem Wasser, teils aus dem Weinflusse; und nachdem wir die Nacht nicht weit von dem letztern zugebracht, stachen wir am folgenden Morgen mit einem mäßig frischen Landwinde wieder in die See. Aber um die Mittagszeit, da wir die Insel schon aus den Augen verloren hatten, faßte ein plötzlicher Wirbelwind unser Schiff, drehte es etlichemal mit entsetzlicher Geschwindigkeit im Kreis herum und führte es wohl dreitausend Stadien hoch in die Lüfte, setzte es aber nicht wieder auf dem Meere ab, sondern es blieb in der Höhe schweben und segelte mit vollem Winde über den Wolken daher. Wir waren bereits sieben Tage und ebensoviel Nächte in dieser Luftfahrt begriffen gewesen, als wir am achten Tage eine Art von Erde in der Luft erblickten, gleich einer großen, glänzenden, kugelförmigen Insel, die ein sehr helles Licht um sich her verbreitete. Wir fuhren auf sie zu, legten unser Schiff an und stiegen ans Land; und als wir uns darin umsahen, fanden wir, daß es bewohnt und angebaut sei. Zwar bei Tage konnten wir nichts unterscheiden: aber sobald die Nacht einbrach, zeigten sich uns noch andere Inseln in der Nähe, einige größer, andere kleiner, und alle feuerfarb; auch wurden wir tief unter uns einer anderen Erde gewahr, welche Städte und Flüsse und Meere und Wälder und Berge in sich hatte; woraus wir denn schlossen, daß es vermutlich die unsrige sei.

Da wir nun weiter fortgehen wollten, stießen wir auf eine Anzahl Pferdegeier oder Hippogypen, wie sie hierzulande heißen, die sich sogleich unsrer Personen bemächtigten. Diese Hippogypen sind Männer, die auf großen Geiern reiten und sie so gut wie wir die Pferde zu regieren wissen: die Geier aber sind meistens dreiköpfig, und wie groß sie sein müssen, kann man daraus abnehmen, daß jede ihrer Schwingfedern länger und dicker ist als der Mast eines großen Kornschiffes. Die Hippogypen haben den Auftrag, überall auf der ganzen Insel herumzureiten, und wofern sie einen Fremden antreffen, ihn vor den König zu führen; welches dann auch wir uns gefallen lassen mußten. Sobald uns der König erblickte, schloß er vermutlich aus unsrer Kleidung, was für Landesleute wir wären; denn das erste Wort, das er uns sagte, war: »Die Herren sind also Griechen?« Da wir dies nicht in Abrede waren, fuhr er fort: »Wie habt ihr es denn gemacht, um die große Strecke Luft zurückzulegen, die zwischen euerer und dieser Erde liegt?« Wir erzählten ihm, wie es damit zugegangen war, und dies setzte ihn in die Laune, uns auch von seiner Geschichte etwas mitzuteilen. Er sagte uns, er sei ebenfalls ein Mensch und der nämliche Endymion, der einst im Schlafe aus unsrer Erde entführt und in diese hier versetzt worden, wo er nun den König vorstelle und welche ebendie sei, die uns da unten als Mond erscheine. Übrigens hieß er uns guten Mutes sein und keine Gefahr besorgen; wir sollten mit allem, was wir nötig hätten, versehen werden. »Und wenn ich«, setzte er hinzu, »den Krieg, womit ich die Einwohner der Sonne zu überziehen im Begriff bin, glücklich geendigt haben werde, sollt ihr das glücklichste Leben, das sich nur immer denken läßt, bei mir haben.« Auf unsere Frage, wer denn eigentlich seine Feinde wären und was die Ursache ihrer Mißhelligkeit sei, erwiderte er: »Es ist schon eine geraume Zeit, daß Phaethon, der König der Sonnenbewohner (denn die Sonne ist nicht weniger bewohnt als der Mond), Krieg mit uns führt, und die Veranlassung dazu war diese: Ich hatte den Entschluß gefaßt, die ärmsten Leute in meinem Reiche als eine Kolonie in den Morgenstern zu schicken, der damals noch öde und unbewohnt war. Dieses wollte nun Phaethon aus Mißgunst nicht zugeben und stellte sich meinen Kolonisten mit einem Haufen Pferdameisen in den Weg. Da wir uns dieses Angriffs nicht versehen hatten und also zur Gegenwehr nicht gefaßt waren, so zogen wir damals den kürzern. Nun aber bin ich entschlossen, noch einen Gang mit ihnen zu tun und die Kolonie an Ort und Stelle zu bringen, es koste, was es wolle. Wofern ihr also Lust habt, an dieser Unternehmung teilzunehmen, so will ich euch mit Geiern aus meinen Marställen* und mit den benötigten Waffen versehen lassen; und morgen treten wir den Marsch an.« – »Ich bin dabei«, versetzte ich, »weil du es für gut befindest.«

Der König behielt uns diesen Abend bei der Tafel; am folgenden Morgen aber machten wir uns in aller Frühe auf und zogen in Schlachtordnung aus, weil unsre Vorposten berichtet hatten, daß der Feind schon nahe sei. Unser Kriegsheer bestand (ohne das leichte Fußvolk, die fremden Hülfstruppen, die Artilleristen und den Troß) aus hunderttausend Mann: nämlich achtzigtausend Pferdegeier und zwanzigtausend, die auf Kohlvögeln ritten. Dies ist eine überaus große Gattung von Vögeln, die statt der Federn dicht mit Kohl bewachsen sind und eine Art von großen Salatblättern statt der Flügel haben. Unsre Flanken waren mit Hirsenschießern und Knoblauchwerfern besetzt. Überdies waren aus dem Großen Bären dreißigtausend Flohschützen und fünfzigtausend Windlaufer zu uns gestoßen. Die erstern sind Bogenschützen, die auf einer Art von Flöhen reiten, die zwölfmal so groß sind als ein Elefant; die Windlaufer hingegen fechten zwar zu Fuß, laufen aber ohne Flügel in der Luft. Dies bewerkstelligen sie folgendermaßen: Sie tragen weite Röcke, die bis auf die Knöchel reichen; diese schürzen sie so auf, daß sie den Wind gleich einem Segel auffassen, und so fahren sie wie Schiffe in der Luft daher. Im Treffen werden sie meistens wie unsre Peltasten gebraucht. Die Rede ging auch, es würden aus den Sternen über Kappadozien siebzigtausend Sperlingseicheln und fünftausend Pferdekraniche kommen: ich muß aber gestehen, daß ich sie nicht gesehen habe, und zwar aus der ganz simpeln Ursache, weil sie nicht kamen. Ich habe mich also auch nicht erkühnen wollen, sie zu beschreiben; denn man sagte ganz abenteuerliche und unglaubliche Dinge von ihnen.

* Pferdeställe.

So war die Kriegsmacht Endymions beschaffen. Rüstung und Waffen waren übrigens bei allen gleich. Statt der Helme trugen sie ausgehöhlte Bohnen, die bei ihnen außerordentlich groß und dickhäutig sind; ihre Harnische waren aus Häuten von Wickbohnen schuppenförmig zusammengenäht; denn in diesem Lande ist die Hülse der Wickbohne so hart und undurchdringlich wie Horn. Ihre Schilde und Schwerter waren wie die griechischen.

Als es nun Zeit war, wurden sie folgendermaßen in Schlachtordnung gestellt: Die Pferdegeier machten den rechten Flügel aus und wurden von dem Könige selbst angeführt, der von einer Anzahl der auserlesensten umgeben war, unter welchen auch wir uns befanden; auf dem linken Flügel standen die Kohlvögel und im Zentrum die Hülfstruppen, jede Gattung besonders. Das Fußvolk betrug gegen sechzig Millionen. – Es gibt eine Gattung Spinnen im Monde, von denen die kleinste größer ist als eine der Zykladischen Inseln. Diese bekamen Befehl, den ganzen Luftraum zwischen dem Mond und dem Morgensterne mit einem Gewebe auszufüllen. Das Werk war in wenig Augenblicken fertig und diente zum Boden, worauf sich die Fußvölker in Schlachtordnung stellten, die von Nachtvogel, Schönwetters Sohn, und noch zwei andern Feldherren kommandiert wurden.

Auf dem linken Flügel der Feinde standen die Pferdameisen, vom Phaethon angeführt. Diese Tiere sind eine Art geflügelter Ameisen, die sich von den unsrigen bloß durch die Größe unterscheiden; denn die größten unter ihnen nahmen nicht weniger als zwei Morgen Landes ein. Auch haben sie das Besondere, daß sie ihren Reitern fechten helfen, hauptsächlich mit ihren Hörnern. Ihre Anzahl wurde auf ungefähr fünfzigtausend angegeben. Auf den rechten Flügel wurden im ersten Treffen ungefähr fünfzigtausend Mückenritter gestellt, lauter Bogenschützen, die auf ungeheuren Mücken reiten. Hinter ihnen standen die Rettichschleuderer, eine Art leichter Fußsoldaten, die aber dem Feinde großen Schaden zufügten. Denn sie waren mit Schleudern bewaffnet, aus welchen sie von weitem Rettiche von entsetzlicher Größe warfen; wer davon getroffen wurde, starb auf der Stelle, und die Wunde gab sogleich einen unleidlichen Gestank von sich; denn man sagte, sie tauchten die Rettiche in Malvengift. Hinter diesen waren die Stengelschwämme gestellt, schwerbewaffnete Infanteristen, zehentausend an der Zahl, die ihren Namen daher haben, daß sie sich einer Art Pilzen statt der Schilde und großer Spargeln statt der Spieße bedienen. Nicht weit von ihnen standen die Hundeichler, die dem Phaethon von den Bewohnern des Sirius zu Hülfe geschickt worden waren, an der Zahl fünftausend; es waren Menschen mit Hundeköpfen, die auf geflügelten Eicheln (wie auf Wagen) stritten. Übrigens ging die Rede, es fehlten noch verschiedene Hülfsvölker, auf welche Phaethon gerechnet hätte, besonders die Schleuderer, die aus der Milchstraße erwartet wurden, und die Wolkenzentauren. Die letztern langten gleichwohl noch an, da das Treffen schon entschieden war, und hätten unsertwegen wohl wegbleiben mögen; die Schleuderer aber kamen gar nicht, worüber Phaethon so aufgebracht worden sein soll, daß er in der Folge ihr Land mit Feuer verwüstete. Dies war also die Macht, womit er gegen uns anrückte.

Das Zeichen zum Angriff wurde nun, auf beiden Teilen, durch Esel gegeben, deren man sich hierzulande statt der Trompeter bedient, und das Treffen hatte kaum angefangen, als der linke Flügel der Helioten*, ohne das Einhauen der Pferdegeier zu erwarten, die Flucht ergriff: wir setzten ihnen also nach und richteten ein großes Blutbad unter ihnen an. Hingegen gewann ihr rechter Flügel anfangs den Vorteil über unsern linken, und die Mückenreiter warfen unsre Kohlvögel mit solcher Gewalt übern Haufen und verfolgten sie so hitzig, daß sie bis zu unserm Fußvolk vordrangen: dieses aber tat eine so tapfre Gegenwehre, daß die Feinde hinwieder in Unordnung und zum Weichen gebracht

* Bewohner der Sonne (griech. hélios)

wurden, zumal wie sie merkten, daß ihr linker Flügel geschlagen sei. Ihre Niederlage war nun entschieden; wir machten eine große Menge Gefangener, und der Erschlagenen waren so viele, daß die Wolken von ihrem Blute so rot gefärbt wurden, wie sie uns bei Sonnenuntergang zu erscheinen pflegen: ja es träufelte sogar häufig auf die Erde herab, so daß ich auf die Vermutung kam, eine ehemals in den obern Gegenden vorgefallene ähnliche Begebenheit möchte wohl den Blutregen veranlaßt haben, den Homer seinen Jupiter wegen Sarpedons Tod auf die Erde regnen läßt.

Als wir endlich vom Nachsetzen der Feinde abließen, richteten wir zwei Trophäen* auf, eines für die Infanterie auf der Spinnenwebe, das andere auf den Wolken für diejenige, die in der Luft gestritten hatten: aber während wir damit beschäftiget waren, benachrichtigten uns unsre Vorposten, die Wolkenzentauren seien im Anzuge, die schon vor der Schlacht zum Phaethon hätten stoßen sollen. Ich muß gestehen, der Aufmarsch einer Armee von Reitern, die halb Menschen und halb geflügelte Pferde waren und wovon die menschliche Hälfte so groß als das obere halbe Teil des Koloß von Rhodus, die Pferdehälfte aber wie ein großes Lastschiff war, machte ein ganz außerordentliches Schauspiel. Ihre Anzahl habe ich lieber nicht beisetzen wollen, denn sie war so ungeheuer groß, daß man mir nicht glauben würde. Sie wurden vom Schützen im Tierkreise angeführt. Wie sie nun sahen, daß ihre Freunde geschlagen waren, schickten sie sogleich einen Eilboten an den Phaethon ab, um ihn ins Treffen zurückzurufen; sie selbst aber drangen in guter Ordnung auf die erschrocknen Seleniten** ein (die, über Verfolgung der Feinde und Teilung der Beute, in größte Unordnung gekommen waren), jagten sie alle in die Flucht, verfolgten den König selbst bis vor die Mauern seiner Hauptstadt, machten den größten Teil sei-

* Trophäe – Siegesdenkmal (griech. trópaion).

** Bewohner des Mondes (griech. seléne).

ner Vögel nieder, rissen die Trophäen um, bemächtigten sich des ganzen Schlachtfeldes der Spinnenweben und machten (unter andern) auch mich und zwei meiner Gefährten zu Kriegsgefangnen. Jetzt erschien auch Phaethon wieder, und nachdem sie andere Trophäen errichtet hatten, wurden wir noch an ebendemselben Tage, die Hände mit Stricken von der Spinnewebe auf den Rücken gebunden, nach der Sonne abgeführt.

Da die Feinde nicht für gut befanden, die Hauptstadt Endymions zu belagern, so begnügten sie sich, eine doppelte Mauer von Wolken zwischen dem Mond und der Sonne aufzuführen, wodurch alle Kommunikation zwischen beiden abgeschnitten und der Mond alles Sonnenlichts beraubt wurde. Der arme Mond erlitt also von diesem Augenblick an eine totale Finsternis und war gänzlich in eine ununterbrochne Nacht eingehüllt. In dieser Not wußte sich Endymion nicht anders zu retten, als daß er Deputierte nach der Sonne abschickte, welche fußfällig bitten mußten, daß man die Mauer wieder einreißen und sie nicht so unbarmherzig in der Finsternis zu leben nötigen möchte: er machte sich dagegen anheischig, der Sonne Tribut zu entrichten, ihr, wenn sie Krieg hätte, mit Hülfstruppen zuzuziehen, nichts Feindliches mehr gegen sie zu unternehmen und zur Sicherheit dieser Versprechungen Geiseln zu geben. Phaethon hielt dieses Antrags halben zwei Ratsversammlungen: in der ersten war die Erbitterung noch zu groß, um Vorschlägen zur Güte Gehör zu geben; in der zweiten aber kamen sie auf andere Gedanken, und der Friede wurde vermittelst eines Traktats geschlossen, der also lautete:

»Zwischen den Helioten und ihren Bundesgenossen am einen und den Seleniten und ihren Verbündeten am andern Teile ist folgender Vergleich errichtet worden: Die Helioten machen sich anheischig*, die aufgeführte Mauer niederzureißen, nicht wieder feindlich in den Mond einzufallen und die Gefangenen ge-

* Sich anheischig machen – Sich zu etwas verpflichten.

gen ein zwischen beiden Teilen ausgemachtes Lösegeld freizugeben. Die Seleniten hingegen versprechen, die übrigen Sterne bei ihrer Unabhängigkeit zu belassen, die Helioten nie wieder mit Kriege zu überziehen, sondern einander, wofern sie von jemand angegriffen würden, wechselseitige Hülfe zu leisten; nicht weniger macht sich der König der Seleniten verbindlich, dem Könige der Helioten als einen Tribut jährlich zehentausend Eimer Tau zu entrichten und zur Sicherheit desselben zehentausend Geiseln zu geben. Die Kolonie in den Morgenstern aber betreffend, soll solche von beiden Teilen gemeinschaftlich bewerkstelliget werden und auch aus andern Völkerschaften, wer dazu Lust haben mag, teil daran nehmen dürfen. Dieses Bündnis soll auf eine Denksäule von Bernstein gegraben und zwischen der Grenze beider Reiche in freier Luft aufgestellt werden; und haben dasselbe beschworen

von Seiten der Helioten:	von Seiten der Seleniten:
Feuermann.	Nachtlieb.
Sommerglut.	Monder.
Flammstädt.	Wechselschein.«

Sobald dieser Friedensschluß unterzeichnet war, wurde die Mauer eingerissen und wir Gefangenen ausgeliefert. Bei unserer Zurückkunft in den Mond kamen uns unsere Kameraden und Endymion selbst entgegen und umarmten uns mit tränenden Augen. Dieser Fürst hätte uns überaus gerne bei sich behalten; er schlug uns vor, an der neuen Kolonie teilzunehmen, und erbot sich, mir seinen Sohn zur Ehe zu geben (denn es gibt bei ihnen keine Weiber), aber ich ließ mich auf keine Weise überreden, sondern bestand darauf, daß er uns wieder ins Meer herabschicken sollte. Wie er nun sahe, daß es unmöglich war, uns auf andere Gedanken zu bringen, so willigte er in unsre Entlassung ein, nachdem er uns eine ganze Woche durch aufs herrlichste bewirtet hatte.

Aber ehe ich den Mond wieder verlasse, muß ich euch doch auch erzählen, was ich während meines dortigen Aufenthaltes Neues und Außerordentliches bemerkt habe. Das erste ist, daß die Seleniten nicht von Weibern, sondern von Männern geboren werden; denn hier heuraten die Männer einander, und das weibliche Geschlecht ist ihnen etwas so Unbekanntes, daß sie nicht einmal einen Namen in ihrer Sprache dafür haben. Ihre Einrichtung ist diese: Jeder Selenit wird geheuratet, bis er fünfundzwanzig Jahre alt ist, von dieser Zeit an aber heuratet er selbst. Ihre Leibesfrucht tragen sie nicht wie die Weiber bei uns, sondern in der Wade. Sobald ein junger Selenit empfangen hat, fängt ihm die Wade an dicker zu werden; einige Zeit darauf wird die Geschwulst aufgeschnitten, und man zieht die Kinder tot heraus: sobald sie aber mit offnem Munde an die freie Luft gebracht werden, fangen sie an zu leben. Ich vermute, daß das griechische Wort gastrocnhmia (Beinbauch) sich von diesem Volke herschreibt und sich auf diese sonderbare Eigenschaft bezieht, ihre Kinder, anstatt im Leibe, in der Wade zu tragen.

Was aber noch viel sonderbarer ist, es gibt eine Art Menschen bei ihnen, Dendriten genannt, die auf folgende Weise entstehen. Man schneidet einem Manne den rechten Hoden aus und pflanzt ihn in die Erde; nach und nach wächst hieraus ein sehr großer fleischerner Baum, der die Gestalt eines Phallus, aber dabei Zweige und Blätter hat und eine ellenlange eichelförmige Frucht trägt. Diese werden, wenn sie zeitig sind, abgebrochen und die Menschen herausgeknackt. Diese Dendriten* aber sind von Natur ohne Geschlechtsteile und also genötigt, sich künstliche anzusetzen, die ihnen ebendie Dienste tun, als ob sie natürlich wären. Die Reichern lassen sich solche von Elfenbein machen, die Armen aber begnügen sich mit hölzernen.

Wenn ein Selenit alt worden ist, so stirbt er nicht wie wir, sondern zerfließt wie Rauch in der Luft.

---

* »Baummenschen« (griech. déndron: Baum)

Die ganze Nation hat nur einerlei Art, sich zu nähren: sie braten nämlich Frösche (die bei ihnen haufenweis in der Luft herumfliegen) auf Kohlen, setzen sich um den Herd, wie sie gebraten werden, wie um einen Tisch her, schlürfen den aufsteigenden Dampf ein, und darin besteht ihre ganze Mahlzeit. Wenn sie trinken wollen, so drücken sie Luft in einen Becher aus, der auf diese Weise mit einer dem Tau ähnlichen Feuchtigkeit angefüllt wird.

Bei einer so feinen Nahrung wissen sie nichts von den Exkretionen, denen die Erdebewohner unterworfen sind; sie sind auch nicht an ebendem Orte gebohrt wie wir, sondern haben bloß (zu dem oben angedeuteten Gebrauch) eine Öffnung in der Kniekehle.

Wer bei ihnen für schön gelten will, muß kahl und ohne Haare sein; lockichte und starkbehaarte Köpfe sind ihnen ein Greuel. In den Kometen hingegen ist's just umgekehrt: denn da gelten nur die lockichten für schön, wie uns einige Reisende, die in diesen Sternen zu Hause waren, erzählten. Jedoch haben sie über den Knien etwas Bart. An den Füßen haben sie weder Nägel noch Zehen, sondern der ganze Fuß ist aus *einem* Stücke: aber über dem Hintern ist jedem ein großer Kohlkopf, statt eines Schwanzes, gewachsen, der immer grün bleibt und nie abbricht, wenn man auch darauf fällt.

Sie schneuzen eine sehr saure Art von Honig aus, und wenn sie sich, es sei durch Arbeit oder gymnastische Übungen, eine starke Bewegung machen, schwitzen sie am ganzen Leibe Milch, so daß sie, um Käse daraus zu machen, nur ein wenig von dem besagten Honig hineinzuträufeln brauchen.

Sie wissen aus Zwiebeln ein Öl zu machen, das sehr weiß und von so angenehmem Geruch ist, daß sie es zum Parfümieren brauchen. Überdies bringt ihr Land eine große Menge Reben hervor, die, statt Wein, Wassertrauben tragen, deren Beeren Kerne von der Größe unsrer Schloßen haben. Ich weiß mir daher den Hagel bei uns nicht besser zu erklären, als daß es auf der Erde hagelt, sooft ein Sturmwind im Mond diese Reben so stark schüttelt, daß die Wassertrauben davon zerplatzen.

Die Seleniten tragen keine Taschen, sondern stecken alles, was sie bei sich tragen wollen, in ihren Bauch, den sie, nach Gefallen, auf- und zuschließen können. Denn von Natur ist er ganz leer und bloß ringsum mit langen und dichten Zotteln bewachsen, so daß auch ihre neugebornen Kinder, wenn sie frieren, ihnen in den Bauch hineinkriechen.

Was ihre Kleidung betrifft, so tragen die Reichen weiche Kleider aus Glas, der Armen ihre hingegen sind aus Erzt gewebt; denn diese Gegenden sind sehr erzthaltig, und sie verarbeiten es, wenn sie etwas Wasser dazugießen, wie wir die Wolle.

Aber was sie für Augen haben, getraue ich mir kaum zu sagen, es ist so unglaublich, daß ich besorgen muß, man werde denken, ich gebe die Unwahrheit vor. Doch da ich schon so viel Wunderbares erzählt habe, mag das immer auch noch mitgehen. Sie haben nämlich Augen, die sich herausnehmen lassen; wer also die seinigen schonen will, nimmt sie heraus und hebt sie auf; kommt ihm dann etwas vor, das er sehen will, so setzt er sein Auge wieder ein und sieht. Viele, die die ihrigen verloren haben, sehen mit geborgten; denn was reiche Leute sind, haben deren immer viele vorrätig.

Ihre Ohren sind aus Platanenblättern gemacht, und nur die Dendriten allein haben hölzerne.

Auch sah ich im Palaste des Königs noch ein anderes Wunder, und das ist ein Spiegel von ungeheurer Größe, der auf einem nicht allzutiefen Brunnen liegt. Wer in diesen Brunnen hinabsteigt, hört alles, was auf unsrer Erde gesprochen wird; und wer in den Spiegel schaut, sieht darin alle Städte und Völker der Erde so genau, als ob sie vor ihm stünden. Ich sah bei dieser Gelegenheit meine Familie und mein ganzes Vaterland: ob sie aber auch *mich* gesehen haben, kann ich nicht für gewiß sagen. Wer mir nicht glauben sollte, was ich von der Tugend dieses Spiegels gemeldet habe, wird sich, wenn er einmal selbst hieherkommen wird, mit eigenen Augen überzeugen können, daß ich die Wahrheit sage.

Wir beurlaubten uns nunmehr von dem Könige und seinem Hofe, begaben uns wieder an Bord unsers Schiffes und stießen ab. Endymion beschenkte mich beim Abschied mit zwei gläsernen und fünf ehernen Kleidungen nebst einer ganzen Rüstung von Wickbohnen: ich mußte aber alles im Walfisch zurücklassen. Er gab uns auch tausend Hippogypen mit, die uns fünfhundert Stadien weit begleiten mußten.

Nachdem wir bei verschiedenen andern Ländern vorbeigefahren, landeten wir am Morgenstern, der seit kurzem angebaut worden war, an, um frisches Wasser einzunehmen. Von da fuhren wir in den Tierkreis ein, indem wir linker Hand hart an der Sonne vorbeisegelten: aber wir stiegen nicht aus, wiewohl meine Gefährten es sehr gewünscht hätten, weil uns der Wind entgegen war. Doch kamen wir ihr nahe, um zu sehen, daß die Landschaft mit dem schönsten Grün bedeckt, wohl bewässert und mit allen Arten von Naturgütern reichlich gesegnet war. Wie uns die Nephelozentauren, die in Phaethons Solde stehen, gewahr wurden, flogen sie auf unsre Barke zu, zogen sich aber wieder zurück, sobald sie vernahmen, daß wir in den Friedenstraktat mit eingeschlossen wären.

Nunmehr hatten auch die Hippogypen Abschied von uns genommen, und wir hatten, die nächste Nacht und den folgenden Tag unsern Lauf fortgesetzt und immer niederwärts gesteuert, als wir gegen Abend bei der sogenannten Lampenstadt anlangten. Diese Stadt liegt zwischen den Plejaden und Hyaden, aber etwas niedriger als der Zodiakus. Hier stiegen wir ans Land, erblickten aber keinen Menschen; hingegen sahen wir eine große Menge Lampen, die auf den Straßen hin und wider liefen und auf dem Markt und am Hafen beschäftigt waren; die meisten waren klein und hatten ein ärmliches Ansehen; einigen wenigen hingegen sahe man's gleich an ihrem Glanz und lebhaften Lichte an, daß sie hier die Großen und Vielvermögenden vorstellten.

Jede hatte ihren eigenen Lampenstock, der ihr zur Wohnung diente, und ihren eigenen Namen, wie die Menschen. Wir hörten auch, daß sie eine Art von Sprache hatten. Ungeachtet sie uns nun nichts zuleide taten und uns vielmehr nach ihrer Weise gastfreundlich zu empfangen schienen, so war uns doch nicht wohl bei ihnen zumute, und keiner von uns getraute sich weder zu essen noch zu schlafen. Mitten in der Stadt haben sie eine Art von Rathaus, wo ihr Stadtschultheiß die ganze Nacht durch sitzt und einen nach dem andern bei seinem Namen zu sich ruft: wer nicht gehorcht, wird als ein Deserteur behandelt und mit der Todesstrafe belegt, das heißt, er wird ausgelöscht. Wir hörten auch, während wir herumstanden und sahen, was passierte, verschiedene von ihnen, die allerlei Ursachen, warum sie so späte gekommen, zur Entschuldigung anführten. Bei dieser Gelegenheit erkannte ich unsre eigene Hauslampe; ich erkundigte mich bei ihr, wie es zu Hause stünde, und sie sagte mir alles, was sie wußte.

Da wir nicht länger als diese einzige Nacht zu Lychnopolis bleiben wollten, lichteten wir des folgenden Tages den Anker und fuhren neben den Wolken vorbei, wo wir, unter andern, mit großer Verwunderung auch die berühmte Stadt Nephelokokkygia* sahen, aber wegen widrigen Windes nicht in ihren Hafen einlaufen konnten. Doch erfuhren wir, daß Koronos, Kottyphions Sohn, dermalen daselbst regiere; und ich, meines Orts, bestärkte mich in der Meinung, die ich immer von der Weisheit und Wahrhaftigkeit des Dichters Aristophanes gehegt hatte, dessen Nachrichten von dieser Stadt man mit Unrecht den gebührenden Glauben versagt. Drei Tage darauf bekamen wir den Ozean wieder zu Gesicht; aber die Erde zeigte sich nirgends, die in der Luft schwebenden Inseln ausgenommen, die uns überaus feurig und funkelnd vorkamen. Am vierten gegen Mittag setzte

* »Wolkenkuckucksheim«, die aus Aristophanes' »Vögeln« bekannte Hauptstadt des Vogelstaates.

uns ein sanft nachgebender Wind allmählich wieder auf dem Meere ab.

Es ist unmöglich, das Entzücken zu beschreiben, das uns ergriff, als wir uns wieder auf dem Wasser fühlten. Wir gaben der ganzen Schiffsmannschaft einen Schmaus, so gut als es unser Vorrat erlauben wollte, und sprangen dann ins Wasser und badeten uns nach Herzenslust; denn es herrschte eben eine große Windstille, und das Meer war so glatt wie ein Spiegel.

Aber in kurzem erfuhren wir, daß eine plötzliche glückliche Veränderung nicht selten der Anfang größerer Unglücksfälle ist. Denn kaum waren wir zwei Tage auf dem Meere gefahren, als sich gegen Sonnenaufgang eine Menge Walfische und andere Seeungeheuer sehen ließen. Unter den erstern zeichnete sich besonders einer durch seine Größe aus, denn er war nicht weniger als fünfzehnhundert Stadien lang. Dieser kam mit offnem Rachen und mit einem Ungestüm, der das Meer auf allen Seiten aufbrausen und schäumen machte, auf uns los und zeigte uns Zähne, die noch viel größer als unsere kolossalischen Phallusbilder, spitzig wie Zaunpfähle und so weiß wie Elfenbein waren. Wir nahmen also den letzten Abschied voneinander, und indem wir ihn einer in des andern Armen erwarteten, war er da und schlang uns zusamt unserm Schiffe auf einen Atemzug hinunter; denn er fand nicht für nötig, uns erst mit seinen Zähnen zu zermalmen, sondern das Schiff glitschte auf *einen* Druck durch die Zwischenräume in seinen Schlund hinab.

Wie wir nun drin waren, war es anfangs so dunkel, daß wir nicht einen Stich sehen konnten: als er aber, nach einer Weile, den Rachen wieder aufsperrte, sahen wir uns in einer Höhle von so ungeheurer Höhe und Weite, daß sie uns für eine Stadt von zehentausend Einwohnern Raum genug zu haben schien. Überall lagen eine Menge kleiner Fische, zermalmter Tiere, Segel, Anker, Menschengebeinen und ganze Schiffsladungen umher. Weiter hin war, vermutlich aus dem vielen Schlamm, den dieser Walfisch schon verschluckt hatte, eine Erde mit Bergen und Tälern entstanden, wovon jene mit allen Arten von Bäumen, diese mit allerlei Kräutern und Gemüsen dergestalt bepflanzt waren, daß man es für angebautes Land halten mußte. Diese Insel, wenn ich es so nennen kann, mochte wohl zweihundertundvierzig Stadien im Umkreise haben. Wir sahen auch verschiedene Arten von Seevögeln, Meerschwalben* und Eisvögeln, die auf den Bäumen umher ihre Nester hatten.

Unser erstes war, daß wir uns hinsetzten und uns recht sattweinten; endlich aber, nachdem ich meinen Reisegefährten Mut zugesprochen hatte, machten wir vor allen Dingen unser Schiff fest, schlugen sodann Feuer und machten uns aus den Fischen, die in großer Menge und Mannigfaltigkeit umherlagen, eine Mahlzeit zurecht; Wasser hatten wir noch aus dem Morgenstern am Bord.

Wie wir des folgenden Morgens aufstanden, sahen wir, sooft der Walfisch Atem holte, bald Berge, bald nichts als Himmel, bald auch Inseln, woraus wir dann schlossen, daß er sich mit großer Geschwindigkeit in allen Teilen des Ozeans herumbewege.

Als wir nun dieses neuen Aufenthaltes in etwas gewohnt waren, nahm ich sieben meiner Gefährten mit mir und ging in den Wald auf weitere Entdeckungen aus. Ich hatte noch nicht fünf volle Stadien zurückgelegt, als ich auf einen Tempel stieß, der laut der Inschrift dem Neptun gewidmet war; bald darauf fanden wir eine große Anzahl Gräber mit Säulen und nicht weit davon eine Quelle klares Wasser. Überdies hörten wir Hunde bellen und sahen in einiger Entfernung Rauch aufsteigen; so daß wir, allem Vermuten nach, nicht weit von einer Wohnung sein konnten. Wir verdoppelten nun unsre Aufmerksamkeit und waren nicht weit fortgegangen, als wir einen alten Mann und einen Jüngling antrafen, die sehr emsig in einem Küchengarten arbeiteten und eben beschäftigt waren, Wasser aus der Quelle in denselben zu leiten. Erfreut und erschrocken zugleich blieben wir

---

* Möwen.

stehen, und man kann sich leicht einbilden, daß ihnen ebenso wie uns zumute war. Sie hielten mitten in ihrer Arbeit ein und betrachteten uns, ohne einen Laut von sich zu geben. Endlich ermannte sich doch der Alte nach einer kleinen Weile und redete uns an. »Wer seid ihr«, sagte er, »Dämonen des Meeres? oder verunglückte Menschen unsersgleichens? Denn was uns betrifft, wir sind Menschen und aus Erdesöhnen, die wir waren, zu Meerbewohnern worden und treiben mit diesem Ungeheuer, in welchem wir eingeschlossen sind, herum, ohne recht zu wissen, wie es mit uns steht; denn wir haben alle Ursache zu denken, daß wir gestorben seien, wiewohl wir noch zu leben glauben.« – »Auch wir, alter Vater, (antwortete ich ihm) sind Menschen, die sich seit kurzem hier befinden; denn es ist heute erst der dritte Tag, daß wir samt unserm Schiffe verschlungen worden sind; und bloß das Verlangen, zu wissen, wie es in diesem Walde aussehe, der uns sehr groß und dicht vorkam, hat uns hieher gebracht. Aber ohne Zweifel leitete uns irgendein guter Genius, daß wir dich fanden und nun wissen, daß wir nicht allein in diesen Walfisch eingeschlossen sind. Sage uns denn, wenn ich bitten darf, wer du bist und wie du hieher gekommen?« Aber der gute Alte versicherte uns, daß er unsre Neugier nicht eher befriedigen würde, bis er uns, so gut er's vermöchte, bewirtet hätte; und hiemit führte er uns in seine Wohnung, die er sich gemacht hatte. Sie war für seine Bedürfnisse bequem genug und mit Sitzen und andern Notwendigkeiten versehen. Nachdem er uns hier Gemüse, Früchte, Fische und Wein vorgesetzt hatte und wir satt waren, erkundigte er sich nach den Zufällen, die uns begegnet wären, und da erzählte ich ihm alles der Ordnung nach, den Sturm und was uns auf der Insel begegnet und unsre Reise in der Luft und den Krieg und alles übrige bis zu dem Augenblick unsrer Untertauchung in den Walfisch.

Nachdem er mir sein Erstaunen über so wundervolle Begebenheiten aufs lebhafteste ausgedrückt hatte, erzählte er uns nun auch die seinigen. »Meine Freunde«, sagte er, »ich bin ein Kaufmann aus Zypern. Meine Geschäfte bewogen mich, mein Vaterland zu verlassen und mit meinem Sohne, den ihr hier sehet, und einer großen Anzahl Bedienten auf einem mit vielerlei Waren befrachteten Schiffe, dessen Trümmer ihr vielleicht im Schlunde des Walfisches gesehen habt, eine Reise nach Italien zu unternehmen. Bis auf die Höhe von Sizilien ging unsre Fahrt glücklich vonstatten: aber hier bekamen wir einen widrigen Wind, der uns am dritten Tage in den Ozean trieb, wo wir das Unglück hatten, diesem Walfische zu begegnen und mit Mann und Schiff verschlungen zu werden. Alle meine Leute kamen dabei ums Leben, und wir beide blieben allein übrig. Nachdem wir sie nun zur Erde bestattet und dem Neptun einen Tempel errichtet hatten, bringen wir seitdem unser Leben hin, Gemüse in unserm Garten zu bauen, die nebst Fischen und Baumfrüchten unsere Nahrung ausmachen. Der Wald, der von großem Umfang ist, wie ihr seht, hat auch eine große Menge Weinstöcke, die einen vortrefflichen Wein geben; auch werdet ihr vermutlich gesehen haben, daß wir eine Quelle des schönsten und frischesten Wassers besitzen. Unser Lager bereiten wir aus Baumblättern; Holz zum Feueranmachen haben wir in Überfluß; wir fangen Vögel in Netzen und sogar lebendige Fische, wenn wir auf die Kiemen des Ungeheuers hinausgehen, wo wir uns auch baden, sooft wir Lust dazu haben. Überdies befindet sich nicht sehr weit von hier ein See mit salzichtem Wasser, der zwanzig Stadien im Umkreis hat und einen Überfluß an Fischen aller Arten enthält; in diesem See vergnügen wir uns zuweilen mit Schwimmen oder fahren auf ihm in einem kleinen Nachen, den ich gezimmert habe. Auf diese Weise haben wir, seit uns der Walfisch verschlungen hat, bereits siebenundzwanzig Jahre zugebracht. Wir würden uns auch in dieser Lage ganz leidlich befinden, wenn nur unsre Nachbarn, die sehr ungesellige und wilde Leute sind, uns nicht gar zu überlästig fielen –«

»Wie?« rief ich, »hat denn dieser Walfisch noch mehr Einwohner?«

»Sehr viele«, erwiderte der alte Mann, »aber, wie gesagt, unverträgliche Geschöpfe und von sehr abenteuerlichen Gestalten. Den westlichen Teil des Waldes, gegen den Schwanz des Walfisches zu, bewohnen die Tarichanen, welche Aalaugen und ein Krebsgesicht haben, ein streitbares, trotziges und rohes Fleisch fressendes Volk. Auf der andern Seite, rechter Hand, halten sich die Tritonomendeten auf, die von oben bis an den Gürtel wie Menschen und von unten wie Wiesel gestaltet, jedoch ihrer Sinnesart nach nicht so boshaft und gewalttätig sind wie die übrigen. Linker Hand wohnen die Karkinocheiren und Thynnokephalen, wovon jene statt der Hände Krebsscheren, diese einen Thunfischkopf haben; diese beiden Völkerschaften stehen im Bunde miteinander und machen im Kriege gemeinschaftliche Sache. Die Mitte haben die Paguraden und Psettapoden, ein paar streitbare Rassen, die besonders schnell im Laufen sind. Die morgenländische, dem Rachen zunächst liegende Gegend ist, weil sie vom Meer angespült wird, größtenteils unbewohnt: ich habe mich also mit ihr behelfen müssen und bezahle den Psettapoden einen jährlichen Tribut von fünfhundert Stück Austern dafür. So ist das Innere dieses Landes beschaffen, und du kannst dir leicht vorstellen, daß es für uns keine kleine Sorge ist, wie wir uns gegen so viele Völker wehren und wenigstens das Leben davonbringen wollen.«

»Wie viele mögen ihrer wohl in allem sein?« fragte ich.

»Über tausend.«

»Was führen sie für Waffen?«

»Keine als Fischgräten.«

»Das beste ist also«, sagte ich, »wir nehmen es mit ihnen auf, da wir bewaffnet sind und sie nicht. Haben wir sie ein für allemal überwunden, so können wir dann ohne Sorgen leben.«

Dieser Antrag gefiel unserm Wirte. Wir begaben uns also zu unserm Schiffe zurück und machten Anstalten. Eine Veranlassung zum Kriege konnte uns nicht fehlen; unser Wirt durfte sich nur weigern, den Tribut zu bezahlen, dessen Verfallzeit ganz nahe war: und so erfolgte es auch. Jene schickten und ließen den Tribut einfodern: Er wies sie mit einer stolzen Antwort ab. Hierüber wurden dann die Psettapoden und Paguraden so aufgebracht, daß sie mit großem Geschrei in die Pflanzung des Skintharus (so hieß unser neuer Freund) einfielen. Da wir uns dessen versehen hatten, so fanden sie uns in guter Verfassung. Ich hatte die Hälfte meiner Mannschaft, fünfundzwanzig an der Zahl, vorausgeschickt, mit dem Befehl, sich in einen Hinterhalt zu legen und den Feinden, wenn sie vorbeigezogen sein würden, in den Rücken zu fallen, welches sie denn auch mit gutem Erfolge bewerkstelligten. Ich aber mit den übrigen, ebenfalls fünfundzwanzig Mann stark (denn Skintharus und sein Sohn fochten mit), ging ihnen entgegen, und da wir sie solchergestalt in die Mitte bekamen, wurden sie, nach einem hartnäckigen Gefecht, das nicht ohne Gefahr auf unsrer Seite war, endlich aus dem Felde geschlagen und bis in ihre Höhlen verfolgt. Von den Feinden fielen ihrer hundertundsiebenzig, von den Unsrigen nur ein einziger, mein Steuermann, der mit der Rippe einer Meerbarbe durch die Schulter geschossen wurde.

Wir brachten die Nacht auf dem Walfelde zu, nachdem wir den getrockneten Rückgrat eines Delphins als ein Siegeszeichen aufgerichtet hatten. Da *sich* aber das Gerücht dieses Vorgangs inzwischen verbreitet, hatte, fanden wir am folgenden Morgen andere Feinde vor uns: und zwar nahmen die Tarichanen unter Anführung eines gewissen Pelamus den linken Flügel ein, die Thynnokephalen den rechten, die Karkinocheiren das Zentrum. Denn die Tritonomendeten, die es mit keinem Teile verderben wollten, hielten sich ruhig. Wir unsrerseits gingen dem Feinde bis zum Tempel Neptuns entgegen, wo wir unter einem so großen Feldgeschrei, daß der ganze Walfisch wie ein unermeßliches Gewölbe davon widerhallte, aufeinanderstießen. Wir wurden aber, da unsre Gegner nicht viel besser als nackend und unbewaffnet waren, bald mit ihnen fertig, verfolgten sie bis in den Wald hinein und behaupteten das Schlachtfeld.

Nicht lange darauf schickten sie Herolde an uns ab, um ihre Toten abzuholen und Friedensvorschläge zu tun: aber wir fanden nicht für gut, uns darauf einzulassen, sondern zogen des folgenden Tages abermals gegen sie aus und vertilgten sie alle insgesamt, nur die Tritonomendeten ausgenommen, die, wie sie merkten, worauf es abgesehen war, so eilfertig sie konnten, zu den Kiemen hinauswischten und ins Meer sprangen.

Wir aber durchsuchten das ganze Land, und da wir es von Feinden gänzlich gereinigt fanden, wohnten wir nun ganz angenehm beisammen, brachten unsre Zeit mit Leibesübungen und Jagen zu, bauten unsern Wein, sammelten die Früchte von den Bäumen und lebten, mit *einem* Wort, wie Leute, die sich in einem großen Kerker, aus dem sie nicht heraus konnten, recht wohlsein ließen. Auf diese Art brachten wir ein Jahr und acht Monate hin.

Aber am fünfzehnten Tage des neunten Monats, beim zweiten Maulaufreißen des Walfisches (denn dies tat er alle Stunden einmal, so daß wir nach diesen periodischen Eröffnungen die Tagsstunden zählten), hörten wir ein großes Geschrei und ein Getöse, wie von Schiffsleuten und Rudern. Da wir darüber in Unruhe gerieten, so krochen wir bis in den Rachen des Ungeheuers hervor, wo wir, zwischen den Zähnen stehend, alles sehen konnten – und, in der Tat, ein Schauspiel zu sehen bekamen, das über alles ging, was mir in meinem ganzen Leben Außerordentliches vorgekommen ist – Menschen nämlich, die ein halbes Stadium hoch waren und auf Inseln, wie auf Galeeren, angefahren kamen. – Ich weiß, man wird meine Erzählung unglaublich finden, aber ich kann mir nicht helfen – es muß nun schon heraus. Diese Inseln waren zwar von einer ansehnlichen Länge, eine in die andere ungefähr hundert Stadien im Umfang, aber verhältnismäßig nicht sehr hoch. Auf einer jeden befanden sich gegen achtundzwanzig Bootsleute, die, in zwei Reihen zu beiden Seiten sitzend, mit großen Zypressen, die noch alle Äste und alles Laub hatten, ruderten. Im Hinterteil des Schiffes (wenn ich es so nennen kann) stand der Steuermann auf einem hohen Hügel an einem ehernen Steuerruder, das wohl sechshundert Fuß lang war. Auf dem Vorderteil aber standen ihrer ungefähr vierzig, die zum Streit bewaffnet waren und in allem wie Menschen aussahen, außer daß sie statt des Haupthaars Feuerflammen auf den Köpfen hatten und also keine Helme brauchten. Die Stelle der Segel vertrat auf jeder dieser Inseln ein dichter Wald, in welchen der Wind einfiel und die Insel trieb und drehte, wie und wohin der Steuermann wollte. Neben den Ruderern stand einer, der die Aufsicht über sie hatte, und so bewegten sich diese Inseln, mit Hülfe der Ruder, wie ebensoviele Galeeren, mit großer Geschwindigkeit daher.

Anfangs sahen wir nur zwei bis drei, nach und nach aber kamen ihrer wohl gegen sechshundert zum Vorschein; und nachdem sie sich in Ordnung gestellt, fingen sie an, einander eine ordentliche Seeschlacht zu liefern. Viele stießen mit den Hinterteilen so gewaltig aufeinander, daß nicht wenige von der Heftigkeit des Stoßes umgeworfen wurden und versanken. Andere verwickelten sich ineinander, und dann wurde hitzig und tapfer gefochten, und sie ließen nicht leicht wieder voneinander ab. Die Krieger auf dem Vorderteile bewiesen allen nur möglichen Mut, sprangen in die feindlichen Schiffe und machten alles nieder, was ihnen in den Wurf kam; denn es wurde kein Quartier gegeben. Statt der eisernen Haken warfen sie einander an großen Tauen ungeheure Polypen zu, die den Wald mit ihren vielen Armen umschlangen und so die Insel festhielten. Die Geschosse, deren sie sich bedienten und womit sie einander schwer verwundeten, waren Austern, deren jede einen ganzen Wagen ausgefüllt hätte, und Meerschwämme, wovon einer einen Morgen Landes bedeckte.

Soviel wir aus dem, was sie einander zuriefen, abnehmen konnten, hieß der Anführer der einen Flotte Äolozentaurus und der andern Thalassopotes, und den Anlaß zu ihrem Kriege hatte, wie es schien, Thalassopotes gegeben, der dem Äoiozentaur viele Herden Delphine geraubt zu haben beschuldigt wurde. Gewiß ist, daß die äolozentaurische Partei zuletzt Meister blieb und ihren Feinden gegen hundertundfünfzig Inseln versenkte, drei andere aber mit aller ihrer Mannschaft eroberte: die übrigen drückten sich auf die Seite und entflohen. Die Sieger, nachdem sie ihnen eine Zeitlang nachgesetzt, kehrten gegen Abend wieder zu den versunkenen Schiffen zurück, bekamen die meisten davon in ihre Gewalt und kriegten auch die ihrigen wieder; denn es waren ihrer im Gefechte nicht weniger als achtzig untergegangen. Sie nagelten hierauf eine der eroberten Inseln zum Siegesdenkmal an den Kopf des Walfisches an und brachten die Nacht auf der Reede des Ungeheuers zu, nachdem sie ihre Schiffe mit Tauen und Haken daran befestigt und hart dabei vor Anker gelegt hatten; denn sie führten auch sehr große und starke gläserne Anker bei sich. Des folgenden Tages stiegen sie auf dem Rücken des Walfisches aus, opferten ihren Göttern, begruben ihre Toten auf demselben und fuhren hierauf mit großem Jubel wieder ab. Dies ist alles, was ich von der Inselschlacht zu berichten habe.

Heinrich Heine

Die Nordsee

1826

(Geschrieben auf der Insel Norderney)

Die Eingeborenen sind meistens blutarm und leben vom Fischfang, der erst im nächsten Monat, im Oktober, bei stürmischem Wetter, seinen Anfang nimmt. Viele dieser Insulaner dienen auch als Matrosen auf fremden Kauffahrteischiffen und bleiben jahrelang vom Hause entfernt, ohne ihren Angehörigen irgendeine Nachricht von sich zukommen zu lassen. Nicht selten finden sie den Tod auf dem Wasser. Ich habe einige arme Weiber auf der Insel gefunden, deren ganze männliche Familie solcherweise umgekommen, was sich leicht ereignet, da der Vater mit seinen Söhnen gewöhnlich auf demselben Schiffe zur See fährt.

Das Seefahren hat für diese Menschen einen großen Reiz; und dennoch, glaube ich, daheim ist ihnen allen am wohlsten zumute. Sind sie auch auf ihren Schiffen sogar nach jenen südlichen Ländern gekommen, wo die Sonne blühender und der Mond romantischer leuchtet, so können doch alle Blumen dort nicht den Leck ihres Herzens stopfen, und mitten in der duftigen Heimat des Frühlings sehnen sie sich wieder zurück nach ihrer Sandinsel, nach ihren kleinen Hütten, nach dem flackernden Herde, wo die Ihrigen, wohlverwahrt in wollenen Jacken, herumkauern und einen Tee trinken, der sich von gekochtem Seewasser nur durch den Namen unterscheidet, und eine Sprache schwatzen, wovon kaum begreiflich scheint, wie es ihnen selber möglich ist, sie zu verstehen.

Was diese Menschen so fest und genügsam zusammenhält, ist nicht so sehr das innig mystische Gefühl der Liebe als vielmehr die Gewohnheit, das naturgemäße Ineinander-Hinüberleben, die gemeinschaftliche Unmittelbarkeit. Gleiche Geisteshöhe oder, besser gesagt, Geistesniedrigkeit, daher gleiche Bedürfnisse und gleiches Streben; gleiche Erfahrungen und Gesinnungen, daher leichtes Verständnis untereinander; und sie sitzen verträglich am Feuer in den kleinen Hütten, rücken zusammen, wenn es kalt wird, an den Augen sehen sie sich ab, was sie denken, die Worte lesen sie sich von den Lippen, ehe sie gesprochen worden, alle gemeinsamen Lebensbeziehungen sind ihnen im Gedächtnisse, und durch einen einzigen Laut, eine einzige Miene, eine einzige stumme Bewegung erregen sie untereinander soviel Lachen oder Weinen oder Andacht, wie wir bei unseresgleichen erst durch lange Expositionen, Expektorationen und Deklamationen hervorbringen können. Denn wir leben im Grunde geistig einsam; durch eine besondere Erziehungsmethode oder zufällig gewählte besondere Lektüre hat jeder von uns eine verschiedene Charakterrichtung empfangen; jeder von uns, geistig verlarvt, denkt, fühlt und strebt anders als die andern, und des Mißverständnisses wird so viel, und selbst in weiten Häusern wird das Zusammenleben so schwer, und wir sind überall beengt, überall fremd und überall in der Fremde.

In jenem Zustande der Gedanken- und Gefühlsgleichheit, wie wir ihn bei unseren Insulanern sehen, lebten oft ganze Völker und haben oft ganze Zeitalter gelebt. Die römisch-christliche Kirche im Mittelalter hat vielleicht einen solchen Zustand in den Korporationen des ganzen Europa begründen wollen und nahm deshalb alle Lebensbeziehungen, alle Kräfte und Erscheinungen, den ganzen physischen und moralischen Menschen unter ihre Vormundschaft. Es läßt sich nicht leugnen, daß viel ruhiges Glück dadurch gegründet ward und das Leben warm-inniger blühte und die Künste, wie still hervorgewachsene Blumen, jene Herrlichkeit entfalteten, die wir noch jetzt anstaunen und mit all unserem hastigen Wissen nicht nachahmen können. Aber der Geist hat seine ewigen Rechte, er läßt sich nicht eindämmen durch Satzungen und nicht einlullen durch Glockengeläute; er zerbrach seinen Kerker und zerriß das eiserne Gängelband, woran ihn die Mutterkirche leitete, und er jagte im Befreiungstaumel über die ganze Erde, erstieg die höchsten Gipfel der Berge, jauchzte vor Übermut, gedachte wieder uralter Zweifel, grübelte über die Wunder des Tages und zählte die Sterne der Nacht. Wir kennen noch nicht die Zahl der Sterne, die Wunder des Tages haben wir noch nicht enträtselt, die alten Zweifel sind mächtig geworden in unserer Seele – ist jetzt mehr Glück darin als ehemals? Wir wissen, daß diese Frage, wenn sie den großen Haufen betrifft, nicht leicht bejaht werden kann; aber wir wissen auch, daß ein Glück, das wir der Lüge verdanken, kein wahres Glück ist und daß wir, in den einzelnen zerrissenen Momenten eines gottgleicheren Zustandes, einer höheren Geisteswürde, mehr Glück empfinden können als in den lang hinvegetierten Jahren eines dumpfen Köhlerglaubens.

Auf jeden Fall war jene Kirchenherrschaft eine Unterjochung der schlimmsten Art. Wer bürgte uns für die gute Absicht, wie ich sie eben ausgesprochen? Wer kann beweisen, daß sich nicht zuweilen eine schlimme Absicht beimischte? Rom wollte immer herrschen, und als seine Legionen fielen, sandte es Dogmen in die Provinzen. Wie eine Riesenspinne saß Rom im Mittelpunkte der lateinischen Welt und überzog sie mit seinem unendlichen Gewebe. Generationen der Völker lebten darunter ein beruhigtes Leben, indem sie das für einen nahen Himmel hielten, was bloß römisches Gewebe war; nur der höherstrebende Geist, der dieses Gewebe durchschaute, fühlte sich beengt und elend, und wenn er hindurchbrechen wollte, erhaschte ihn leicht die schlaue Weberin und sog ihm das kühne Blut aus dem Herzen; – und war das Traumglück der blöden Menge nicht zu teuer erkauft für solches Blut? Die Tage der Geistesknechtschaft sind vorüber; alterschwach, zwischen den gebrochenen Pfeilern ihres Koliseums sitzt die alte Kreuzspinne und spinnt noch immer das alte Gewebe, aber es ist matt und morsch, und es verfangen sich darin nur Schmetterlinge und Fledermäuse und nicht mehr die Steinadler des Nordens.

– Es ist doch wirklich belächelnswert, während ich im Begriff bin, mich so recht wohlwollend über die Absichten der römischen Kirche zu verbreiten, erfaßt mich plötzlich der angewöhnte protestantische Eifer, der ihr immer das Schlimmste zumutet; und eben dieser Meinungszwiespalt in mir selbst gibt mir wieder ein Bild von der Zerrissenheit der Denkweise unserer Zeit. Was wir gestern bewundert, hassen wir heute, und morgen vielleicht verspotten wir es mit Gleichgültigkeit.

Auf einem gewissen Standpunkte ist alles gleich groß und gleich klein, und an die großen europäischen Zeitverwandlungen werde ich erinnert, indem ich den kleinen Zustand unserer armen Insulaner betrachte. Auch diese stehen an der Grenze einer solchen neuen Zeit, und ihre alte Sinneseinheit und Einfalt wird gestört durch das Gedeihen des hiesigen Seebades, indem sie dessen Gästen täglich etwas Neues ablauschen, was sie nicht mit ihrer altherkömmlichen Lebensweise zu vereinen wissen. Stehen sie des Abends vor den erleuchteten Fenstern des Konversationshauses und betrachten dort die Verhandlungen der Herren und Damen, die verständlichen Blicke, die begehrlichen Grimassen, das lüsterne Tanzen, das vergnügte Schmausen, das habsüchtige Spielen usw., so bleibt das für diese Menschen nicht ohne schlimme Folgen, die von dem Geldgewinn, der ihnen durch die Badeanstalt zufließt, nimmermehr aufgewogen werden. Dieses Geld reicht nicht hin für die eindringenden neuen Bedürfnisse; daher innere Lebensstörung, schlimmer Anreiz, großer Schmerz. Als ich ein Knabe war, fühlte ich immer eine brennende Sehnsucht, wenn schön gebackene Torten, wovon ich nichts bekommen sollte, duftigoffen bei mir vorübergetragen wurden; späterhin stachelte mich dasselbe Gefühl, wenn ich modisch entblößte, schöne Damen vorbeispazieren sah; und ich denke jetzt, die armen Insulaner, die noch in einem Kindheitszustande leben, haben hier oft Gelegenheit zu ähnlichen Empfindungen, und es wäre gut, wenn die Eigentümer der schönen Torten und Frauen solche etwas mehr verdeckten. Diese vielen unbedeckten Delikatessen, woran jene Leute nur die Augen weiden können, müssen ihren Appetit sehr stark wecken, und wenn die armen Insulanerinnen in ihrer Schwangerschaft allerlei süßgebackene Gelüste bekommen und am Ende sogar Kinder zur Welt bringen, die den Badegästen ähnlich sehen, so ist das leicht zu erklären. Ich will hier durchaus auf kein unsittliches Verhältnis anspielen. Die Tugend der Insulanerinnen wird durch ihre Häßlichkeit und gar besonders durch ihren Fischgeruch, der mir wenigstens unerträglich war, vorderhand geschützt. Ich würde, wenn ihre Kinder mit badegästlichen Gesichtern zur Welt kommen, vielmehr ein psychologisches Phänomen erkennen und mir solches durch jene materialistisch-mystischen Gesetze erklären, die Goethe in den »Wahlverwandtschaften« so schön entwickelt.

Wie viele rätselhafte Naturerscheinungen sich durch jene Gesetze erklären lassen, ist erstaunlich. Als ich voriges Jahr, durch Seesturm, nach einer anderen ostfriesischen Insel verschlagen wurde, sah ich dort in einer Schifferhütte einen schlechten Kupferstich hängen, *la tentation du vieillard* überschrieben und einen Greis darstellend, der in seinen Studien gestört wird durch die Erscheinung eines Weibes, das bis an die nackten Hüften aus einer Wolke hervortaucht; und sonderbar! die Tochter des Schiffers hatte dasselbe lüsterne Mopsgesicht wie das Weib auf jenem Bilde. Um ein anderes Beispiel zu erwähnen: Im Hause eines Geldwechslers, dessen geschäftführende Frau das Gepräge der Münzen immer am sorgfältigsten betrachtet, fand ich, daß die Kinder in ihren Gesichtern eine erstaunliche Ähnlichkeit hatten mit den größten Monarchen Europas, und wenn sie alle beisammen waren und miteinander stritten, glaubte ich einen kleinen Kongreß zu sehen.

Deshalb ist das Gepräge der Münzen kein gleichgültiger Gegenstand für den Politiker. Da die Leute das Geld so innig lieben und gewiß liebevoll betrachten, so bekommen die Kinder sehr oft die Züge des Landesfürsten, der darauf geprägt ist, und der arme Fürst kommt in den Verdacht, der Vater seiner Untertanen zu sein. Die Bourbonen haben ihre guten Gründe, die Napoleonsdor einzuschmelzen; sie wollen nicht mehr unter ihren Franzosen so viele Napoleonsköpfe sehen. Preußen hat es in der Münzpolitik am weitesten gebracht, man weiß es dort, durch eine verständige Beimischung von Kupfer, so einzurichten, daß die Wangen des Königs auf der neuen Scheidemünze gleich rot werden, und seit einiger Zeit haben daher die Kinder in Preußen ein weit gesünderes Ansehen als früherhin, und es ist ordentlich eine Freude, wenn man ihre blühenden Silbergroschengesichtchen betrachtet.

Ich habe, indem ich das Sittenverderbnis andeutete, womit die Insulaner hier bedroht sind, die geistliche Schutzwehr, ihre Kirche, unerwähnt gelassen. Wie diese eigentlich aussieht, kann ich nicht genau berichten, da ich noch nicht darin gewesen. Gott weiß, daß ich ein guter Christ bin und oft sogar im Begriff stehe, sein Haus zu besuchen, aber ich werde immer fatalerweise daran verhindert, es findet sich gewöhnlich ein Schwätzer, der mich auf dem Wege festhält, und gelange ich auch einmal bis an die Pforten des Tempels, so erfaßt mich unversehens eine spaßhafte Stimmung, und dann halte ich es für sündhaft, hineinzutreten. Vorigen Sonntag begegnete mir etwas der Art, indem mir vor der Kirchtür die Stelle aus Goethes »Faust« in den Kopf kam, wo dieser mit dem Mephistopheles bei einem Kreuze vorübergeht und ihn fragt:

»Mephisto, hast du Eil'?
Was schlägst vorm Kreuz die Augen nieder?«

und worauf Mephistopheles antwortet:

»Ich weiß es wohl, es ist ein Vorurteil;
Allein es ist mir mal zuwider.«

Diese Verse sind, soviel ich weiß, in keiner Ausgabe des »Fausts« gedruckt, und bloß der selige Hofrat Moritz, der sie aus Goethes Manuskript kannte, teilt sie mit in seinem »Philipp Reiser«, einem schon verschollenen Romane, der die Geschichte des Verfassers enthält oder vielmehr die Geschichte einiger hundert Taler, die der Verfasser nicht hatte und wodurch sein ganzes Leben eine Reihe von Entbehrungen und Entsagungen wurde, während doch seine Wünsche nichts weniger als unbescheiden waren, wie z. B. sein Wunsch, nach Weimar zu gehen und bei dem Dichter des »Werthers« Bedienter zu werden, unter welchen Bedingungen es auch sei, um nur in der Nähe desjenigen zu leben, der von allen Menschen auf Erden den stärksten Eindruck auf sein Gemüt gemacht hatte.

Wunderbar! damals schon erregte Goethe eine solche Begeisterung, und doch ist erst »unser drittes nachwachsendes Geschlecht« imstande, seine wahre Größe zu begreifen.

Aber dieses Geschlecht hat auch Menschen hervorgebracht, in deren Herzen nur faules Wasser sintert und die daher in den Herzen anderer alle Springquellen eines frischen Blutes verstopfen möchten, Menschen von erloschener Genußfähigkeit, die das Leben verleumden und anderen alle Herrlichkeit dieser Welt verleiden wollen, indem sie solche als die Lockspeisen schildern, die der Böse bloß zu unserer Versuchung hingestellt habe, gleichwie eine pfiffige Hausfrau die Zuckerdose mit den gezählten Stückchen Zucker in ihrer Abwesenheit offen stehenläßt, um die Enthaltsamkeit der Magd zu prüfen; und diese Menschen haben einen Tugendpöbel um sich versammelt und predigen ihm das Kreuz gegen den großen Heiden und gegen seine nackten Göttergestalten, die sie gern durch ihre vermummten dummen Teufel ersetzen möchten.

Das Vermummen ist so recht ihr höchstes Ziel, das Nacktgöttliche ist ihnen fatal, und ein Satyr hat immer seine guten Gründe, wenn er Hosen anzieht und darauf dringt, daß auch Apollo Hosen anziehe. Die Leute nennen ihn dann einen sittlichen Mann und wissen nicht, daß in dem Clauren-Lächeln eines vermummten Satyrs mehr Anstößiges liegt als in der ganzen Nacktheit eines Wolfgang Apollo und daß just in den Zeiten, wo die Menschheit jene Pluderhosen trug, wozu sechzig Ellen Zeug nötig waren, die Sitten nicht anständiger gewesen sind als jetzt.

Aber werden es mir nicht die Damen übelnehmen, daß ich Hosen statt Beinkleider sage? Oh, über das Feingefühl der Damen! Am Ende werden nur Eunuchen für sie schreiben dürfen, und ihre Geistesdiener im Okzident werden so harmlos sein müssen wie ihre Leibdiener im Orient.

Hier kommt mir ins Gedächtnis eine Stelle aus »Bertholds Tagebuch«:

»›Wenn wir es recht überdenken, so stecken wir doch alle nackt in unseren Kleidern‹, sagte der Doktor M. zu einer Dame, die ihm eine etwas derbe Äußerung übelgenommen hatte.«

Der hannövrische Adel ist mit Goethe sehr unzufrieden und behauptet, er verbreite Irreligiosität, und diese könne leicht auch falsche politische Ansichten hervorbringen, und das Volk müsse doch durch den alten Glauben zur alten Bescheidenheit und Mäßigung zurückgeführt werden. Auch hörte ich in der letzten Zeit viel diskutieren, ob Goethe größer sei als Schiller oder umgekehrt. Ich stand neulich hinter dem Stuhle einer Dame, der man schon von hinten ihre vierundsechzig Ahnen ansehen konnte, und hörte über jenes Thema einen eifrigen Diskurs zwischen ihr und zwei hannövrischen Nobilis, deren Ahnen schon auf dem Zodiakus von Dendera abgebildet sind und wovon der eine, ein langmagerer, quecksilbergefüllter Jüngling, der wie ein Barometer aussah, die Schillersche Tugend und Reinheit pries, während der andere, ebenfalls ein langaufgeschossener Jüngling, einige Verse aus der »Würde der Frauen« hinlispelte und dabei so süß lächelte wie ein Esel, der den Kopf in ein Sirupfaß gesteckt hatte und sich wohlgefällig die Schnauze ableckt. Beide Jünglinge verstärkten ihre Behauptungen beständig mit dem beteuernden Refrain: »*Er* ist doch größer, er ist wirklich größer, wahrhaftig, *er* ist größer, ich versichere Sie auf Ehre, *er* ist größer.« Die Dame war so gütig, auch mich in dieses ästhetische Gespräch zu ziehen, und fragte: »Doktor, was halten Sie von Goethe?« Ich aber legte meine Arme kreuzweis auf die Brust, beugte gläubig das Haupt und sprach: »La illah ill allah, wamohammed rasul allah!«

Die Dame hatte, ohne es selbst zu wissen, die allerschlaueste Frage getan. Man kann ja einen Mann nicht gradezu fragen: »Was denkst du von Himmel und Erde? was sind deine Ansichten über Menschen und Menschenleben? bist du ein vernünftiges Geschöpf oder ein dummer Teufel?« Diese delikaten Fragen liegen aber alle in den unverfänglichen Worten: »Was halten Sie von Goethe?« Denn indem uns allen Goethes Werke vor Augen liegen, so können wir das Urteil, das jemand darüber fället, mit dem unsrigen schnell vergleichen, wir bekommen dadurch einen festen Maßstab, womit wir gleich alle seine Gedanken und Gefühle messen können, und er hat unbewußt sein eignes Urteil gesprochen. Wie aber Goethe, auf diese Weise, weil er eine gemeinschaftliche Welt ist, die der Betrachtung eines jeden offenliegt, uns das beste Mittel wird, um die Leute kennenzulernen, so können wir wiederum Goethe selbst am besten kennenlernen durch sein eignes Urteil über Gegenstände, die uns allen vor Augen liegen und worüber uns schon die bedeutendsten Menschen ihre Ansichten mitgeteilt haben. In dieser Hinsicht möchte ich am liebsten auf Goethes »Italienische Reise« hindeuten, indem wir alle, entweder durch eigne Betrachtung oder durch fremde Vermittelung, das Land Italien kennen und dabei so leicht bemerken, wie jeder dasselbe mit subjektiven Augen ansieht, dieser mit Archenhölzern unmutigen Augen, die nur das Schlimme sehen, jener mit begeisterten Corinnaaugen, die überall nur das Herrliche sehen, während Goethe mit seinem klaren Griechenauge alles sieht, das Dunkle und das Helle, nirgends die Dinge mit seiner Gemütsstimmung koloriert und uns Land und Menschen schildert in den wahren Umrissen und wahren Farben, womit sie Gott umkleidet.

Das ist ein Verdienst Goethes, das erst spätere Zeiten erkennen werden; denn wir, die wir meist alle krank sind, stecken viel zu sehr in unseren kranken, zerrissenen, romantischen Gefühlen, die wir aus allen Ländern und Zeitaltern zusammengelesen, als daß wir unmittelbar sehen könnten, wie gesund, einheitlich und plastisch sich Goethe in seinen Werken zeigt. Er selbst merkt es ebensowenig; in seiner naiven Unbewußtheit des eignen Vermögens wundert er sich, wenn man ihm »ein gegenständliches Denken« zuschreibt, und indem er durch seine Selbstbiographie uns selbst eine kritische Beihülfe zum Beurteilen seiner Werke geben will, liefert er doch keinen Maßstab der Beurteilung an und für sich, sondern nur neue Fakta, woraus man ihn beurteilen kann, wie es ja natürlich ist, daß kein Vogel über sich selbst hinauszufliegen vermag.

Spätere Zeiten werden, außer jenem Vermögen des plastischen Anschauens, Fühlens und Denkens, noch vieles in Goethe entdecken, wovon wir jetzt keine Ahnung haben. Die Werke des Geistes sind ewig feststehend, aber die Kritik ist etwas Wandelbares, sie geht hervor aus den Ansichten der Zeit, hat nur für diese ihre Bedeutung, und wenn sie nicht selbst kunstwertlicher Art ist, wie z. B. die Schlegelsche, so geht sie mit ihrer Zeit zu Grabe. Jedes Zeitalter, wenn es neue Ideen bekömmt, bekömmt auch neue Augen und sieht gar viel Neues in den alten Geisteswerken. Ein Schubarth sieht jetzt in der »Ilias« etwas anderes und viel mehr als sämtliche Alexandriner; dagegen werden einst Kritiker kommen, die viel mehr als Schubarth in Goethe sehen.

So hätte ich mich dennoch an Goethe festgeschwatzt! Aber solche Abschweifungen sind sehr natürlich, wenn einem, wie auf dieser Insel, beständig das Meergeräusch in die Ohren dröhnt und den Geist nach Belieben stimmt.

Es geht ein starker Nordostwind, und die Hexen haben wieder viel Unheil im Sinne. Man hegt hier nämlich wunderliche Sagen von Hexen, die den Sturm zu beschwören wissen; wie es denn überhaupt auf allen nordischen Meeren viel Aberglauben gibt. Die Seeleute behaupten, manche Insel stehe unter der geheimen Herrschaft ganz besonderer Hexen, und dem bösen Willen derselben sei es zuzuschreiben, wenn den vorbeifahrenden Schiffen allerlei Widerwärtigkeiten begegnen. Als ich voriges Jahr einige Zeit auf der See lag, erzählte mir der Steuermann unseres Schiffes, die Hexen wären besonders mächtig auf der Insel Wight und suchten jedes Schiff, das bei Tage dort vorbeifahren wolle, bis zur Nachtzeit aufzuhalten, um es alsdann an Klippen oder an die Insel selbst zu treiben. In solchen Fällen höre man diese Hexen so laut durch die Luft sausen und um das Schiff herumheulen, daß der Klabotermann ihnen nur mit vieler Mühe widerstehen könne. Als ich nun fragte, wer der Klabotermann sei, antwortete der Erzähler sehr ernsthaft: »Das ist der gute, unsichtbare Schutzpatron der Schiffe, der da verhütet, daß den treuen und ordentlichen Schiffern Unglück begegne, der da überall selbst nachsieht und sowohl für die Ordnung wie für die gute Fahrt sorgt.« Der wackere Steuermann versicherte mit etwas heimlicherer Stimme, ich könne ihn selber sehr gut im Schiffsraume hören, wo er die Waren gern noch besser nachstaue, daher das Knarren der Fässer und Kisten, wenn das Meer hoch gehe, daher bisweilen das Dröhnen unserer Balken und Bretter; oft hämmere der Klabotermann auch außen am Schiffe, und das gelte dann dem Zimmermanne, der dadurch gemahnt werde, eine schadhafte Stelle ungesäumt auszubessern; am liebsten aber setze er sich auf das Bramsegel, zum Zeichen, daß guter Wind wehe oder sich nahe. Auf meine Frage, ob man ihn nicht sehen könne, erhielt ich zur Antwort: Nein, man sähe ihn nicht, auch wünsche keiner ihn zu sehen, da er sich nur dann zeige, wenn keine Rettung mehr vorhanden sei. Einen solchen Fall hatte zwar der gute Steuermann noch nicht selbst erlebt, aber von andern wollte er wissen, den Klabotermann höre man alsdann vom Bramsegel herab mit den Geistern sprechen, die ihm untertan sind; doch wenn der Sturm zu stark und das Scheitern unvermeidlich würde, setze er sich auf das Steuer, zeige sich da zum erstenmal und verschwinde, indem er das Steuer zerbräche – diejenigen aber, die ihn in diesem furchtbaren Augenblick sähen, fänden unmittelbar darauf den Tod in den Wellen.

Der Schiffskapitän, der dieser Erzählung mit zugehört hatte, lächelte so fein, wie ich seinem rauhen, wind- und wetterdienenden Gesichte nicht zugetraut hätte, und nachher versicherte er mir, vor funfzig und gar vor hundert Jahren sei auf dem Meere der Glaube an den Klabotermann so stark gewesen, daß man bei Tische immer auch ein Gedeck für denselben aufgelegt und von jeder Speise, etwa das Beste, auf seinen Teller gelegt habe, ja, auf einigen Schiffen geschähe das noch jetzt. –

Ich gehe hier oft am Strande spazieren und gedenke solcher seemännischen Wundersagen. Die anziehendste derselben ist wohl die Geschichte vom Fliegenden Holländer, den man im Sturm mit aufgespannten Segeln vorbeifahren sieht und der zuweilen ein Boot aussetzt, um den begegnenden Schiffern allerlei Briefe mitzugeben, die man nachher nicht zu besorgen weiß, da sie an längst verstorbene Personen adressiert sind. Manchmal gedenke ich auch des alten, lieben Märchens von dem Fischerknaben, der am Strande den nächtlichen Reigen der Meernixen belauscht hatte und nachher mit seiner Geige die ganze Welt durchzog und alle Menschen zauberhaft entzückte, wenn er ihnen die Melodie des Nixenwalzers vorspielte. Diese Sage erzählte mir einst ein lieber Freund, als wir, im Konzerte zu Berlin, solch einen wundermächtigen Knaben, den Felix Mendelssohn-Bartholdy, spielen hörten.

Einen eigentümlichen Reiz gewährt das Kreuzen um die Insel. Das Wetter muß aber schön sein, die Wolken müssen sich ungewöhnlich gestalten, und man muß rücklings auf dem Verdecke liegen und in den Himmel sehen und allenfalls auch ein Stückchen Himmel im Herzen haben. Die Wellen murmeln alsdann allerlei wunderliches Zeug, allerlei Worte, woran liebe Erinnerungen flattern, allerlei Namen, die wie süße Ahnung in der Seele widerklingen – »Evelina!« Dann kommen auch Schiffe vorbeigefahren, und man grüßt, als ob man sich alle Tage wiedersehen könnte. Nur des Nachts hat das Begegnen fremder Schiffe auf dem Meere etwas Unheimliches; man will sich dann einbilden, die besten Freunde, die wir seit Jahren nicht gesehen, führen schweigend vorbei und man verlöre sie auf immer.

Ich liebe das Meer wie meine Seele.

Oft wird mir sogar zumute, als sei das Meer eigentlich meine Seele selbst; und wie es im Meere verborgene Wasserpflanzen gibt, die nur im Augenblick des Aufblühens an dessen Oberfläche heraufschwimmen und im Augenblick des Verblühens wieder hinabtauchen, so kommen zuweilen auch wunderbare Blumenbilder heraufgeschwommen aus der Tiefe meiner Seele und duften und leuchten und verschwinden wieder – »Evelina!«

Man sagt, unfern dieser Insel, wo jetzt nichts als Wasser ist, hätten einst die schönsten Dörfer und Städte gestanden, das Meer habe sie plötzlich alle überschwemmt, und bei klarem Wetter sähen die Schiffer noch die leuchtenden Spitzen der versunkenen Kirchtürme, und mancher habe dort in der Sonntagsfrühe sogar ein frommes Glockengeläute gehört. Die Geschichte ist wahr; denn das Meer ist meine Seele –

»Eine schöne Welt ist da versunken,
Ihre Trümmer blieben unten stehn,
Lassen sich als goldne Himmelsfunken
Oft im Spiegel meiner Träume sehn.«
W. Müller

Erwachend höre ich dann ein verhallendes Glockengeläute und Gesang heiliger Stimmen – »Evelina!«

Geht man am Strande spazieren, so gewähren die vorbeifahrenden Schiffe einen schönen Anblick. Haben sie die blendend weißen Segel aufgespannt, so sehen sie aus wie vorbeiziehende große Schwäne. Gar besonders schön ist dieser Anblick, wenn die Sonne hinter dem vorbeisegelnden Schiffe untergeht und dieses, wie von einer riesigen Glorie, umstrahlt wird.

Die Jagd am Strande soll ebenfalls ein großes Vergnügen gewähren. Was mich betrifft, so weiß ich es nicht sonderlich zu schätzen. Der Sinn für das Edle, Schöne und Gute läßt sich oft durch Erziehung den Menschen beibringen; aber der Sinn für die Jagd liegt im Blute. Wenn die Ahnen schon seit undenklichen Zeiten Rehböcke geschossen haben, so findet auch der Enkel ein Vergnügen an dieser legitimen Beschäftigung. Meine Ahnen gehörten aber nicht zu den Jagenden, viel eher zu den Gejagten, und soll ich auf die Nachkömmlinge ihrer ehemaligen Kollegen losdrücken, so empört sich dawider mein Blut. Ja, aus Erfahrung weiß ich, daß, nach abgesteckter Mensur, es mir weit leichter wird, auf einen Jäger loszudrücken, der die Zeiten zurückwünscht, wo auch Menschen zur hohen Jagd gehörten. Gottlob, diese Zeiten sind vorüber! Gelüstet es jetzt solche Jäger, wieder einen Menschen zu jagen, so müssen sie ihn dafür bezahlen, wie z. B. den Schnelläufer, den ich vor zwei Jahren in Göttingen sah. Der arme Mensch hatte sich schon in der schwülen Sonntagshitze ziemlich müde gelaufen, als einige hannövrische Junker, die dort Humaniora studierten, ihm ein paar Taler boten, wenn er den zurückgelegten Weg nochmals laufen wolle; und der Mensch lief, und er war todblaß und trug eine rote Jacke, und dicht hinter ihm, im wirbelnden Staube, galoppierten die wohlgenährten, edlen Jünglinge auf hohen Rossen, deren Hufen zuweilen den gehetzten, keuchenden Menschen trafen, und es war ein Mensch.

Des Versuchs halber, denn ich muß mein Blut besser gewöhnen, ging ich gestern auf die Jagd. Ich schoß nach einigen Möwen, die gar zu sicher umherflatterten und doch nicht bestimmt wissen konnten, daß ich schlecht schieße. Ich wollte sie nicht treffen und sie nur warnen, sich ein andermal vor Leuten mit

Flinten in acht zu nehmen; aber mein Schuß ging fehl, und ich hatte das Unglück, eine junge Möwe totzuschießen. Es ist gut, daß es keine alte war; denn was wäre dann aus den armen, kleinen Möwchen geworden, die noch unbefiedert im Sandneste der großen Düne liegen und ohne die Mutter verhungern müßten. Mir ahndete schon vorher, daß mich auf der Jagd ein Mißgeschick treffen würde; ein Hase war mir über den Weg gelaufen.

Gar besonders wunderbar wird mir zumute, wenn ich allein in der Dämmerung am Strande wandle – hinter mir flache Dünen, vor mir das wogende, unermeßliche Meer, über mir der Himmel wie eine riesige Kristallkuppel – ich erscheine mir dann selbst sehr ameisenklein, und dennoch dehnt sich meine Seele so weltenweit. Die hohe Einfachheit der Natur, wie sie mich hier umgibt, zähmt und erhebt mich zu gleicher Zeit, und zwar in stärkerem Grade als jemals eine andere erhabene Umgebung. Nie war mir ein Dom groß genug; meine Seele mit ihrem alten Titanengebet strebte immer höher als die gotischen Pfeiler und wollte immer hinausbrechen durch das Dach. Auf der Spitze der Roßtrappe haben mir, beim ersten Anblick, die kolossalen Felsen in ihren kühnen Gruppierungen ziemlich imponiert; aber dieser Eindruck dauerte nicht lange, meine Seele war nur überrascht, nicht überwältigt, und jene ungeheure Steinmassen wurden in meinen Augen allmählich kleiner, und am Ende erschienen sie mir nur wie geringe Trümmer eines zerschlagenen Riesenpalastes, worin sich meine Seele vielleicht komfortabel befunden hätte.

Mag es immerhin lächerlich klingen, ich kann es dennoch nicht verhehlen, das Mißverhältnis zwischen Körper und Seele quält mich einigermaßen, und hier am Meere, in großartiger Naturumgebung, wird es mir zuweilen recht deutlich, und die Metempsychose ist oft der Gegenstand meines Nachdenkens. Wer kennt die große Gottesironie, die allerlei Widersprüche zwischen Seele und Körper hervorzubringen pflegt. Wer kann wissen, in welchem Schneider jetzt die Seele eines Platos und in welchem Schulmeister die Seele eines Cäsars wohnt! Wer weiß, ob die Seele Gregors VII. nicht in dem Leibe des Großtürken sitzt und sich unter tausend hätschelnden Weiberhändchen behaglicher fühlt als einst in ihrer purpurnen Zölibatskutte. Hingegen wie viele Seelen treuer Moslemim aus Alys Zeiten mögen sich jetzt in unseren antihellenischen Kabinettern befinden! Die Seelen der beiden Schächer, die zur Seite des Heilands gekreuzigt worden, sitzen vielleicht jetzt in dicken Konsistorialbäuchen und glühen für den orthodoxen Lehrbegriff. Die Seele Dschingis-Khans wohnt vielleicht jetzt in einem Rezensenten, der täglich, ohne es zu wissen, die Seelen seiner treuesten Baschkiren und Kalmücken in einem kritischen Journale niedersäbelt. Wer weiß! wer weiß! die Seele des Pythagoras ist vielleicht in einen armen Kandidaten gefahren, der durch das Examen fällt, weil er den pythagoreischen Lehrsatz nicht beweisen konnte, während in seinen Herren Examinatoren die Seelen jener Ochsen wohnen, die einst Pythagoras aus Freude über die Entdeckung seines Satzes den ewigen Göttern geopfert hatte. Die Hindus sind so dumm nicht, wie unsere Missionäre glauben, sie ehren die Tiere wegen der menschlichen Seele, die sie in ihnen vermuten, und wenn sie Lazarette für invalide Affen stiften, in der Art unserer Akademien, so kann es wohl möglich sein, daß in jenen Affen die Seelen großer Gelehrten wohnen, da es hingegen bei uns ganz sichtbar ist, daß in einigen großen Gelehrten nur Affenseelen stecken.

Wer doch mit der Allwissenheit des Vergangenen auf das Treiben der Menschen von oben herabsehen könnte! Wenn ich des Nachts, am Meere wandelnd, den Wellengesang höre und allerlei Ahnung und Erinnerung in mir erwacht, so ist mir, als habe ich einst solchermaßen von oben herabgesehen und sei vor schwindelndem Schrecken zur Erde heruntergefallen; es ist mir dann auch, als seien meine Augen so teleskopisch scharf gewesen, daß ich die Sterne in Lebensgröße am Himmel wandeln gesehen und durch all den wirbelnden Glanz geblendet worden; –

wie aus der Tiefe eines Jahrtausends kommen mir dann allerlei Gedanken in den Sinn, Gedanken uralter Weisheit, aber sie sind so neblicht, daß ich nicht erkenne, was sie wollen. Nur soviel weiß ich, daß all unser kluges Wissen, Streben und Hervorbringen irgendeinem höheren Geiste ebenso klein und nichtig erscheinen muß, wie mir jene Spinne erschien, die ich in der Göttinger Bibliothek so oft betrachtete. Auf den Folianten der Weltgeschichte saß sie emsig webend, und sie blickte so philosophisch sicher auf ihre Umgebung und hatte ganz den göttingischen Gelehrtheitsdünkel und schien stolz zu sein auf ihre mathematischen Kenntnisse, auf ihre Kunstleistungen, auf ihr einsames Nachdenken – und doch wußte sie nichts von all den Wundern, die in dem Buche stehen, worauf sie geboren worden, worauf sie ihr ganzes Leben verbracht hatte und worauf sie auch sterben wird, wenn der schleichende Dr. L. sie nicht verjagt. Und wer ist der schleichende Dr. L.? Seine Seele wohnte vielleicht einst in eben einer solchen Spinne, und jetzt hütet er die Folianten, worauf er einst saß – und wenn er sie auch liest, er erfährt doch nicht ihren wahren Inhalt.

Was mag auf dem Boden einst geschehen sein, wo ich jetzt wandle? Ein Konrektor, der hier badete, wollte behaupten, hier sei einst der Dienst der Hertha oder, besser gesagt, Forsete begangen worden, wovon Tacitus so geheimnisvoll spricht. Wenn nur die Berichterstatter, denen Tacitus nacherzählt, sich nicht geirrt und eine Badekutsche für den heiligen Wagen der Göttin angesehen haben!

Friedrich Hölderlin

Der Archipelagus

Kehren die Kraniche wieder zu dir, und suchen zu deinen
Ufern wieder die Schiffe den Lauf, umatmen erwünschte
Lüfte dir die beruhigte Flut, und sonnet der Delphin
Aus der Tiefe gelockt am neuen Lichte den Rücken?
Blüht Ionien? ists die Zeit? denn immer im Frühling,
Wenn den Lebenden sich das Herz erneut und die erste
Liebe den Menschen erwacht und goldner Zeiten Erinnrung,
Komm ich zu dir und grüß' in deiner Stille dich, Alter!

Immer, Gewaltiger! lebst du noch und ruhest im Schatten
Deiner Berge, wie sonst; mit Jünglingsarmen umfängst du
Noch dein liebliches Land und deiner Töchter, o Vater!
Deiner Inseln ist noch, der blühenden, keine verloren.
Kreta steht und Salamis grünt, umdämmert von Lorbeern,
Rings von Strahlen umblüht, erhebt zur Stunde des Aufgangs
Delos ihr begeistertes Haupt und Tenos und Chios
Haben der purpurnen Früchte genug, von trunkenen Hügeln
Quillt der Cypriertrank und von Kalauria fallen
Silberne Bäche, wie einst, in die alten Wasser des Vaters.
Alle leben sie noch, die Heroenmütter, die Inseln,
Blühend von Jahr zu Jahr und wenn zu Zeiten, vom Abgrund
Losgelassen, die Flamme der Nacht, das untre Gewitter
Eine der holden ergriff und die Sterbende dir in den Schoß sank,
Göttlicher! du, du dauertest aus, denn über den dunkeln
Tiefen ist manches schon dir auf und untergegangen.

Auch die Himmlischen, sie, die Kräfte der Höhe, die stillen,
Die den heiteren Tag und süßen Schlummer und Ahnung
Fernher bringen über das Haupt der fühlenden Menschen
Aus der Fülle der Macht, auch sie, die alten Gespielen
Wohnen, wie einst, mit dir, und oft am dämmernden Abend
Wenn von Asiens Bergen herein das heilige Mondlicht
Kömmt und die Sterne sich in deiner Woge begegnen,
Leuchtest du von himmlischem Glanz und so, wie sie wandeln,
Wechseln die Wasser dir, es tönt die Weise der Brüder
Droben, ihr Nachtgesang im liebenden Busen dir wieder.

Wenn die allverklärende dann, die Sonne des Tages,
Sie, des Orients Kind, die Wundertätige, da ist,
Dann die Lebenden all im goldnen Traume beginnen,
Den die Dichtende stets des Morgens ihnen bereitet,
Dir, dem trauernden Gott, dir sendet sie froheren Zauber
Und ihr eigen freundliches Licht ist selber so schön nicht
Denn das Liebeszeichen, der Kranz, den immer, wie vormals,
Deiner gedenk, doch sie um die graue Locke dir windet.

Und umfängt der Äther dich nicht und kehren die Wolken,
Deine Boten, von ihm mit dem Göttergeschenke, dem Strahle
Aus der Höhe dir nicht? dann sendest du über das Land sie,
Daß am heißen Gestad die gewittertrunkenen Wälder
Rauschen und wogen mit dir, daß bald, dem wandernden Sohn gleich,
Wenn der Vater ihn ruft, mit den tausend Bächen Mäander
Seinen Irren enteilt und aus der Ebne Kayster
Dir entgegenfrohlockt, und der Erstgeborne, der Alte,
Der zu lange sich barg, dein majestätischer Nil itzt
Hochherschreitend aus fernem Gebirg, wie im Klange der Waffen,
Siegreich kömmt und die offenen Arme der Sehnende reichet.

Dennoch einsam dünkest du dir, in schweigender Nacht hört
Deine Weheklage der Fels und öfters entflieht dir
Zürnend von Sterblichen weg die geflügelte Woge zum Himmel,
Denn es leben mit dir die edeln Lieblinge nimmer,
Die dich geehrt, die einst mit den schönen Tempeln und Städten
Deine Gestade bekränzt und immer suchen und missen,
Immer bedürfen ja, wie Heroen den Kranz, die geweihten
Elemente zum Ruhme das Herz der fühlenden Menschen.

Sage, wo ist Athen? ist über den Urnen der Meister
Deine Stadt, die geliebteste dir, an den heiligen Ufern,
Trauernder Gott! dir ganz in Asche zusammengesunken,
Oder ist noch ein Zeichen von ihr, daß etwa der Schiffer,
Wenn er vorüberkommt, sie nenn' und ihrer gedenke?
Stiegen dort die Säulen empor und leuchteten dort nicht
Sonst vom Dache der Burg herab die Göttergestalten?
Rauschte dort die Stimme des Volks, die stürmischbewegte,
Aus der Agora nicht her und eilten aus freudigen Pforten
Dort die Gassen dir nicht zu gesegnetem Hafen herunter?

Siehe! da löste sein Schiff der fernhinsinnende Kaufmann,
Froh, denn es wehet' auch ihm die beflügelnde Luft und die
Götter
Liebten so, wie den Dichter, auch ihn, dieweil er die guten
Gaben der Erd' ausglich und Fernes Nahem vereinte.
Fern nach Cypros ziehet er hin und ferne nach Tyros,
Strebt nach Kolchis hinauf und hinab zum alten Ägyptos,
Daß er Purpur und Wein und Korn und Vließe gewinne
Für die eigene Stadt und öfters über des kühnen
Herkules Säulen hinaus, zu neuen seligen Inseln
Tragen die Hoffnungen ihn und des Schiffes Flügel, indessen
Anders bewegt, am Gestade der Stadt ein sinnender Jüngling
Weilt und die Woge belauscht und Großes ahnet der Ernste
Wenn er zu Füßen so des erderschütternden Meisters

Lauschet und sitzt und nicht umsonst erzog ihn der Meergott.
Denn des Genius Feind, der vielgebietende Perse,
Jahrlang zählt' er sie schon, der Waffen Menge, der Knechte,
Spottend des griechischen Lands und seiner wenigen Inseln,
Und sie deuchten dem Herrscher ein Spiel und noch, wie ein
Traum, war
Ihm das innige Volk, vom Göttergeiste gerüstet.
Leicht aus spricht er das Wort und schnell, wie der flammende
Bergquell,
Wenn er furchtbar umher vom gärenden Ätna gegossen,
Städte begräbt in der purpurnen Flut und blühende Gärten,
Bis der brennende Strom im heiligen Meere sich kühlet,
So mit dem Könige nun, versengend, städteverwüstend,
Stürzt von Ekbatana daher sein prächtig Getümmel;
Weh! und Athene, die herrliche, fällt; wohl schauen und ringen
Vom Gebirg, wo das Wild ihr Geschrei hört, fliehende Greise
Nach den Wohnungen dort zurück und den rauchenden
Tempeln,
Aber es weckt der Söhne Gebet die heilige Asche
Nun nicht mehr, im Tal ist der Tod, und die Wolke des Brandes
Schwindet am Himmel dahin, und weiter im Lande zu ernten,
Zieht, vom Frevel erhitzt, mit der Beute der Perse vorüber.
Aber an Salamis Ufern, o Tag an Salamis Ufern!

Harrend des Endes stehn die Athenerinnen, die Jungfraun,
Stehn die Mütter, wiegend im Arm das gerettete Söhnlein,
Aber den Horchenden schallt von Tiefen die Stimme des
Meergotts
Heilweissagend herauf, es schaun die Götter des Himmels
Wägend und richtend herab, denn dort an den bebenden Ufern
Wankt, seit Tagesbeginn, wie langsamwandelnd Gewitter
Dort auf schäumenden Wassern die Schlacht und es glühet der
Mittag,
Unbemerket im Zorn, schon über dem Haupte den Kämpfern.

Aber die Männer des Volks, die Heroenenkel, sie walten
Helleren Auges jetzt, die Götterlieblinge denken
Des beschiedenen Glücks, es zähmen die Kinder Athenes
Ihren Genius, ihn, den todverachtenden jetzt nicht;
Denn wie aus rauchendem Blut das Wild der Wüste noch einmal
Sich zuletzt verwandelt erhebt, der edleren Kraft gleich,
Und den Jäger erschreckt; kehrt jetzt im Glanze der Waffen,
Bei der Herrscher Gebot, furchtbargesammelt den Wilden,
Mitten im Untergang die ermattete Seele noch einmal.
Und entbrannter beginnts; wie Paare ringender Männer
Fassen die Schiffe sich an, in die Woge taumelt das Steuer,
Unter den Streitern bricht der Boden und Schiffer und Schiff sinkt.

Aber in schwindelnden Traum vom Liede des Tages gesungen
Rollt der König den Blick, irrlächelnd über den Ausgang
Droht er und fleht und frohlockt und sendet, wie Blitze, die Boten
Doch er sendet umsonst, es kehret keiner ihm wieder.
Blutige Boten, Erschlagne des Heers und berstende Schiffe,
Wirft die Rächerin ihm zahllos, die donnernde Woge
Vor den Thron, wo er sitzt am bebenden Ufer, der Arme
Schauend die Flucht und fort in die fliehende Menge gerissen,
Eilt er, ihn treibt der Gott, es treibt sein irrend Geschwader
Über die Fluten der Gott, der spottend sein eitel Geschmeid' ihm
Endlich zerschlug und den Schwachen erreicht' in der drohenden Rüstung.

Aber liebend zurück zum einsamharrenden Strome
Kommt der Athener Volk und von den Bergen der Heimat
Wogen, freudig gemischt, die glänzenden Scharen herunter
Ins verlassene Tal; ach! gleich der gealterten Mutter,
Wenn nach Jahren das Kind, das verlorengeachtete, wieder
Lebend ihr an die Brüste kehrt, ein erwachsener Jüngling,
Aber im Gram ist ihr die Seele gewelkt und die Freude

Kommt der hoffnungsmüden zu spät und mühsam vernimmt sie,
Was der liebende Sohn in seinem Danke geredet,
So erscheint den Kommenden dort der Boden der Heimat.
Denn es fragen umsonst nach ihren Hainen die Frommen,
Und die Sieger empfängt die freundliche Pforte nicht wieder,
Wie den Wanderer sonst sie empfing, wenn er froh von den
Inseln
Wiederkehrt' und die selige Burg der Mutter Athene
Über sehnendem Haupt ihm fernherglänzend heraufging.
Aber wohl sind ihnen bekannt die verödeten Gassen
Und die trauernden Gärten umher und auf der Agora,
Wo des Portikus Säulen gestürzt und die göttlichen Bilder
Liegen, da reicht in der Seele bewegt und der Treue sich freuend
Jetzt das liebende Volk zum Bunde die Hände sich wieder.

Bald auch suchet und sieht den Ort des eigenen Hauses
Unter dem Schutt der Mann; ihm weint am Halse der trauten
Schlummerstätte gedenk, sein Weib, es fragen die Kindlein
Nach dem Tische, wo sonst in lieblicher Reihe sie saßen,
Von den Vätern gesehn, den lächelnden Göttern des Hauses.
Aber Gezelte bauet das Volk, es schließen die alten
Nachbarn wieder sich an, und nach des Herzens Gewohnheit
Ordnen die luftigen Wohnungen sich umher an den Hügeln.

So indessen wohnen sie nun, wie die Freien, die Alten,
Die, der Stärke gewiß und dem kommenden Tage vertrauend,
Wandernden Vögeln gleich, mit Gesange von Berge zu Berg' einst
Zogen, die Fürsten des Forsts und des weitumirrenden Stromes.
Doch umfängt noch, wie sonst, die Muttererde, die treue,
Wieder ihr edel Volk und unter heiligem Himmel
Ruhen sie sanft, wenn milde, wie sonst, die Lüfte der Jugend
Um die Schlafenden wehn und aus Platanen Ilissus
Ihnen herüberrauscht und neue Tage verkündend,
Lockend zu neuen Taten bei Nacht die Woge des Meergotts

Fernher tönt und fröhliche Träume den Lieblingen sendet.
Schon auch sprossen und blühn die Blumen mälig, die goldnen
Auf zertretenem Feld, von frommen Händen gewartet,
Grünet der Ölbaum auf und auf Kolonos Gefilden
Nähren friedlich, wie sonst, die Athenischen Rosse sich wieder.

Aber der Muttererd' und dem Gott der Woge zu Ehren
Blühet die Stadt itzt auf, ein herrlich Gebild, dem Gestirn gleich
Sichergegründet, des Genius Werk, denn Fesseln der Liebe
Schafft er gerne sich so, so hält in großen Gestalten,
Die er selbst sich erbaut, der immerrege sich bleibend.
Sieh! und dem Schaffenden dienet der Wald, ihm reicht mit den andern
Bergen nahe zur Hand der Pentele Marmor und Erze,
Aber lebend, wie er, und froh und herrlich entquillt es
Seinen Händen und leicht, wie der Sonne, gedeiht das Geschäft ihm.
Brunnen steigen empor und über die Hügel in reinen
Bahnen gelenkt, ereilt der Quell das glänzende Becken;
Aber umher an ihnen erglänzt, gleich festlichen Helden
Am gemeinsamen Kelch, die Reihe der Wohnungen, hoch ragt
Der Prytanen Gemach, es stehn Gymnasien offen,
Göttertempel entstehn, ein heiligkühner Gedanke
Steigt, Unsterblichen nah, das Olympion auf in den Äther
Aus dem seligen Hain; noch manche der himmlischen Hallen!
Mutter Athene, dir auch, dir wuchs dein herrlicher Hügel
Stolzer aus der Trauer empor und blühte noch lange,
Gott der Wogen und dir und deine Lieblinge sangen
Frohversammelt noch oft am Vorgebirge den Dank dir.

O die Kinder des Glücks, die frommen! wandeln sie fern nun
Bei den Vätern daheim und der Schicksalstage vergessen
Drüben am Lethestrom und bringt kein Sehnen sie wieder,
Sieht mein Auge sie nie? ach! findet über den tausend

Pfaden der grünenden Erd', ihr göttergleichen Gestalten!
Euch das Suchende nie, und vernahm ich darum die Sage,
Darum die Sprache von euch, daß immertrauernd die Seele
Vor der Zeit mir hinab zu euern Schatten entfliehe?
Aber näher zu euch, wo eure Haine noch wachsen,
Wo sein einsames Haupt in Wolken der heilige Berg hüllt,
Zum Parnassos will ich und wenn im Dunkel der Eiche
Schimmernd, mir Irrenden dort Kastalias Quelle begegnet,
Will ich, mit Tränen gemischt, aus blütenumdufteter Schale
Dort, auf keimendes Grün, das Wasser gießen, damit doch,
O ihr Schlafenden all! ein Totenopfer euch werde.
Dort im schweigenden Tal, an Tempes hängenden Felsen,
Will ich wohnen mit euch, dort oft, ihr herrlichen Namen,
Her euch rufen bei Nacht, und wenn ihr zürnend erscheinet,
Weil der Pflug die Gräber entweiht, mit der Stimme des Herzens
Will ich, mit frommem Gesang euch sühnen, heilige Schatten!
Bis zu leben mit euch, sich ganz die Seele gewöhnet.
Fragen wird der Geweihtere dann euch manches, ihr Toten!
Euch, ihr Lebenden auch, ihr hohen Kräfte des Himmels,
Wenn ihr über dem Schutt mit euren Jahren vorbeigeht,
Ihr in der sicheren Bahn! denn oft ergreifet das Irrsal
Unter den Sternen mir, wie schaurige Lüfte den Busen,
Daß ich spähe nach Rat und lang schon reden sie nimmer
Trost den Bedürftigen zu, die prophetischen Haine Dodonas,
Stumm ist der delphische Gott und einsam liegen und öde
Längst die Pfade, wo einst, von Hoffnungen leise geleitet,
Fragend der Mann zur Stadt des redlichen Sehers heraufstieg.

Aber droben das Licht, es spricht noch heute zu Menschen,
Schöner Deutungen voll und des großen Donnerers Stimme
Ruft es: denket ihr mein? und die trauernde Woge des Meergotts
Hallt es wider: gedenkt ihr nimmer meiner, wie vormals?
Denn es ruhn die Himmlischen gern am fühlenden Herzen,
Immer, wie sonst, geleiten sie noch, die begeisternden Kräfte

Gerne den strebenden Mann und über Bergen der Heimat
Ruht und waltet und lebt allgegenwärtig der Äther,
Daß ein liebendes Volk in des Vaters Armen gesammelt,
Menschlichfreudig, wie sonst, und ein Geist allen gemein sei.
Aber weh! es wandelt in Nacht, es wohnt, wie im Orkus,
Ohne Göttliches unser Geschlecht. Ans eigene Treiben
Sind sie geschmiedet allein und sich in der tosenden Werkstatt
Höret jeglicher nur und viel arbeiten die Wilden
Mit gewaltigem Arm, rastlos, doch immer und immer
Unfruchtbar, wie die Furien, bleibt die Mühe der Armen.
Bis erwacht vom ängstigen Traum, die Seele den Menschen
Aufgeht, jugendlichfroh, und der Liebe segnender Othem
Wieder, wie vormals, oft, bei Hellas blühenden Kindern,
Wehet in neuer Zeit und über freierer Stirne
Uns der Geist der Natur, der fernherwandelnde, wieder
Stilleweilend der Gott in goldnen Wolken erscheinet.

Ach! und säumest du noch? und jene, die göttlichgebornen,
Wohnen immer, o Tag! noch als in Tiefen der Erde
Einsam unten, indes ein immerlebender Frühling
Unbesungen über dem Haupt den Schlafenden dämmert?
Aber länger nicht mehr! schon hör' ich ferne des Festtags
Chorgesang auf grünem Gebirg' und das Echo der Haine,
Wo der Jünglinge Brust sich hebt, wo die Seele des Volks sich
Stillvereint im freieren Lied, zur Ehre des Gottes,
Dem die Höhe gebührt, doch auch die Tale sind heilig;
Denn, wo fröhlich der Strom in wachsender Jugend hinauseilt,
Unter Blumen des Lands und wo auf sonnigen Ebnen
Edles Korn und der Obstwald reift, da kränzen am Feste
Gerne die Frommen sich auch und auf dem Hügel der Stadt glänzt,
Menschlicher Wohnung gleich, die himmlische Halle der Freude.
Denn voll göttlichen Sinns ist alles Leben geworden,
Und vollendend, wie sonst, erscheinst du wieder den Kindern

Überall, o Natur! und, wie vom Quellengebirg, rinnt
Segen von da und dort in die keimende Seele dem Volke.
Dann, dann, o ihr Freuden Athens! ihr Taten in Sparta!
Köstliche Frühlingszeit im Griechenlande! wenn unser
Herbst kömmt, wenn ihr gereift, ihr Geister alle der Vorwelt!
Wiederkehret und siehe! des Jahrs Vollendung ist nahe!
Dann erhalte das Fest auch euch, vergangene Tage!
Hin nach Hellas schaue das Volk und weinend und dankend
Sänftige sich in Erinnerungen der stolze Triumphtag!

Aber blühet indes, bis unsre Früchte beginnen,
Blüht, ihr Gärten Ioniens! nur und die an Athens Schutt
Grünen, ihr Holden! verbergt dem schauenden Tage die Trauer!
Kränzt mit ewigem Laub, ihr Lorbeerwälder! die Hügel
Eurer Toten umher, bei Marathon dort, wo die Knaben
Siegend starben, ach! dort auf Chäroneas Gefilden,
Wo mit den Waffen ins Blut die letzten Athener enteilten,
Fliehend vor dem Tage der Schmach, dort, dort von den Bergen
Klagt ins Schlachttal täglich herab, dort singet von Ötas
Gipfeln das Schicksalslied, ihr wandelnden Wasser, herunter!
Aber du, unsterblich, wenn auch der Griechengesang schon
Dich nicht feiert, wie sonst, aus deinen Wogen, o Meergott!
Töne mir in die Seele noch oft, daß über den Wassern
Furchtlosrege der Geist, dem Schwimmer gleich, in der Starken
Frischem Glücke sich üb' und die Göttersprache das Wechseln
Und das Werden versteh' und wenn die reißende Zeit mir
Zu gewaltig das Haupt ergreift und die Not und das Irrsal
Unter Sterblichen mir mein sterblich Leben erschüttert,
Laß der Stille mich dann in deiner Tiefe gedenken.

Mark Twain

Ein Miniaturreich im Weltmeer

Vor einiger Zeit ging durch die Zeitungen folgende Mitteilung: »Die eigentliche ›Insel der Glückseligen‹ scheint die Pitcairnsinsel in den australischen Gewässern zu sein. Eine norwegische Barke hat diese Insel angelaufen und den Berichten des Barkenführers entnimmt der ›Daily Telegraph‹ folgendes: Solch ein Musterstaat ist vorher niemals bekannt gewesen. Die Gesetze desselben umfassen die kleinsten Dinge, und sind, was häusliche Angelegenheiten betrifft, geradezu mikroskopisch. Die Regierung komponiert die Hymnen für die Schulkinder, das Staatsoberhaupt entwirft nicht nur das Programm der täglichen Tänze, sondern spielt selber die Violine und geigt seinen Leuten die Tänze vor, mit denen sie jeden Werktag der Woche schließen.«

Das klingt so merkwürdig, daß einiges aus der Geschichte der Insel und ihrer Bewohner gewiß gern vernommen wird:

Vor ungefähr hundert Jahren brach auf dem englischen Schiffe ›Bounty‹ eine Meuterei der Mannschaft aus, der Kapitän und die Offiziere wurden den Wellen preisgegeben, während die Mannschaft im Besitze des Schiffes südwärts segelte. Sie landeten auf Tahiti, wo sie sich unter den Eingeborenen Frauen nahmen, begaben sich dann auf eine einsame Felseninsel, inmitten des Stillen Ozeans, die sogenannte Pitcairnsinsel, und machten das Schiff zum Wrack, indem sie alles zur Niederlassung brauchbare Material in und an dem Schiff auf das Eiland schafften. Pitcairns-Eiland liegt vom Weltverkehr so weit ab, daß nur selten Schiffe vorbeikommen. Man hatte die Insel für unbewohnt gehalten, bis im Jahre 1808 der Kapitän eines daselbst ankernden

Schiffes zu seinem Erstaunen die Entdeckung der Insulaner machte. Die streitsüchtigen Meuterer hatten sich indessen gegenseitig bis auf zwei oder drei umgebracht, doch war bereits ein junger Nachwuchs vorhanden, so daß die Bevölkerung im Jahre 1808 27 Personen betrug. John Adams, der Rädelsführer, war noch am Leben: er war bis zu seinem 1879 erfolgten Tode der Beherrscher und Patriarch des Völkchens. Er war zu einem christlichen Lebenswandel übergegangen und sein Volk von 27 Köpfen bildete die frömmste und strengste Gemeinde der Christenheit. Adams hatte sich freiwillig unter den Schutz der englischen Flagge, die er aufhißte, begeben. Nach dem neuesten Zensus zählt die Bevölkerung 90 Personen: 16 Männer, 19 Frauen, 25 Knaben und 30 Mädchen, lauter Abkömmlinge der Meuterer. Sie sprechen nur die englische Sprache. Die Insel ragt wie Helgoland aus der See; sie ist dreiviertel Meilen lang und stellenweise bis zu einer halben Meile breit. Das Ackerland ist den verschiedenen Familien zugeteilt. Auch gibt es einen mannigfaltigen Viehstand: Ziegen, Schweine, Hühner und Katzen; aber keine Hunde oder sonst größere Tiere. Die Kirche auf Pitcairn ist zugleich Schule, Rathaus und Bibliothek. Das Staatsoberhaupt führt den Titel: ›Bürgermeister und Gouverneur, Untertan Ihrer Majestät der Königin von England‹. Dasselbe wird vom ganzen Volke gewählt; wahlberechtigt ist jeder Einwohner ohne Unterschied des Geschlechts.

Die einzige Beschäftigung der Leute, als sie entdeckt wurden, bestand in Landwirtschaft und Fischfang; ihre einzige Zerstreuung im Gottesdienst. Es gab weder einen Kaufladen noch Geld auf der Insel. Gewohnheiten und Bekleidung der Insulaner waren ebenso einfach wie ihre Gesetze. Sie lebten dahin in einer tiefen Sabbatruhe, fern von der Welt, ihrem Ehrgeiz und ihrer Drangsal. Einmal alle drei bis vier Jahre landete ein Schiff, das die mittlerweile veralteten Neuigkeiten von blutigen Schlachten, verheerenden Epidemien und gestürzten Thronen brachte, sodann gegen Seife und Flanell einige Yamswurzeln und Brotfrucht eintauschte, und dann wieder fortsegelte, um die Insel für ein paar Jahre sich selbst zu überlassen.

Vor einigen Jahren besuchte der Admiral Horsey an der Spitze der englischen Flotte in den pazifischen Gewässern die Insel und erstattete darüber an das Parlament einen Bericht. In demselben heißt es:

»Die Insulaner pflanzen Bohnen, rote und weiße Rüben, Kohl und etwas Mais, Ananas, Feigen- und Orangen-, Zitronen- und Kokosnußbäume. Ihre Kleider erhalten sie gelegentlich von vorüberfahrenden Schiffen im Austausch gegen Nahrungsmittel. Die Insel hat kein eigenes Wasser, da es aber eine Regenperiode auf der Insel gibt, fehlt es nicht daran. Trunkenheit ist ein unbekanntes Laster. Die Bedürfnisse der Insulaner sind vornehmlich: Leinwand, Flanell, Halbstiefel, Kämme, Seife, Tabak; auch Landkarten und Schiefertafeln für ihre Schulen, sowie Werkzeuge jeder Art tauschen sie gerne ein. Ich ließ sie mit einer Flagge zum Aufhissen bei der Ankunft von Schiffen versehen, sowie mit einer Handsäge, deren sie sehr bedürftig waren. Dies wird, wie ich hoffe, die Billigung der Lords finden. Sobald das freigebige englische Volk von den Bedürfnissen dieser kleinen würdigen Kolonie erfährt, wird es gewiß bereit sein, denselben abzuhelfen.

Gottesdienst wird jeden Sonntag um 10½ Uhr vor- und 3 Uhr nachmittags in dem von John Adams gebauten Hause gehalten. Derselbe wird streng nach der Liturgie der Kirche von England von Mr. Simon Young, ihrem erwählten Pastor, der in hoher Achtung steht, begangen. Eine Bibelstunde wird jeden Mittwoch gehalten, wo alle, die abkommen können, zugegen sind. Auch ist eine allgemeine Gebetstunde am ersten Freitag jeden Monats. Familiengebete werden in jedem Haus als Erstes in der Frühe und Letztes des Abends gesprochen, und nie wird gespeist, ohne daß Gottes Segen vor- und nachher erbeten würde. Von den religiösen Eigenschaften dieser Insulaner kann man nur mit der größten Hochachtung sprechen. Ein Volk, daß sich's zum größten Vergnügen und zur Pflicht macht, im Gebet mit seinem Gott vereinigt zu sein und das fröhlich, fleißig ist und freier von Lastern als irgend eine andere Gemeinde, bedarf kaum eines Priesters.«

In dem Bericht des Admirals findet sich zum Schluß die geringfügig erscheinende Bemerkung: »Ein Fremder, ein Amerikaner, hat sich unlängst auf der Insel niedergelassen – eine zweifelhafte Erwerbung.« Der Admiral hatte keine Ahnung, wie sehr er mit seiner kritischen Bemerkung recht hatte. An diesen Amerikaner knüpft sich die Geschichte einer großen Revolution auf der sonst so stillen und friedlichen Insel. Über dieses Ereignis liegt von dem amerikanischen Kapitän Ormsby, welcher vier Monate nach des englischen Admirals Besuch zufällig auf die Insel kam, ausführliche Kunde vor, die wir in Kürze wiedererzählen.

Der obenerwähnte amerikanische Eindringling hieß Butterworth Stavely. Derselbe begann damit, sich durch alle möglichen Pfiffe und Kniffe bei den Pitcairnern einzuschmeicheln. Er wurde bald sehr beliebt; zumal er alle seine weltlichen Gewohnheiten verließ und sich mit ganzer Inbrunst auf die Religion warf. Bald übertraf er alle in der Ausdauer und Inbrunst des Betens und Hymnensingens. Sobald er die Zeit für gekommen erachtete, begann er heimlich die Saat der Zwietracht zu streuen. Es war von Anfang an seine überlegte Absicht, die Regierung zu stürzen. Zu diesem Zweck bediente er sich der verschiedensten Mittel. Bei den einen erweckte er Unzufriedenheit, indem er auf die Kürze der Sonntagsfeier hinwies, und drei- anstatt der eingeführten zweistündigen Gottesdienste befürwortete. Die Anhänger dieser Meinung verbündeten sich in der Stille zu einer Partei, um für ihre Reform zu wirken. Den Frauen redete er ein, daß ihre Stimme nicht genügend in der Gebetstunde vertreten sei; so entstand eine zweite Partei. Keine Waffe war ihm zu gering. Selbst die Kinder zog er zu sich herüber, indem er in ihren jungen Herzen Unzufriedenheit erweckte, durch seine Entdeckung, daß sie nicht genug Sonntagsschule hätten. Das erzeugte eine dritte Partei.

Als Stavely solchermaßen vorgearbeitet, führte er einen Schlag gegen die oberste Magistratsperson, Yames Russel Nickroy, einen Mann von Charakter und Tüchtigkeit, einen der wohlhabendsten Bewohner und Besitzer des einzigen Fahrzeuges auf der Insel, eines Walfischbootes. Um zu erzählen, wie sich das begab, muß in der Geschichte der Insel zurückgegriffen werden.

Eines der wichtigsten Gesetze auf der Insel ist das gegen Eigentumsverletzung; es gilt als das Palladium der Volksfreiheit. Vor etwa dreißig Jahren kam ein wichtiger Fall, der unter dieses Gesetz fiel, vor das Gericht. Ein Hühnchen, das der Elisabeth Young (damals 58 Jahre alt, eine Tochter John Mills, eines der Meuterer der ›Bounty‹) gehörte, richtete auf dem Grundstück Henry Christians (29 Jahre alt, ein Enkel Fletcher Christians, eines der Meuterer) Unfug an. Christian tötete das Hühnchen.

Nach dem Gesetz war Christian berechtigt, indem er das tote Huhn zurückgab, Ersatz für den von demselben angerichteten Schaden zu beanspruchen. Christian tat das letztere und beanspruchte einen Scheffel Yamswurzeln als Entschädigung, was Fräulein Young zu viel war. Sie klagte und das Gericht setzte die Entschädigung auf einen halben Scheffel herab.

Christian appellierte dagegen. Der Prozeß ging darauf durch alle Instanzen. Endlich – im vorigen Sommer – nachdem der Prozeß zwanzig Jahre geschwebt – war der Streit vor das höchste Obergericht gelangt. Dasselbe bestätigte das ursprüngliche Urteil. Christian mußte sich nun zufrieden geben, aber Stavely raunte dessen Verteidiger ins Ohr, er ›solle – bloß der Form wegen‹ – verlangen, daß ihm das betreffende Gesetz, auf das sich das Urteil bezog, vorgezeigt werde, damit er sich von seiner Existenz überzeugen könne. Das Gericht ließ diesen seltsamen Einfall gelten. Ein Bote wurde in das Haus des Bürgermeisters geschickt, welcher bald darauf mit der Nachricht wiederkehrte, das Gesetz sei aus dem Staatsarchiv verschwunden. Der Gerichtshof mußte darauf seine Entscheidung für null und nichtig erklären. Das Publikum aber geriet in große Aufregung über den Verlust des Gesetzes, das seine wichtigsten Freiheitsrechte enthielt. Auf Stavelys Antrag erfolgte die Anklage des Bürgermeisters. Seine würdige Haltung und ruhige Beteuerung, daß er an dem Verlust unschuldig sei, indem er das Staatsarchiv stets in der nämlichen Zigarrenschachtel aufbewahrt habe und dasselbe weder verlegt noch zerstört habe, half ihm nichts. Er wurde abgesetzt und sein Vermögen eingezogen. Das Erbärmlichste an der Geschichte war, daß von seinen Feinden als Grund, warum er das Gesetz vernichtet habe, angegeben wurde, er habe dadurch Christian nützen wollen, weil er sein Vetter sei. Und doch gab es auf der Insel außer Stavely keinen Menschen, der nicht Christians Vetter gewesen wäre. Denn es läßt sich denken, daß die ganze Einwohnerschaft mit der Zeit durch Heiraten so miteinander verbunden wurde, daß nachgerade ein jeder in allen möglichen verwandtschaftlichen Beziehungen zu den anderen stand.

Ein Fremder sagt z. B. zu einem der Insulaner: »Sie sprechen von jener jungen Frau als Ihrer Base; vor einer Weile nannten Sie sie Tante!« Er wird vielleicht darauf zur Antwort erhalten:

»Nun, sie ist meine Tante und auch meine Base; ferner ist sie meine Stiefschwester, meine Nichte, meine Base im 4., 23. und 32. Grad, meine Großtante, meine Großmutter, meine verwitwete Schwägerin, – und nächste Woche wird sie mein Weib werden!«

So war denn der Vorwurf des Nepotismus gegen den Angeklagten überaus schwach; aber schwach oder stark, er paßte in Stavelys Plan. Derselbe wurde alsbald an des Gestürzten Stelle zum Bürgermeister gewählt. Es regnete nun Reformen. Eine der ersten war, daß der zweite Sonntagvormittags-Gottesdienst, der sonst 35 bis 40 Minuten gedauert hatte und in welchem eine Fürbitte für jeden Weltteil, jede Nation und jeden Volksstamm eingelegt war, um eine Stunde verlängert und daß die Fürbitte auf alle erdenklichen Volker auf den verschiedenen Planeten ausgedehnt wurde. Die Neuerung gefiel allgemein und die Leute sagten sich: das sieht doch etwas gleich. Als Stavely das Verbot des Essens am Sonntag an die Stelle des bisherigen Verbots, an diesem Tage zu kochen, setzte, und die Sonntagsschule über den ganzen Sonntag dauern ließ, kannte der Jubel des Volkes keine Grenzen. Durch seine Neuerungen machte sich Stavely bald zum Abgott des Volkes.

Stavely wagte einen weiteren Schritt. Er begann unter der Hand die öffentliche Meinung gegen England aufzuwiegeln. Als er die Geister einzeln angeschürt, trat er öffentlich auf und erklärte, die Nation sei es ihrer Ehre und Vergangenheit schuldig, sich des drückenden englischen Joches zu entledigen. Darauf erwiderten einige besonnene Insulaner: »Wir fühlen den Druck nicht. Wie sollten wir? England sendet alle paar Jahre ein Schiff zu uns, das uns Seife und Tuch und was wir sonst brauchen, bringt, und läßt uns im übrigen in Ruhe.«

»Läßt uns in Ruhe?« entgegnete Stavely. »So haben Sklavenseelen jederzeit gefühlt und gesprochen. Solche Worte zeigen, wie tief ihr schon unter dem Druck der Tyrannei gesunken seid. Wie, hat euch aller Mannesstolz verlassen? Ist euch Freiheit nichts? Seid ihr zufrieden, immer nur ein Anhängsel an eine fremde und hassenswerte Macht zu sein, wo ihr doch berechtigt wäret, euern Platz unabhängig groß und frei in der erhabenen Familie der Nationen einzunehmen?«

Solche Reden verfehlten ihre Wirkung nicht. Die Insulaner begannen das englische Joch zu fühlen; sie fühlten es, ohne zu wissen, wo und wie. Sie begannen zu klagen, zu murren, unter eingebildeten Ketten zu seufzen und sich nach Befreiung und Erleichterung zu sehnen. Ihre Abneigung gegen England wuchs. Während sie vordem auf dem Wege nach ihrem Kapitol freudig an dem englischen Banner hinaufsahen, schlugen sie jetzt die Augen vor dem Symbol ihrer Untertänigkeit nieder. Eines Morgens fand man die Flagge herabgerissen und in den Staub getreten. Niemand hißte sie wieder auf. Der Staatsstreich lag in der

Luft. Nächtlicherweile kamen einmal einige Bürger zu Stavely. Es entspann sich folgende Unterhaltung:

»Wir können diese verhaßte Tyrannei nicht länger ertragen; wie entledigen wir uns derselben?«

»Durch einen coup d'état!«

»Was ist das?«

»Ein Staatsstreich, oder coup d'état ist so: Alles wird vorbereitet und zur verabredeten Stunde verkündige ich, als das Staatsoberhaupt, öffentlich und feierlich die Unabhängigkeit der Insel.«

»Das klingt einfach und leicht. Wir könnten das gleich tun. Womit sollen wir beginnen?«

»Bemächtigt euch aller Kriegsmittel und des öffentlichen Eigentums, veröffentlicht das Kriegsrecht, setzt die Armee und Marine auf Kriegsfuß und verkündigt das Kaisertum.«

Dieses schöne Programm blendete die Unerfahrenen. Sie sagten:

»Das ist groß – erhaben, aber wird England keinen Widerstand leisten?« »Es mag! Dieser Felsen ist ein Gibraltar!«

»Richtig, aber wie ist's mit dem Kaisertum? Brauchen wir ein Kaiserreich und einen Kaiser?«

»Was ihr braucht, meine Freunde, das ist Einheit. Seht auf Deutschland, auf Italien. Sie sind geeinigt. Einigkeit tut not. Dieselbe verteuert zwar das Leben; aber das ist gleichbedeutend mit Fortschritt. Wir müssen ein stehendes Heer, eine Flotte haben. Daraus folgen selbstverständlich Steuern, aber diese sind nur Zeichen der Größe. Einig und groß, was wollt ihr mehr? Nur ein Kaisertum kann euch diese Wohltaten schaffen.«

So wurde am 8. Dezember Pitcairns-Eiland für ein freies und unabhängiges Reich erklärt und an demselben Tage fand unter großem Jubel und Festlichkeiten die Krönung von Butterworth I., Kaiser der Pitcairnsinsel statt.

Nie in der Geschichte der Insel war ein solches Schauspiel gesehen worden. Im Gänsemarsch zog das gesamte Volk – mit Ausnahme der kleinen Kinder – hinter dem Throne, auf welchem der Kaiser saß, mit Fahnen und Musik einher. Die Begeisterung kannte keine Grenzen.

Nun begannen unverzüglich die kaiserlichen Reformen. Adelsklassen wurden eingerichtet, ein Marineminister ernannt und das Walfischboot in Dienst gesetzt; ein Kriegsminister wurde berufen, mit dem Auftrag, sogleich zur Bildung eines stehenden Heeres zu schreiten. Ein erster Lord des Schatzes wurde ernannt und mit dem Entwurfe eines Steuerplanes betraut; zugleich sollte er Unterhandlungen eröffnen zum Abschluß von Schutz- und Trutzbündnissen, sowie von Handelsverträgen mit den fremden Mächten. Einige Generale und Admirale wurden eingesetzt, ebenso einige Kammerherren, Hofstallmeister und sonstige Hofchargen.

Damit aber war alles vorhandene Menschenmaterial verwendet. Der Kriegsminister, mit dem Titel ›Großherzog von Galiläa‹, beklagte sich, daß die sechzehn erwachsenen Männer des Reiches sämtlich hohe Ämter erhalten hätten und sich infolgedessen weigerten, in Reih' und Glied zu dienen; er sei deshalb in großer Verlegenheit betreffs seines stehenden Heeres. Der Marineminister, Marquis von Ararat, beklagte sich aus demselben Grunde; er erklärte sich bereit, das Walfischboot selbst zu steuern, müsse aber unbedingt Leute zum Rudern haben.

Der Kaiser tat das beste, was er in diesem Falle tun konnte: er nahm alle Knaben über zehn Jahre ihren Müttern weg und preßte sie zum Militärdienst, indem er so ein Korps von Gemeinen bildete, das von einem Generalleutnant und zwei Generalmajoren befehligt wurde. Das gefiel dem Kriegsminister, erregte aber die Feindseligkeit aller Mütter im ganzen Lande, welche sagten, ihre Lieblinge würden jetzt auf den Schlachtfeldern ein blutiges Grab finden.

Infolge der großen Spärlichkeit an lebendem Material trat die Notwendigkeit ein, daß der Herzog von Bethanien, der sonst Generalpostmeister war, in der Marine als Ruderer dienen und so hinter einem Adeligen niederen Ranges, dem Grafen Canaan, der zugleich die Stelle des Lordoberrichters begleitete, sitzen mußte. Das verwandelte den Herzog von Bethanien in einen offenen Unzufriedenen und in einen geheimen Verräter – was der Kaiser voraussah, aber nicht ändern konnte.

Die Dinge gestalteten sich schlimmer und schlimmer. Eines Tages machte der Kaiser Marie Peters zur Gräfin und heiratete sie, trotzdem ihm das Ministerium aus politischen Gründen entschieden geraten hatte, Emmeline, die älteste Tochter des Erzbischofs von Bethlehem, zu heiraten. Das rief in einem mächtigen Lager – dem der Kirche – große Unzufriedenheit hervor. Die neue Kaiserin verschaffte sich die Unterstützung und Freundschaft von zwei Dritteln der sechsunddreißig erwachsenen Frauen der Nation, indem sie dieselben als Ehrendamen an ihren Hof zog; aber damit machte sie sich die übrigen zwölfe zu Todfeindinnen. Die Familien der Ehrendamen begannen bald zu rebellieren, weil jetzt niemand daheim war, um das Hauswesen zu führen. Die zwölf hintangesetzten Damen weigerten sich, in die kaiserliche Küche als Mägde einzutreten; so war die Kaiserin gezwungen, die Gräfin von Jericho und andere große Hofdamen in Anspruch zu nehmen zum Wasserholen, Palastfegen und zur Verrichtung anderer niedriger Dienstleistungen. Auch das erregte wieder böses Blut.

Jedermann fing an sich zu beklagen, daß die zum Unterhalt des Heeres, der Marine und der kaiserlichen Hofhaltung auferlegten Steuern unerträglich drückend seien und die Nation an den Bettelstab brächten. Des Kaisers Antwort – »Blickt auf Deutschland, blickt auf Italien, was beklagt ihr euch? Alle großen Nationen haben für ihre Einigkeit Opfer gebracht!« – befriedigte sie nicht. Sie sagten: »Man kann die Einigkeit nicht essen, und wir verhungern. Der Ackerbau hat aufgehört; jedermann ist im Heere, in der Marine oder im Hofdienst, steht umher in einer Uniform, hat nichts zu tun, nichts zu essen, und niemand ist da, um die Felder zu bestellen.«

Als die Unzufriedenheit schon stark um sich gegriffen hatte, stellte sich im Staatshaushalt ein Defizit von mehr als 45 Dollar heraus; das machte einen halben Dollar auf den Kopf der Bevölkerung. Das Kabinett erörterte die Frage eines Anlehens. Auch von der Ausgabe von Schatzscheinen und Papiergeld, nach fünfzig Jahren in Yamswurzeln und Kohlköpfen einzulösen, war ernstlich die Rede.

Die Minister erklärten, die Löhnung der Armee, Marine und der Beamtenschaft sei bedeutend im Rückstand, und wenn nicht irgend etwas geschehe und zwar unverzüglich, so müsse der Staatsbankrott hereinbrechen und möglicherweise Aufstand und Revolution. Der Kaiser entschloß sich sogleich zu einer durchgreifenden, auf Pitcairns-Eiland bis jetzt unerhörten Maßregel. Er begab sich am Sonntag früh in feierlichem Aufzug zur Kirche, gefolgt von der ganzen Armee: dort befahl er dem Finanzminister, eine Sammlung vorzunehmen.

Das war die Feder, die das Kamel zusammenbrechen machte. Ein Bürger nach dem andern erhob sich und weigerte sich, diese unerhörte Gewalttätigkeit zu dulden – und jeder Weigerung folgte augenblicklich Konfiskation des Vermögens des Unzufriedenen. Dieses Verfahren machte den Weigerungen bald ein Ende, und die Sammlung nahm inmitten tiefen und ominösen Schweigens ihren Fortgang. Als der Kaiser mit den Truppen abzog, sagte er: »Ich werde euch zeigen, wer hier Meister ist.« Mehrere Personen riefen: »Nieder mit der Einigkeit!« Sie wurden sogleich festgenommen und vom Militär aus den Armen ihrer weinenden Angehörigen gerissen.

Mittlerweile aber hatte sich, wie jeder Prophet hätte voraussehen können, ein Sozialdemokrat entwickelt. Als der Kaiser vor der Kirchentür den vergoldeten kaiserlichen Schubkarren bestieg, schoß der Sozialdemokrat fünfzehn- oder sechzehnmal nach ihm – aber mit so merkwürdig sozialdemokratischer Unsicherheit im Ziel, daß er keinen Schaden anrichtete.

In der nämlichen Nacht folgte die Erschütterung. Die Nation erhob sich wie ein Mann – obgleich neunundvierzig der Revolutionäre vom andern Geschlecht waren. Die Infanterie warf ihre

Mistgabel weg, die Artillerie ihre Kokosnüsse, die Marine empörte sich; der Kaiser wurde in seinem Palast ergriffen und an Händen und Füßen gebunden. Er war sehr niedergeschlagen und sagte:

»Ich befreite euch von der drückenden Tyrannei; ich erhob euch aus eurer Erniedrigung und machte euch zu einer Nation unter den Nationen; ich gab euch eine starke, festgefügte, zentralisierte Regierung; ich gab euch schließlich, was mehr ist, den Segen aller Segen – die Einigkeit. Ich habe das alles getan, und mein Lohn ist Haß, Schmach und diese Ketten. Da habt ihr mich; tut mit mir, was ihr wollt. Auf der Stelle entsage ich meiner Krone und allen meinen Würden, und gern entledige ich mich ihrer allzuschweren Bürde. Um euretwillen nahm ich sie an; um euretwillen lege ich sie nieder.«

Einstimmig verurteilte das Volk den Exkaiser und den Sozialdemokraten zu immerwährender Ausschließung vom Gottesdienst oder zu lebenslänglicher Zwangsarbeit als Galeerensklaven auf dem Walfischboot – sie konnten wählen. Am nächsten Tage versammelte die Nation sich abermals, hißte die britische Flagge wieder auf, setzte die britische Tyrannei wieder ein, erniedrigte die Adeligen wieder zu gemeinen Bürgern und richtete dann sogleich ihren Fleiß und ihre Aufmerksamkeit auf das Ausjäten der vernachlässigten Yamsfelder und auf die Wiederherstellung der alten nützlichen Gewerbe und der alten heilsamen und tröstlichen Frömmigkeit. Der Exkaiser gab das verloren geglaubte Gesetz gegen Eigentumsverletzung zurück und erklärte, er habe es gestohlen – nicht um jemanden zu schaden, sondern um seine politischen Ziele zu fördern. Daraufhin gab die Nation dem früheren Staatsoberhaupt sein Amt und auch sein konfisziertes Eigentum wieder zurück.

Nach reiflicher Überlegung zogen der Exkaiser und der Sozialdemokrat dauernde Ausschließung vom Gottesdienst der lebenslänglichen Arbeit als Galeerensklaven ›mit fortwährendem Gottesdienst‹, wie sie es nannten, vor, weshalb die Leute glaubten, daß die erlittene Angst den armen Teufeln den Verstand verwirrt hätte. Sie hielten es daher für geraten, dieselben vorläufig gefangen zu halten, was auch geschah.

Das ist die Geschichte von Pitcairns ›zweifelhafter Erwerbung‹.

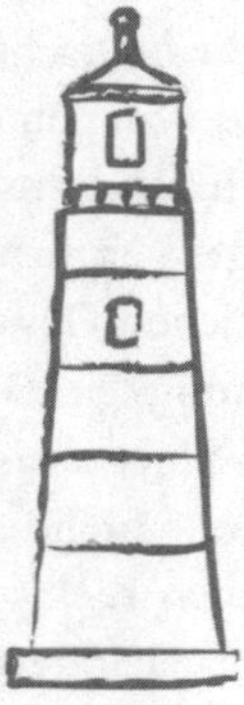

Theodor Storm

Eine Halligfahrt

Einst waren große Eichenwälder an unserer Küste, und so dicht standen in ihnen die Bäume, daß ein Eichhörnchen meilenweit von Ast zu Ast springen konnte, ohne den Boden zu berühren. Es wird erzählt, daß bei Hochzeiten, welche durch den Wald zogen, die Braut ihre Krone habe vom Haupte nehmen müssen; so tief hing das Gezweig herab. In den Tagen des Hochsommers war unablässige Schattenkühle unter diesen Waldesdomen, die damals noch der Eber und der Luchs durchstreiften, indessen oben, nur von den Augen der revierenden Falken gesehen, ein Meer von Sonnenschein auf ihren Wipfeln flutete.

Aber diese Wälder sind längst gefallen; nur mitunter gräbt man aus schwarzen Moorgründen oder aus dem Schlamm der Watten noch eine versteinte Wurzel, die uns Nachlebende ahnen läßt, wie mächtig einst im Kampfe mit den Nordweststürmen jene Laubkronen müssen gerauscht haben. Wenn wir jetzt auf unseren Deichen stehen, so blicken wir in die baumlose Ebene wie in eine Ewigkeit; und mit Recht sagte jene Halligbewohnerin, die von ihrem kleinen Eiland zum erstenmal hieher kam: »Mein Gott, was is de Welt doch grot; un et gifft ok noch en Holland!«

Und wie erquicklich die Luft auf diesen Deichen weht! Ich komme eben heim; wo hätte ich besser den Sonntagmorgen feiern können!

Schon hatte unten in den Kögen der erste warme Frühlingsregen die unabsehbaren Wiesenlandschaften grün gemacht; schon weideten wieder die unzähligen Rinder auf der Rasendecke, in welcher die Wassergräben zwischen den einzelnen Fennen wie

Silberstreifen in der Morgensonne funkelten. Von hüben und drüben, abwechselnd und sich antwortend, in unendlicher Abtönung, erhob sich Gebrüll und klang weit über die Ebene hinaus. Und wie lebendig die Stare waren, diese geflügelten Freunde der Rinder! In lärmendem Zuge kamen sie vom Koge herauf, schwenkten vor mir hin und wider und fielen dann in dichtem Schwarm auf die Krone des Deiches nieder, um gleich darauf, hurtig um sich pickend, seewärts an der Böschung hinabzuspazieren.

Aber unten entlang dem Strome, der von der Stadt ins Meer hinausführt, schimmerte einladend die neue Strohbestickung, womit zum Schutze gegen die nagende Flut der Saum des Strandes überzogen war. – Wie anmutig es sich auf diesem sauberen Teppich wandelte! – Es war noch in der Morgenfrühe; das traumhafte Gefühl der Jugend überkam mich wieder, als müsse dieser Tag was unaussprechlich Holdes mir entgegenbringen; kommt doch für jeden die Zeit, wo auch die Gespenster des Glückes noch willkommen sind. – Und siehe! – während das Wasser weich, fast lautlos zu meinen Füßen anspülte, plötzlich mit leichten unhörbaren Schritten ging die Erinnerung neben mir. Sie kam weit her aus der Vergangenheit; aber ihr Haar, das sie kurz in freien Locken trug, war noch so blond wie einst. – Es war deine Gestalt, Susanne, in der sie mir erschien; ich sah wieder dein junges, festumrissenes Gesichtchen, die kleine Hand, die lebhaft in die Ferne zeigte, – wie deutlich sah ich es!

Auf einem solchen Teppich an eben diesem Strande schritten wir auch damals nebeneinander. Deine geöffneten Lippen tranken die feuchte erquickende Luft; mitunter, wenn der weiche Südost aufwehte, griff deine Hand nach dem blauen Schleier und legte ihn zurück über das winzige Sommerhütchen. Dann warst du stehengeblieben und horchtest nach oben hinauf; deine jungen neugierigen Augen forschten in der durchsichtigen Luft. »Ich sehe nur eine einzige!« riefst du; »dort steigt sie eben in den Himmel!« Und jetzt vernahm auch ich es; so weit man horchen mochte, zur Höhe wie in die Ferne, der ganze Luftraum schien ein einziges unablässiges Lerchensingen. Die kleinen Sänger selbst aber entschwanden unseren Augen in der blendenden Fülle des Lichtes, das ihn durchströmte. – Und schweigend gingen wir weiter; die Welt war so still und klar, und die Lerchen sangen immerfort; was hätten wir auch reden sollen!

Doch wir waren nicht allein. Die Frau Geheimrätin, Susannens Mutter, ist mir nicht weniger unvergeßlich; sie hatte an der Böschung des Deiches ihr Schnupftuch voll von Champignons gepflückt und wandelte nun wie lauter Erdgeruch an unserer Seite. Es war eine gar stattliche Dame, und selbst die kleinen Ungeheuer der Tiefe, die Seekrabben, schienen ihr den schuldigen Respekt nicht zu verweigern. Sie waren heraufgekrochen, saßen am Rande des Wassers auf der Strohdecke und sonnten sich und drehten ihre knopfartigen Augen; wenn aber das Spiegelbild der Geheimrätin mit der ungeheueren lila Hutschleife über sie hinfiel, klappten sie grimmig mit den Scheren und schossen seitwärts in den Abgrund zurück. – – Nach einer Weile hatten wir ein kleines Schiff bestiegen; »Die Wohlfahrt« hieß es; der Name stand mit goldenen Buchstaben auf dem Spiegel eingegraben. Wir waren alle glücklich an Bord gelangt; nur daß die alte Dame einen zierlichen Schrei ausstieß, als ihre Champignons, die sie den »lieben Schiffer« zu verwahren bat, so ohne Umstände in den offenen Schiffsraum hinabflogen.

Und leise blähten sich die Segel und leise schwamm das Schiff; man hörte das Wasser vorn am Kiele glucksen. Nach einer Stunde hatten wir die nachbarliche große Insel hinter uns und trieben nun auf der breiten Meeresflut. Eine Möwe schwebte über dem Wasser dicht an uns vorüber; ich sah, wie ihre gelben Augen in die Tiefe bohrten. »Rungholt!« rief der Schiffer, der eben das Segel umgelegt hatte.

Die Geheimrätin, die – ich weiß nicht durch welche Künste – ihren Champignonbeutel wieder in der Hand trug, blickte nach allen Seiten um sich. »Ich sehe nur den uferlosen Ozean!« sagte sie, indem sie ihr Augenglas einschlug und wieder in den Gürtel steckte. Der Schiffer, der mit beiden Armen über Bord lehnte, wandte sein wetterbraunes Gesicht der Dame zu; aber nachdem er sie wie in mitleidiger Verachtung einige Sekunden gemustert hatte, starrte er wieder schweigend ins Meer hinaus.

»Sie müssen dorthin blicken«, sagte ich, »wo nach Senek Ausspruch alle Erdendinge am sichersten verwahrt sind!«

»Und wo wäre das, mein Lieber?«

»In der Vergangenheit; – in diesem sicheren Lande er auch Rungholt. Einst zu König Abels Zeiten, und auch späte noch, stand es oben im Sonnenlichte mit seinen stattlichen Giebelhäusern, seinen Türmen und Mühlen. Auf allen Meeren schwammen die Schiffe von Rungholt und trugen die Schätze aller Weltteile in die Heimat; wenn die Glocken zur Messe läuteten, füllten sich Markt und Straßen mit blonden Frauen und Mädchen, die in seidenen Gewändern in die Kirche rauschten; zur Zeit der Äquinoctialstürme stiegen die Männer, wenn sie von ihren Gelagen heimkehrten, vorerst noch einmal auf ihre hohen Deiche, hielten die Hände in den Taschen und riefen hohnlachend auf die anbrüllende See hinab: ›Trotz nu blanke Hans!‹ Aber das rotwangige Heidentum, das hier noch in uns allen spukt –«

»Ich bitte doch, mich freundlich auszunehmen!« schob die Geheimrätin mit etwas strammem Lächeln dazwischen.

Ich verbeugte mich zustimmend. »Es bäumte sich noch einmal auf gegen den blassen aufgedrungenen Christengott; die Männer von Rungholt – so wenigstens haben es die geistlichen Chronisten aufgeschrieben – beriefen eines Tages einen Priester und hießen ihn einer kranken Sau das Abendmahl geben. Da ergrimmte der Herr und ließ wie zu Noä Zeiten seine Wasser steigen; und über die Deiche und Mühlen und Türme schwollen sie; und Rungholt mit seinen blonden Frauen und seinen trotzigen Männern« – und ich wies mit dem Finger rückwärts, wo noch vom Kiel unseres Schiffes das Wasser in der Sonne strudelte – »dort steht es unten, unsichtbar und verschollen auf dem Boden des Meeres. Nur zuzeiten bei hellem Wetter, wenn in der einsamen Mittagsstunde die Wimpel schlaff am Mast herunterhängen und die Schiffer in der Koje schnarchen, dann – wie die Leute sagen –, dühnt es auf. – Wer dann mit wachen Augen über Bord ins Wasser schaut, kann gewahren, wie Türme mit goldnen Gockelhähnen aus der grünen Dämmerung aufsteigen; vielleicht mag er sogar die Dächer der alten Häuser erkennen, und wie zwischen dem Seetang, der sie überstrickt hat, seltsam schwerfälliges Getier umherkriecht, oder zwischen den zackigen Giebeln in die Enge der Gassen hinabschauen, wo Muschelwerk und Bernstein die Tore der Häuser verbaut hat und der nie rastende Flut- und Ebbestrom mit den Schätzen versunkener Schiffe spielt. – Aber auch die Schiffer unter Deck erwachen und richten sich auf; denn unter sich aus der Tiefe hören sie es läuten; das sind die Glocken von Rungholt.«

Susanne war indes herangetreten und hatte mit großen Augen zugehört; aber sie bedurfte für diese Seegeschichte eines sachkundigeren Gewährsmannes.

»Läuten sie wirklich, Schiffer?« fragte sie. »Haben Sie es selbst gehört?«

Das klang so allerliebst, daß auch die Backen der alten Teerjacke sich zu einem Lächeln verzogen; und er spie weit ins Meer hinaus, bevor er antwortete: »Ick hevt min Dag nich hört.«

Und weiter fuhren wir über Rungholt. Aber trotz der kühlen Antwort des Schiffers blickte Susanne noch ein paarmal verstohlen über Bord ins Wasser; begann doch auch jetzt die Mittagseinsamkeit sich brütend auf das Meer zu legen. Und als sie sich von mir ertappt sah, errötete sie nur leicht und lächelte; denn meine Augen mochten es den ihren schon verraten haben, wie gern auch ich an Wunder glaubte.

Vor uns in den Horizont trat jetzt ein grauer Punkt, der sich allmählich in die Breite streckte; und endlich stieg ein grünes Eiland vor uns auf. Eine geflügelte Wache schien es zu umgeben; so weit man an dem Strande entlang sehen konnte, wimmelte es in der Luft von großen weißen Vögeln, welche unablässig wie in stiller Geschäftigkeit durcheinander auf- und abstiegen. Stets in demselben Luftraume beharrend, glichen sie einem ungeheueren schwebenden Gürtel, der das ganze Eiland zu umschließen schien; ihre ausgebreiteten mächtigen Flügel erschienen wie durchsichtiger Marmor gegen den sonnigen Mittagshimmel. – Das war fast wie in einem Märchen; und dazu kam mir in den Sinn: mein Freund Aemil, ein leidenschaftlicher Regattenmann, als er in lauer Sommernacht in seinem Boote hier vorbeigetrieben war, wollte von dorther eine entzückende Musik vernommen haben. Der Mond sei über der stillen Insel gestanden, und während er nach langer Pause heimgerudert, sei in der Nacht und auf dem Meere kein anderer Laut gewesen als diese geisterhaften, allmählich hinter ihm verhallenden Töne.

Aber es war dennoch keine Zauberinsel, sondern eine Hallig des alten Nordfrieslands, das vor einem halben Jahrtausend von der großen Flut in diese Inselbrocken zerrissen wurde; die weißen Vögel waren Silbermöwen, welche dem Strande entlang über ihren Brutplätzen schwebten; larus argentatus, von den Naturforschern längst registriert und in ihren Systemen untergebracht. Als wir bald darauf zu Wagen unter ihrem Ringe durchfuhren, sah ich deutlich über unseren Köpfen die funkelnden Augen und die starken vorn gebogenen Schnäbel. Dabei erklang in kurzen Pausen ein heiseres »Gack! Gack!« ähnlich dem unserer Gänse, nur hastiger und wilder. Susanne drückte ängstlich den Kopf an ihre Mutter; aber unser Fuhrmann klatschte lachend mit der Peitsche, und das luftige Gesindel stob gackernd nach allen Seiten auseinander.

Und dort auf der hohen Werfte, inmitten der öden baumlosen Insel, lag das große Halligbaus mit dem tief hinabreichenden Strohdache, in welchem nun schon seit Jahren »der Vetter«, ein alter trefflicher Junggeselle, sich bei den schweigsamen Bewohnern eingemietet hatte. »Die Räder der Staatsmaschine« – so hatte er mir derzeit seine Übersiedelung angekündigt – »werden mir doch zu indiskret; ich weiß, es gibt Leute, die davon entzückt sind; mich anlangend, so kann ich's nicht ertragen, wenn sie mir fortwährend hinten in die Rockschöße haspeln.« – Und so war er denn mit seiner Bibliothek und seinen allerlei Sammlungen in diese Meereseinsamkeit gezogen, wo er sich seiner Meinung nach außer dem Bereich der verhaßten Maschine befand.

Auf ihn auch war ohne Zweifel jene nächtliche Musik zurückzuführen; denn noch vor einigen Jahren hatte er in der Stadt, in der er damals lebte, für einen großen Geigenspieler gegolten, obgleich er, so lang ich denken konnte, jede Aufforderung zum Spiel mit dem Bemerken ablehnte, daß das vorüber sei. Ich selbst hatte ihn nur einmal, da ich noch im Hause meiner Eltern lebte, spielen hören; dieses eine Mal aber wurde für mich die Ursache wiederholter Täuschungen; denn wenn ich später in den Konzerten weltberühmter Virtuosen saß, so trug ich selten etwas anderes davon, als eine traumhafte Sehnsucht nach jenem Spiel des Vetters. Dennoch sollte er während meiner späteren Abwesenheit von der Heimat noch einmal, jedoch nur auf kurze Zeit, seine Geige wieder zur Hand genommen und, wie einstens, alles mit sich fortgerissen haben. Ein Näheres darüber hatte ich nicht erfahren. Für gewöhnlich war der Vetter ein munterer alter Herr, dem man nicht anmerkte, vor welch tiefer Erregung oft diese freundlichen Augen Wache hielten.

Aber schon war unser Wagen am Fuß der Werfte angelangt, und dort oben in der Tür unter dem steinernen Giebel stand er selbst, der kleine schmächtige Mann mit den tiefliegenden Augen und dem vollen weißen Haupthaar. »Willkommen im Ländchen der Freiheit!« rief er, während er eilig herab kam und dem Dienstjungen die Leiter an den Wagen legen half. Und wahrlich frei genug war es hier; außer der Werfte mit dem breit darauf gelagerten Hause schien aus der grünen Inselfläche nichts hervorzuragen als etwa eine zerstreut umherweidende Schafherde; selbst das Gras war so niedrig, daß es kaum den dazwischen umherkletternden langbeinigen Schnaken ein Hindernis in den Weg legte.

Sein Wohnzimmer hatte sich der Vetter in dem größten Raume des Hauses, dem sogenannten Pesel, eingerichtet. Schränke mit Büchern, mit Konchylien und andern Sammlungen, Karten und Kupferstiche nach Claude Lorrain und Ruisdael bedeckten die übrigens weißgetünchten Wände. Von dem Aufsatze des Schreibtisches schaute neben einer Statuette der Venus mit dem Delphin, die von einem Korallenbaume aus den Südseeinseln gleichsam überschattet war, das markige Antlitz Beethovens in der bekannten Kolossalbüste auf uns herab.

Als wir in die Tür traten, flog uns ein kleiner Vogel entgegen, flatterte einen Augenblick wie zweifelnd hin und her und setzte sich dann auf die Hand seines Herrn, mit dem lebhaft bewegten Köpfchen zu ihm aufblickend. »Nur ein Sperling!« sagte der Vetter lächelnd und den verwunderten Blick der alten Dame beantwortend; »Sie wissen, der Sperling gleicht dem Menschen, an sich ist er ohne Wert, aber er trägt die Möglichkeit zu allem Großen in sich. Der Bursche hier und ich, wir leben trefflich miteinander.« – Auf seinen Wink flog der Vogel wieder fort und ließ sich auf einen Ast des Korallenbaumes zu Häupten der schaumgeborenen Göttin nieder, als warte er wie einst darauf, mit lustigen Genossen vor ihren Wagen gespannt zu werden, um sie über das blaue griechische Meer in den Schatten ihrer heiligen Haine zu tragen. Wir aber schlürften bald aus zierlichen Tassen den Trank der modernen Welt; ich meine nicht den Kaffee, sondern den Tee, den wir Küstenbewohner auch an einem heißen Hochsommervormittage nicht verschmähen.

Durch die Fenster, welche in der Front des Hauses gegen Süden lagen, sah man auf die grüne Fläche der Hallig und fern am Strand die Brandung, welche silbern in der Sonne schimmerte. Unser Schiff war von hier aus nicht zu sehen; aber dort zu Westen starrte der Mast eines anderen kleinen Fahrzeugs in die Luft; es war vor kurzem hier gestrandet und jetzt Eigentum der Halligleute. – Was überhaupt war hier nicht Strandgut! Der große schwarze Hund, der jetzt im Hause umherlief, nicht weniger als der edle Alicante, den wir späterhin bei Tische tranken. Und wie stand es um die Bibliothek des Vetters? –

Meinem angeborenen Triebe folgend, hatte ich die Bücherschränke durchstöbert und blätterte eben in einem abgegriffenen Exemplar des »Hesperus«, als eine kleine Hand sich leise auf das erste weiße Blatt des Buches legte. Der Name »Emma« stand hier eingeschrieben und ein Kreuz darunter.

Noch höre ich den Laut unschuldiger Teilnahme, den Susanne bei diesem Anblick ausstieß. »Wer war das, Onkel?« rief sie. »Hast du sie gekannt?«

»Gekannt, mein Kind?« wiederholte der Alte und strich mit dem Finger über eine Bücherreihe. »Das ist auch Strandgut; fast alles Antiquaria! Die einstigen Besitzer sind gescheitert oder zugrunde gegangen; ihre Bücher sind in alle Welt getrieben, von geschäftigen Leuten aufgefischt und verkauft; und nun stehen sie hier eine Weile, bis auch ihren jetzigen Besitzer das gleiche Los ereilt. – Aber freilich, dennoch kenne ich diese Emma, wenn sie auch schwerlich davon weiß, daß ich ihre posthume Bekanntschaft gemacht habe.«

Susanne blickte gespannt in die immer lebhafter mitredenden Augen des Vetters.

»Siehst du!« fuhr er fort – und er nahm mir das Buch aus der Hand und schlug einige Seiten darin auf – »hier steht es deutlich: sie liebte, litt und starb. Diese kurze Geschichte erzählen mir hier die Bleistiftstriche unter ihren Lieblingsstellen, das vertrocknete Vergißmeinnicht, dazu das Kreuz. Auch eine alte Jungfer ist sie gewesen und häßlich genug, daß ihre schönen Augen niemandem haben gefallen wollen; auch dem einen nicht, der nie daran gedacht hat, wie glücklich er sie an jenem Frühlingstage machte, als er die welke Blume so gedankenlos ihr gab, wie er sie vorhin gedankenlos gebrochen hatte. Ein Gesichtchen wie das deine wird das nie verstehen; aber« – und er blickte halb schmerzlich, halb in zärtlicher Bewunderung in das schöne Antlitz des jungen Mädchens – »nicht wahr? durch dich soll niemand Leid erfahren!«

Susanne öffnete die Lippen, als wolle sie eine Frage tun; aber der Vetter strich sanft mit der Hand über ihr blondes Haar; dann wandte er sich ab und setzte mit fast zarter Sorgsamkeit das Buch an seinen Ort. Er mag wohl gefühlt haben, daß ich das bemerkte; denn er sagte lächelnd: »Nun, nun! da ist nicht bloß der Hesperus, da ist auch noch ein armes treues Menschenherz darin.«

Zufällig sah ich in diesem Augenblicke unter dem Bücherschranke den mir von früher wohlbekannten schwarzen Geigenkasten. Was war nach solchen Gesprächen natürlicher, als daß ich den alten Herrn an jene Melodie aus meiner Knabenzeit erinnerte, und in ihn drang, sie mich jetzt noch einmal hören zu lassen. – Aber er schien fast erschrocken. »Nein, nein, mein Junge!« sagte er, den Kasten hastig in die äußerste Ecke schiebend. »Siehst du denn nicht, daß das ein Särglein ist? Man soll die Toten ruhen lassen.« Und so war denn weiter von dem Geigespielen nicht die Rede.

Nicht zu leugnen stand übrigens, daß die äußerst zarte Organisation des Vetters im Anstoß mit den Außendingen ihn zu einem für Durchschnittsmenschen ziemlich seltsamen Kauz gemacht hatte. Auch verfehlte er nicht, die Frau Geheimrätin, welche ein seltenes Geschick hatte, ihn an seinen heikelen Stellen zu berühren, im Laufe dieses Tages mehr als einmal gründlich in Verwunderung zu setzen.

Die gute Dame konnte es nicht verwinden, daß er, »der hochgebildete Mann«, die feine Gesellschaft seines früheren Wohnorts mit dieser nur von Halligleuten und einem zahmen Sperling bevölkerten Einöde vertauscht habe, und nahm dies Thema stets von neuem wieder auf. – Die kleine Szene, welche zwischen den beiden alten Herrschaften hieraus entsprang, werde ich nie vergessen.

»Frau Cousine!« sagte der Vetter mit großem Nachdruck, indem er eine schon erfaßte Apfelsine in die Kristallschale zurückfallen ließ – denn wir saßen nach beendigter Mittagstafel eben noch am Nachtisch – »wenn in Novembernächten der Sturm hier unser Haus gepackt hat, daß wir aufgeschüttelt aus den Betten springen; – wenn wir dann durchs Fenster in Augenblicken, wo eben die Wolken am Mond vorübergejagt sind, das Meer, aber das vom Sturm gepeitschte Meer hier unten am Fuße unserer Werfte sehen, die allein noch hervorragt aus den schäumenden, tobenden Wasserbergen; – Sie glauben nicht, Frau Cousine, wie erquicklich es ist, sich einmal in einer andern Gewalt zu fühlen als in der unserer kleinen regierungslustigen Mitkreaturen!«

Ich mag wohl stumm dazu genickt haben, denn ich wüßte auch jetzt noch nichts Erkleckliches dagegen einzuwenden; die Frau Cousine aber wollte das allerdings nicht glauben, sondern fuhr fort, heftig für das feste Land und dessen gute Gesellschaft zu plädieren.

Eine Weile hörte der alte Herr geduldig zu; dann aber begann es schalkhaft um seinen noch immer schönen Mund zu zucken.

»So will ich's offen denn bekennen;« sagte er; »die Exzellenzen und die Geheimen Ober-Gott-weiß-was-Räte begannen sich die letzte Zeit in unserer guten Stadt auf eine für mich äußerst beunruhigende Weise zu vermehren.«

Ich sah das herablassendste Lächeln in dem Antlitz der alten Dame aufsteigen.

»Aber, mein Gott, was taten Ihnen denn –?«

»Mir, Frau Cousine? Ich dächte doch; sie gingen überall dort in der Sonne, wo eben mir zu gehen beliebte. Es sind das aber, solange sie noch in ihren Drähten hängen, oftmals ganz verruchte Figuren, und man muß ihnen ausbiegen, damit man keine Schläge von ihren hölzernen Armen bekommt.«

Die Geheimrätin wurde unruhig.

»Aber, lieber Herr Vetter, mein seliger Mann –«

»Gewiß, gewiß, Frau Cousine!« Und der Vetter legte beschwichtigend seine Hand auf ihren Arm. »Ich kenne eine ganze Blumenlese davon, die alle einen unheimlichen Anstrich mit sich herumtragen; diese Kerle – ich wette! – wischt man ihnen die Staatskalendernummer von der Stirn, so sitzen sie da wie ausgeblasene Hülsen; und ich sehe schon, wie ihnen die Augen verglasen, während das bißchen Akten- und Rangklassenbewußtsein daraus verdunstet.«

»Aber, Herr Vetter!« Und die Geheimrätin benutzte eine augenblickliche Pause; »mein trefflicher seliger Mann –«

Und der Vetter legte wieder beschwichtigend seine Hand auf ihren Arm.

»Gewiß, gewiß, Cousine! Und damit ich niemandem Unrecht tue, es gibt auch recht charmante Leute unter ihnen!«

Und sich plötzlich zu mir wendend, begann er immer schneller und heftiger zu reden, bis er zuletzt einige unleugbar handgreifliche Worte niederzuschlucken sich ehrlich aber vergebens bemühte.

Die Geheimrätin hatte resigniert die Hände gefaltet und sagte gar nichts mehr; der Vetter aber war aufgesprungen, mit erhitztem Gesicht riß er die Stubentür auf und rief: »Mantje, ein Glas Wasser!«

Bevor aber Mantje noch erscheinen konnte, rannte er selber hintennach.

Die alte Dame schien allmählich aufzuatmen.

»Ein angenehmer Mann, der Vetter«, sagte sie hüstelnd, »indes, ich sehe ihn doch am liebsten hier auf seiner Insel.«

Aber schon trat er selber wieder in die Stube.

»Ich habe unziemlicherweise die Tafel abgebrochen«, sagte er entschuldigend; »Sie wissen ja: Herz schon so alt und noch immer nicht klug! – Lassen Sie uns nach Landesbrauch nun Martje Flors Gesundheit trinken!« Er füllte die Gläser und erhob das seine. »Frau Cousine! Susanne! Mein lieber Junge! Auf daß es uns wohl gehe in unseren alten Tagen!«

Und wir tranken, wie das diesem ernstesten aller Trinksprüche eigen zu sein scheint, schweigend, und schüttelten uns die Hände.

Die Geschichte aber, welche demselben zugrunde liegt, verdient es, auch in weiteren Kreisen erzählt zu werden. Als nämlich Tönningen, die größte Stadt der Landschaft Eiderstedt, einst von den Schweden belagert wurde, hatte eine Gesellschaft feindlicher Offiziere in dem benachbarten Kathrinenherd Quartier genommen und trieb dort arge Wirtschaft; sie ließen sich Wein auftragen, zechten und lärmten, als seien sie die Herren hier. Martje Flor, die zehnjährige Tochter des Hauses, stand dabei und sah unwillig dem Gelage zu, denn sie gedachte ihrer Eltern, die das unter ihrem Dache dulden mußten. Da reichte einer der Trinker ihr ein volles Glas und rief, was sie so trübselig dastehe, sie solle Heber auch eine Gesundheit ausbringen! Und Martje trat mit ihrem Glase an den Tisch, wo die feindlichen Kriegsleute saßen, und sprach: »Dat et uns wull ga up unse ole Dage!« – Und auf dieses Wort des Kindes wurde es still.

Seitdem versteht es jeder bei uns zu Hause, wenn am Schlusse des Mahles der Wirt es seinen Gästen zubringt: »Und nun noch – Martje Flors!«

Als wir nach aufgehobener Tafel vor die Haustür traten, führte uns der Vetter unter bedeutungsvollem Schweigen am Hause entlang bis an die südwestliche Ecke desselben. Hier stieß er ein unter herabhängendem Holunder fast verborgenes Pförtchen auf; und, wie in ein Wunder blickten wir in einen großen baumreichen Garten hinab, den an diesem Orte, bei der rings umgebenden Öde, wohl niemand hätte vermuten können. – Drunten, von der Insel aus dem Auge ganz verborgen, lag er in einer kesselförmigen Vertiefung der Werfte, an deren schräg abfallenden Wänden sich zwischen verschiedenartigen Obstbäumen eine Reihe üppiger Gemüsebeete entlangzog.

Von unten aus dem Grunde blinkte ein kleiner Teich, ringsum von einem hohen Ligusterzaun umschlossen. Auf dem daran entlangführenden Steige erschien eben, vom Hause hinabspazierend, eine weiße Katze; aber sie verschwand gleich darauf unter dem Schatten der Obstbäume, welche vom Garten aus ihr dichtes Gezweig über den Steig hinüberstreckten. Die blanken Blätter glänzten in dem sattesten Grün, als seien sie nie von einem gefräßigen Insekt berührt worden; nur freilich, wo die Kronen der Bäume den oberen Gartenrand erreichten, waren sie sämtlich wie mit der Zaunschere abgeschoren, was nach des Vetters Erläuterung von dem Nordwestwinde ohne jegliche Bestellung ausgeführt wurde.

Die Aufmerksamkeit unserer »Maman« war durch eine Pumpe erregt worden, welche unweit des Einganges in dem kleinen Teiche stand; und während der alte Herr, unter lebhaften Schlägen mit dem Schwengel, ihr die Speisung und Bedeutung dieses Süßwasserbehälters der Insel zu erklären begann, gingen Susanne und ich in das trauliche Gartennest hinab, wo der Sonnenschein wie eingefangen auf dem grünen Laube schlief. Wir schritten langsam der weißen Katze nach, und verschwanden gleich ihr unter dem dichten Laube der Apfelbäume, das fast Susannens goldklares Haar berührte; um uns her schwamm der Duft von Federnelken und Rosen, die oben zwischen den Gemüsebeeten blühten. Unmerklich, wenn mich die Erinnerung nicht täuscht, waren wir in jenen träumerischen Zustand geraten, von dem in der Sommerstille, inmitten der webenden Natur so leicht ein junges Paar beschlichen wird: sie schweigen, und sie meinen fast zu reden; aber es ist nur das Getön des unsichtbar in Laub und Luft verbreiteten Lebens, nur das Hauchen der Sommerwinde, die den Staub der Blüten zueinander tragen. Ich glaube, wir saßen auf einer kleinen Holzbank und blickten – wer weiß, wie lange schon! – durch die Lücken des Zauns auf das unten schimmernde Wasser, als plötzlich die akzentuierte Stimme der Geheimrätin mich auf die Oberfläche des Lebens zurückrief; und gleich darauf erschien auch der alte Herr und trieb uns mit munteren Worten zum Kaffee in das Haus.

Aber ich stahl mich bald davon, um mir nach meiner Weise allein und ungestört die verschiedenen Räume des großen, ganz im Viereck gebauten Hauses anzusehen.

Eine Weile stand ich in einer Art von Zimmerwerkstatt und plauderte mit dem Sohne des Hauses, der, gleich Robinson, alle

Hantierungen vom Robbenjäger bis zum Zimmermann in sich vereinigte und augenblicklich in letzter Eigenschaft an den Blöcken eines Segelbootes arbeitete, das von einer Nachbarinsel aus bei ihm bestellt war.

Von hier gelangte ich in einen langen, ziemlich düstern Stall. Er war leer, da das Vieh draußen auf der Hallig weidete; nur die weiße Katze saß jetzt hier auf der Krippe, und einige Hühner liefen gackelnd durch das Mauerloch aus und ein; an den Wänden sah ich hie und da ein Seehundsfell zum Trocknen angenagelt.

Zu Ende des Stalles, im rechten Winkel daran stoßend, noch stiller und noch mehr in Dämmerung, lag die Scheune; und dort in ihrer Mitte stand das neue Boot, noch duftend von dem Harz des Waldes, von keiner Welle noch berührt. Wie selbstverständlich, stieg ich ein; ich setzte mich auf die Ruderbank und dachte an den Vetter, weshalb er denn vorhin sein Geigenspiel vor uns verleugnet habe.

Es war völlig einsam hier. Die kleinen überdies mit Spinngewebe überzogenen Fenster lagen so hoch, daß sie keinen Ausblick zuließen. Vom Hause her vernahm ich keinen Laut; aber draußen um die Mauern, obgleich gegen Mittag der Wind sich fast gänzlich gelegt hatte, ertönte eine Art von Luftmusik, die mich die großen Register ahnen ließ, mit denen hier um Allerheiligen der Sturm sein Weltmeerkonzert in Szene zu setzen pflegt. Nach einer Weile mischten sich leichte Schritte, die durch den Stall daherkamen, in dieses Tönen der Luft, und als ich aufblickte, stand Susanne in der Tür, ihr Hütchen am Bande hin und her schwenkend.

»Weshalb sind Sie denn fortgelaufen?« rief sie, indem sie trotzig den Kopf zurückwarf. »Mama sitzt drinnen vor einer Seekarte, und Onkel hat ein großes Teleskop am offenen Fenster aufgestellt. Ich mag aber nicht durch Teleskope sehen.«

»So gehen Sie bei mir an Bord!« erwiderte ich, auf meiner Ruderbank zur Seite rückend, »es ist ein neues sicheres Fahrzeug.«

»In dieses Boot soll ich steigen? Weshalb? Es ist so düster hier.«

»Hören Sie nur, wie die zarten Geister musizieren!«

Sie horchte einen Augenblick, dann kam sie näher und hatte schon ihr Füßchen auf den Rand des Bootes gesetzt.

»Nun, was zögern Sie, Susanne? Haben Sie kein Vertrauen zu meiner Steuerkunst?«

Sie sah mich an; es war etwas von dem blauen Strahl eines Edelsteins in diesem Blicke, und es überfiel mich, ob mir nicht doch von diesen Augen Leids geschehen könne. Ich mag sie dabei wohl seltsam angestarrt haben; denn, als wandle eine Furcht sie an, zog sie langsam ihren Fuß zurück.

»Wir wollen lieber an den Strand hinab!« sagte sie leise. »Ich möchte noch die Nester der Silbermöwen sehen!«

So verließ ich denn mein gutes Fahrzeug, und wir traten aus dem Hause, wo die Tageshelle fast blendend in unsere Augen strömte. – Ohne von den alten Herrschaften etwas wahrzunehmen, gingen wir die Werfte hinab und über die Hallig nach dem Strande zu. Ein Stengel duftenden Seewermuts, eine violette Strandnelke wurde im Vorbeigehen mitgenommen, sonst war hier nichts, das unsere Aufmerksamkeit hätte erregen können. An manchem der oft tiefen Gerinne, womit, wie mit einem Gewebe, die ganze Hallig überzogen war, mußten wir auf und ab wandern, bevor wir eine Stelle zum Hinüberspringen fanden. Aber Susanne hatte die Mädchenturnschule durchgemacht, und an ihren Schultern waren die unsichtbaren Flügel der Jugend; ich hörte deutlich ihr melodisches Rauschen, wenn der kleine Fuß zum Sprunge ansetzte und wenn sie dann so rasch hinüberflog.

Ein leichter Wind hatte sich aufgemacht, als wir den Strand erreichten. Das Meer, das bei der eingetretenen Flut nur etwa einen Büchsenschuß von dem grünen Lande entfernt war, lag jetzt wie fließendes Silber vor den schräg fallenden Strahlen der Nachmittagssonne; bis weit hinaus um den Strand der Insel hörte man das Getöse der Brandung. In der Luft war noch immer, wie am Vormittage, das Steigen und Sinken der großen Silbermöwen, nur daß jetzt, da kein Licht von oben durchschien, das schneeige Weiß ihrer Flügel sich noch mehr gegen den blauen Himmel abhob. Auch kleinere schwarze Vögel mit storchartigem Schnabel sahen wir, die wie mit hellem Kriegsschrei durch das Gewimmel der großen Möwen hin und her schossen.

Und jetzt ließ Susanne einen Ruf des Entzückens hören; in einem Tangbüschel, umgeben von einem rötlichen Kranze zermalmter Schaltiere, lagen zwei der großen graugrünen Eier; sechs Schritte weiter wieder zwei; und dort, etwas seitwärts, schimmerten gar drei von den kleineren Eiern des schwarzen Austerfischers. Die meisten lagen auf dem bloßen Sande; denn, wie der Vetter sagte, »diese Kreaturen machen wenig Umstände mit ihrer Häuslichkeit«. Die Vögel gackerten und schrien; Susanne aber, unbekümmert und mit vor Neugier leuchtenden Augen, schritt immer weiter hinaus, von Nest zu Nest.

Ich hatte mich gegen das Meer hin auf den Rand des Ufers gesetzt. Eine Weile blickte ich Susannen nach; wohin dann meine Gedanken gingen, hätte ich wohl selber kaum zu sagen gewußt, meine Augen aber buchstabierten immer wieder an dem Spiegel unseres unweit auf dem Wasser schaukelnden Schiffes den mir längst bekannten Namen »Die Wohlfahrt«, dessen goldene Buchstaben in der Sonne zu mir herüberglänzten. Das Anrauschen des Meeres, das sanfte Wehen des Windes – es ist seltsam, wie das uns träumen macht.

Als ich aufstand, war von Susanne nichts zu sehen. Ich ging eine Strecke an dem Ufer hin, während über mir die Möwen gleich ungeheueren Schneeflocken in der Luft tanzten. Ich rief, ich sang – keine Antwort. Endlich dort, weitab in einer Bodensenkung sah ich sie im Sande knien. In der scharfen Beleuchtung der schon abendlichen Sonne gewahrte ich eines der großen Eier in ihrer Hand; sie hielt regungslos das Ohr darauf geneigt, als wolle sie das keimende Leben belauschen, das darin verschlossen war. Ihr zu Häupten aber schwebten zwei der mächtigen Vögel, die sich aus der langen Kette losgelöst hatten; sie stießen ihre heiseren Töne aus und schlugen wie zornig mit den weißen Flügeln. Unwillkürlich blieb ich stehen; so wild und doch so anmutvoll war dieses Bild. Die kniende Gestalt des Mädchens regte sich noch immer nicht. Da schoß eines der erzürnten Tiere so jäh auf sie herab, als hätte es mit seinem Schnabel ihre Locken packen müssen. Susanne stieß einen lauten Schrei aus, daß selbst die Vögel erschreckt zur Seite stoben; dann schleuderte sie das Ei weit von sich, und wie vorhin über die kleinen Abgründe, flog sie auf mich zu und schlang beide Arme um meinen Hals. – –

»Nur ein Hauch darf beben,
Blitzen nur ein Blick;
Und die Engel weben
Fertig ein Geschick.«

So sagt ein Dichterwort. – Aber dieser Hauch bebt oft auch nicht. – Ich war ein junger Advokat, und längst von wohlmeinender Seite mir bedeutet worden, wenn ich in meinem Berufe »prosperieren« wolle, so müsse ich nicht nur meinen grauen Heckerhut beiseite legen, sondern mir auch den Schnurrbart abrasieren. Beides hatte ich unterlassen, bisher leichtsinnig und wohlgemut; jetzt aber fiel es mir zentnerschwer aufs Herz, und, seltsam, während die Brandung eintönig vor meinen Ohren rauschte und der blonde Mädchenkopf noch immer an meiner Schulter ruhte, konnte ich meine Gedanken zu nichts Besserem bewegen, als sich gegen diese Tyrannei der öffentlichen Meinung immer von neuem in Schlachtordnung aufzustellen; ja der Heckerhut und der Schnurrbart selbst begannen zuletzt wie zwei feindliche Gespenster gegen mich aufzustehen.

»Susanne«, sagte ich endlich resigniert, »wir werden heimgehen müssen, es wird schon spät.«

Es ist dies jedenfalls recht ungeschickt gewesen; denn ich weiß noch gar wohl, wie Susanne mich erschrocken von sich stieß und dann, bis unter ihr lockicht Stirnhaar errötend, wie hülflos vor mir stehenblieb. Und ohne Zweifel war es nicht eben viel geschickter, als ich, um das wieder gut zu machen, ihre beiden

Hände ergriff und tröstend zu ihr sagte: »Ich weiß wohl, daß es nur die wilden Vögel waren.«

Aber wie auch immer – da wir nun zurückgingen, es war doch anders als vorhin; sie hatte sich nun einmal doch in meinen Schutz begeben. Noch oft, wenn über uns ein Vogelschrei ertönte, warf sie hastig das Köpfchen herum, ob auch die geflügelten Feinde hinterdreinkämen, um ihre zerstörte Brut zu rächen; und wenn wir dann an ein Gerinne kamen, so reichte sie wie selbstverständlich mir die Hand, und es war unverkennbar, daß wir nun zusammen flogen.

Als wir auf der Werfte anlangten, stand der Vetter in der Tür.

»Susanne, mein liebes Kind«, sagte er mit einem seltsam geheimnisvollen Wesen, »deine Mutter ist drinnen im Zimmer; ich möchte ein Wort mit unserem jungen Freunde reden.«

Somit faßte er mich unter den Arm und führte mich um das Haus bis an die hintere Seite desselben. Hier machte er Halt und sah mir lange und zärtlich in die Augen.

»Mein Herzensjunge!« sagte er dann, »jetzt weiß ich's ja, weshalb du vorhin das alte Liebeslied von mir verlangtest, denn ich will's dir nur gestehen, daß es ein solches war, und zwar ein echtes. Da es dich die langen Jahre und bis zu diesem Ziele begleitet hat«, – der Vetter hielt einen Augenblick inne – »wenn du mich demnächst selbander besuchen wirst, ich glaube wohl, daß ich die Melodie noch wiederfinde.«

Was sollte ich auf so verfängliche Reden antworten!

»Ich verstehe Sie nicht, lieber Vetter!« sagte ich.

»Du verstehst mich nicht?«

Ich mußte wiederholt diese Versicherung geben; dann aber kam es heraus.

Vom Zimmer aus hatte der Vetter sein Teleskop auf immer neue Inseln und Halligen gerichtet, und die Geheimrätin hatte immer treu hindurchgesehen, »bis wir«, fuhr er fort, »zuletzt auch unseren eigenen Strand und als Staffage dich und Susanne vor unser Glas bekamen. Die Frau Cousine blickte mit ganz mütterlichem Stolze auf euch beide hin, auf einmal aber springt sie mit einem ›O mein Himmel!‹ in die Stube zurück. ›Vetter!‹ ruft sie, ›ich verstehe die Situation nicht!‹ und schiebt dann mit großer Hast mich selber vor das Teleskop. Und wie nun ich hindurchsehe, – ›Erstaunlich!‹ rufe auch ich, ›aber doch nicht völlig unverständlich!‹ und ›Meinen herzlichen Glückwunsch, Frau Cousine!‹ Denn, leugne es nur nicht, Vetter! du hieltest sie richtig in deinen Armen, und ich sage nur: Halte fest, mein Junge, halte fest! Denn dieses Kind ist Gott und den Menschen ein Wohlgefallen!«

Das Gesicht des alten Herrn strahlte vor Freude, und mir selbst begann das Herz sehr laut zu klopfen. Aber was half das alles! »Es tut mir leid«, sagte ich, »aber bestellen Sie den Glückwunsch nur wieder ab; denn es ist nichts, Vetter!« »Nichts?« »Nein, nichts!«

Und ich erzählte ihm nun, daß es nur die großen Vögel gewesen seien.

»Erstaunlich!« Er sah mich eine Weile zweifelnd an; dann, wie plötzlich entschlossen, drückte er mir kräftig die Hand und sagte: »Mein Herzensjunge, ich glaube, nun verstehst du die Situation nicht.«

Ob inzwischen auch Susanne ihre Mutter in dieser Weise aufgeklärt hatte, weiß ich nicht; ich bemerkte, da wir ins Zimmer traten, nur ein noch etwas feierlicheres Wesen an der alten Dame, als ihr sonst zu eigen war.

Nicht lange nachher kam die Zeit des Abschiedes. Die Damen fuhren; ich, in Begleitung des Vetters, ging zu Fuß an den Strand hinab. Als der Wagen uns schon fast erreicht hatte, ergriff der Alte noch einmal meinen Arm und führte mich ein Stückchen an dem Wasser hin. »Also, es ist wirklich nichts, mein Junge?« »Wirklich nichts, Vetter!« Er sah mich traurig an.

»Nun, so komm zu mir auf meine Hallig; wir lassen zu Ostern drei Fach für dich anbauen; überleg dir's wohl!« Und er drückte kräftig meine beiden Hände. Dann gingen wir zu Schiffe. Als wir schon weit vom Lande auf dem tiefen Wasser schwammen, sahen wir noch lange den Vetter, wie er grüßend seine Mütze schwenkte und wie die Abendsonne auf seine weißen Haare schien.

Nach Sonnenuntergang drehte sich der Wind; eine sanfte Brise wehte aus Südwest; vor uns aus dem dunklen Wasser stieg der Mond und erhellte mit seinem sanften Licht das Meer. Die Geheimrätin hatte ihren Atlasmantel mit Silberfuchs umgetan und der Kühle wegen sich unten in dem offenen Schiffsraume eingerichtet. Susanne, in weiche Tücher eingehüllt, lehnte neben mir an der Schanzkleidung; ihr Antlitz erschien fast blaß in der nächtlichen Beleuchtung.

Einmal aus der Ferne drang das Winseln eines Tieres über das Wasser zu uns her, und die Schiffer sagten, daß es ein junger Seehund sei, der seine Mutter suche. Dann war es wieder still, und nur die Wellen an unserem Schiffe rauschten. Wir aber standen noch immer und blickten über das Meer hinaus. Wohin in dieser leeren Weltenferne unsere Blicke gingen, wer vermöchte das zu sagen! Ob etwa auch Susanne noch an die wilden Vögel dachte? Sie verriet mir nichts davon, und ich habe es auch später nicht erfahren. Ebenso unsicher bin ich, ob der Klabautermann an Bord gewesen ist. Einmal, da ich den Kopf wandte, war mir zwar, als ob dort am Bugspriet unter dem Klüversegel sich etwas wie Nebel zusammenkauere, allein ich achtete nicht darauf. Zwei junge Augen, die sich, still wie diese Nacht, mitunter zu mir wandten, waren ein holderes Geheimnis. Wohl aber fühlte ich, daß Geister mit uns fuhren, denen selbst die Nähe der Geheimrätin kein Gegengewicht zu leisten vermochte.

Als wir dann endlich wieder auf unserem Deiche nach der Stadt zurückkehrten, sang über dem dämmernden Kog unsichtbar noch eine Lerche. Zur anderen Seite stand der Mond und warf gelblich blinkende Lichter auf den von der eintretenden Ebbe bloßgelegten Schlamm.

Es gibt Tage, die den Rosen gleichen; sie duften und leuchten, und alles ist vorüber; es folgt ihnen keine Frucht, aber auch keine Enttäuschung, keine von Tag zu Tag mitschreitende Sorge. – Ich habe meinen Hut und meinen Schnurrbart beibehalten, bis endlich beide zur allgemeinen Mode wurden und darin verschwanden. Es ist mir andererseits verhüllt geblieben, ob etwa im Verlaufe des Lebens der Blick jener blauen Augen neben dem Strahl des Edelsteins nicht auch die Härte desselben angenommen hat. Der Tag auf des Vetters Hallig, und mitten darin Susannens süße jugendliche Gestalt steht mir, wie Rungholt, wohlverwahrt in dem sicheren Lande der Vergangenheit.

Noch einmal, einige Jahre später, habe ich den Vetter auf seiner Hallig besucht; freilich nicht selbander, wie er derzeit es so herzlich mit mir im Sinne hatte. Sein Geist schien noch rüstig, aber mit seinem Körper ruhte er doch am liebsten am Fenster in dem weichen Lehnstuhle und ließ statt seiner Füße nur die Augen über die Hallig nach dem Strande wandern. Als ich hier ihm gegenübersaß, sah ich draußen aus dem blauen Himmel zwei jener weißen Möwen gegen das Haus fliegen. Auf halber Höhe der Werfte ließen sie sich nieder, und der Vetter öffnete das Fenster und warf ihnen Brot- und Fleischschnitte zu, die er neben sich auf der Fensterbank für sie in Bereitschaft hatte. »Früher kam ich zu ihnen«, sagte er, »nun müssen sie schon zu mir kommen.« – –

Jetzt suchen sie vergebens ihren Freund. Zwar ist er auf seiner Hallig geblieben, aber aus dem Hause hat man ihn hinausgetragen; die grüne Rasendecke liegt schützend über ihm. Er hat es gewagt, sich hier zur Ruhe zu begeben; wohl wissend, daß der Sturm die Flut zu seinem Grabe treiben, daß die Flut es aufwühlen und ihn in seinem schmalen Ruhebette auf das weite Meer hinaustragen könne. Aber wie hätte er jene großen Mächte fürchten sollen, in deren Schutz er sich so gern gesichert glaubte!

Mir hatte der treffliche Mann außer seiner Bibliothek und seinem handschriftlichen Nachlasse auch seine Cremoneser Geige vermacht, welche ich zufolge testamentarischer Anordnung, obgleich des Geigenspiels ganz unkundig, weder verschenken noch verkaufen, sondern nur vererben darf. So liegt sie denn jetzt unberührt bei anderen Gedächtnisstücken. Unter den Papieren aber finden sich einige kurze Aufzeichnungen von der Hand des Verstorbenen, welche vermuten lassen, daß derzeit bei seiner Flucht aus der Welt noch ein besonderer Hebel mitgewirkt habe. Auch die Zeit stimmt hiermit über ein, denn nach dem beigefügten Datum stammen sie sämtlich aus den letzten Jahren vor seinem Halligleben. Er wohnte damals noch in seinem eigenen Hause, das dicht neben der Stadt in einem baumreichen Garten gelegen war. Aus seinem Wohnzimmer, welches sich im oberen Stocke befand, sah man durch einige davorstehende Lindenbäume über ein paar grüne Felder auf die Heide, die sich damals noch weit nach Westen hinauszog. Ich weiß noch wohl – denn ich habe dort oft bei ihm gesessen – wie sehr er diesen Ausblick liebte. Die Heide war ihm ein vertrauter Ort; nicht nur daß er sie unablässig für seine entomologischen und botanischen Studien durchforschte, sondern er fand dort auch, wie er sich ausdrückte, »die nötige Erholung von dem Menschenleben«.

An diesem Fenster sitzend muß ich mir ihn denken, als er jene Zeilen niederschrieb, die jetzt in seiner kleinen, aber deutlichen Handschrift vor mir liegen.

Sie lauten also:

Wie gut es sich hier in den Oktobernachmittag hinausschaut! So golden scheint noch die Sonne; doch lösen sich unter ihrem Strahle schon die Blätter und sinken lautlos auf den feuchten Rasen; immer sichtbarer werden die nackten Äste. Von drunten aus den Holunderbüschen klang ein Drosselschlag; nach einer Weile rief es noch einmal aus der Ferne – es nimmt alles Abschied.

Die lichtgraue Dämmerung des Herbstabends hat sich verbreitet, Haus und Garten liegen schon im Schatten, hinter der Heide ist die Sonne hinabgegangen. Nur ganz fern am Himmel, dort, wohin wie Schatten jetzt die Vögel fliegen, ist noch eine leuchtende Wolkenschicht gebreitet. Sie steht über einem Lande jenseits des Horizonts, den meine Augen noch erreichen können. Aber auch dort wird bald der goldene Tag erlöschen. – –

Als ich in das Zimmer zurückblickte, lag noch ein Schimmer jenes Abendscheins auf meinem schwarzen Geigenkasten, der nun schon seit Jahren uneröffnet dort unter dem Bücherschranke steht. Die Geige, die er verbirgt, erstand ich einst aus dem Nachlasse eines früh verstorbenen Florentinischen Musikers, und erst seitdem wußte auch ich, daß ich spielen könne. Auf dem innern Rande des Kastens fand ich damals eine italienische Strophe eingeschrieben, und seltsam, da ich sie in unsere Sprache übertrug, war mir's, als hätte ich diese nun deutschen Verse einst selbst gemacht, und suchte lange, wiewohl vergebens, danach unter meinen alten Papieren. Aber sowie ich die Geige mit meinem Bogen anstrich, da sang es und schwoll es an zu einer Gewalt, die mich selbst erbeben machte. Das war nicht ich allein, der diese Töne schuf; ein geistig Erbteil war in dieser Geige, und ich war der rechte Erbe, der es mit eigener Kraft vermehrte. Nun ruht sie seit lange klanglos in ihrer schwarzen Truhe; denn schon vor Jahren hatte ich es erkannt: nur bis zu einer gewissen Grenze des Lebens fließt um unsere Nerven jener elektrische Strom, der uns über uns selbst hinausträgt und auch andere unwiderstehlich mit sich reißt.

Und nun? Und heute abend?

Ich muß vor den Spiegel treten, damit ich meine grauen Haare nicht vergesse.

Nein, nein! Ich will die Geige, meine klingende Seele, aus ihrem Sarge nehmen, und meine Hände sollen nicht zittern.

Eveline führte mich in den Saal. Er war noch leer, aber die Kerzen brannten schon; unter der Kristallkrone stand der geöffnete Flügel.

»Hier sollen Sie spielen!« sagte sie. »Dort auf dem Tischchen steht Ihr Geigenkasten.«

»Soll ich wirklich, Eveline?«

Sie legte, wie sie das zuweilen tat, ihre Wange in die Hand und sah mich ernsthaft an.

»Sie haben es mir doch versprochen!«

– »Und vor so hoher Gesellschaft?«

Denn in großen, ziemlich mäßigen Steindrucken, aber aus desto dickeren Goldrahmen schaute fast die ganze erste Rangklasse unseres Staatskalenders von den Wänden herab.

Sie lachte.

»Pst! Nicht spotten! Das sind Papas Penaten. Weshalb sehen Sie nicht auf meine Bilder, die bescheiden, aber tröstlich unter ihnen hängen?«

Und freilich, auch Goethe und Mozart waren, wenn auch in kleinerem Format, vertreten.

Die Gesellschaft drängte aus den anderen Zimmern in den Saal.

»Adieu!« sagte Eveline.

Sie reichte mir flüchtig die Hand, ihr dunkles Auge streifte mich; dann ging sie den Eintretenden entgegen. Ich suchte mir in der fernsten Ecke einen Platz. Der weiche, etwas müde Klang ihrer Stimme lag noch in meinem Ohr; aus ihren einfachsten Worten spricht es oft, ich weiß nicht, wie die schmerzliche Erwartung oder wie die heimliche Zusage eines Glückes. Bald aber gesellte sich mein werter Vetter, der Geheimrat, zu mir und sprach irgendetwas über Kunst; und ich besah mir indes die noch immer unter Geplauder und Komplimenten Platz nehmende Gesellschaft und verglich sie mit der, die an den Wänden hing.

Und jetzt wurde ein Akkord angeschlagen. Unser Adolf, der Musikdirektor, begann das Largo aus Beethovens D-Dur-Sonate. Und es wurde völlig still und blieb es auch; denn er versteht es, wenn die Stunde günstig ist, seinen Beethoven so eindringlich zu Gehör zu bringen, daß es schon sehr große Geister oder aber sehr große Flegel sein müssen, die dabei sich noch selber sollten hören mögen. Mit dem Einsatze der Menuett war mir sogar, als gehe ein Aufatmen des Entzückens durch den ganzen Saal. Ist doch Musik die Kunst, in der sich alle Menschen als Kinder eines Sterns erkennen sollen!

Dann führte der Musikdirektor seine jungen Scharen vor. Es waren frische, anmutige Stimmen darunter, und sie sangen ihre Tee- und Kaffeeliedchen, in denen sie sich so wohl fühlen, die wie die Sommervögel kommen und verschwinden. Sie sangen aber auch von den Liedern des neuen großen Komponisten, durch welchen Eichendorffs wunderbare Lyrik zuerst in der Musik ihren Ausdruck erhalten hat. Ahnungslos schwebten die jungen Stimmen über dem Abgrund dieser Lieder. – Ich weiß nicht, ob der Kapellmeister Johannes Kreisler davongelaufen wäre; ich saß ganz still und horchte auf den süßen, taufrischen Lerchenschlag der Jugend. Dazwischen immer behagliches Klatschen und liebkosende Worte der älteren Herren und Damen und laute Komplimente der jungen Kavaliere. Weshalb denn auch nicht?

Und nun – ich glaube fast, daß mir die Brust beklommen war – stand ich selbst am Flügel. Eveline hatte die Geige schweigend vor mich hingelegt und war dann ebenso zurückgetreten. Spohrs neuntes Konzert lag aufgeschlagen. Adolf sah mich an: »Nun, wollen wir?«

Wir kannten uns. Vor Jahren hatte mancher Abend, manche Nacht uns so vereint gesehen. Schon lag mein Bogen an den Saiten; ein paar Akkorde noch des Flügels, und sicher und kristallhell flog der erste Ton durch den Saal.

Und meine Geige sang, oder eigentlich war es meine Seele. Sie sang wie einst der Neck am Wasserfall, von dem die Kinder sagten, daß er keine Seele habe. – Du weißt es, meine Muse, denn du standest mir gegenüber neben dem Bilde deines Lieblings, des Jünglings Goethe, die schönen Hände in deinem Schoß gefaltet. Deine Augen waren hingegeben offen, und ich trank aus ihnen die entzückende Götterkraft der Jugend. Und die Wände des Gemaches schwanden und der rauschende Wasserfall stand, und alle die jungen Vögel, die eben noch so laut geschlagen hatten, verstummten lauschend. Ich war eins mit dir, schöne jugendliche Göttin, hoch oben stand ich herrschend; ich fühlte, wie die Funken unter meinem Bogen sprühten; und lange, lange hielt ich sie alle in atemlosem Bann.

Wir waren zu Ende. Adolf nahm die Hände vom Klavier, sah zu mir auf und nickte leise.

Und da ich den Bogen fortgelegt hatte, blickten die Jungen auf mich, halb scheu, mit erstaunten großen Augen, als hätten sie plötzlich entdeckt, ich sei noch einer von den Ihren, den sie nicht erkannt, der nun plötzlich die Maske des Alters fortgeworfen habe.

Erst als Adolf seinen Stuhl rückte und aufstand, wurde die Stille unterbrochen und die Gesellschaft drängte sich zu uns. Nur ich wußte, daß plötzlich Evelinens Hand in meiner lag. Oder war es die Hand meiner Muse, die noch einmal flüchtig mich berührte? Sie haben dich gescholten, Eveline.

Und wenn ihr wahr gesprochen hättet – laßt sie mir! Auch die Natur, von welcher, gleich der Rose, sie nur ein Teil ist, vermag uns nichts zu geben, als was wir selber ihr entgegenbringen. Vielleicht gelangt der Mensch überall nicht weiter und wir sterben einsam, wie wir einsam geboren wurden. Und dennoch, was wäre das Leben, wenn es keine Rosen gäbe?

Weißt du, daß es Vorgesichte gibt? – Mitunter, als könne sie nicht warten, bis auch ihre Zeit gekommen ist, wirft die Zukunft ihr Scheinbild in die Gegenwart. – Du ahntest nichts davon, aber ich habe es gesehen; es war mitten im kerzenhellen Saale. Du hattest getanzt und lehntest atmend in der Sofaecke; da sah ich dein Antlitz sich verwandeln, deine Züge wurden scharf, deine Wangen schlaff und fahl. Schon streckte meine Hand sich aus, um leis die Rose aus deinem Haar zu nehmen; denn sie saß dort wie ein Hohn für dein armes Angesicht. Aber es verschwand, da ich fest dich anblickte; du lächeltest, du warst wieder nicht älter als deine achtzehn Jahre. Unmächtig wich das Gespenst zurück; nur ich sah es noch immer wie eine verhüllte Drohung in der Ferne stehen.

O Eveline! Der Strom der Schönheit ergießt sich ewig durch die Welt, aber auch du bist nur ein Wellenblinken, das aufleuchtet und erlischt; und alle Zukunft wird einst Gegenwart.

Im eigenen Herzen geboren,
Nie besessen,
Dennoch verloren.

Wie seltsam, diese Worte auf meinem Geigenkasten!

Auch das ist nun vorüber. –

Hier scheinen in den Aufzeichnungen des Vetters ein oder mehrere Blätter zu fehlen; denn das Folgende, womit dort ein neues Blatt beginnt, ist augenscheinlich nur der Schluß eines längeren Aufsatzes.

– – »Aber ein Hauch der ewigen Jugend, die in mir ist, hat doch dein Herz berührt; mögen noch so übermütig deine jungen Lippen zucken. Einst, wenn auch du zu den Schatten gehörst, deren Mund vergebens nach dem Kelche dürstet, aus dem vor ihren Augen die Jugend in vollen Zügen trinkt, wird die Erinnerung an mich dich jäh überfallen; vielleicht am stillen Abend, wenn du hinter abgeheimsten Stoppeln die Sonne sinken siehst, vielleicht – auch das ist möglich – erst in den Schauern des Todes, in jenem letzten Augenblicke, wo alle Erdengeister dich verlassen. – Und nun geh, Eveline; denn jetzt sind sie alle noch in deinem Dienst!«

Ihre Hand zitterte, die, wie ich jetzt erst fühlte, in der meinen lag. Aber sie zog sie schweigend zurück, und ging.

»Gute Nacht, Eveline!«

Du aber, o Muse des Gesanges, verlasse du mich noch nicht! Laß mich mein Haupt an deine Schulter lehnen; denn ich bin müde, müde wie ein gehetztes Wild; und sollte ich heimlich bluten, so lege du die Hand auf meine Wunde! –

Hier enden diese Aufzeichnungen. Kein Band, keine Locke, keine Blume liegt bei den vergilbten Blättern.

Wer war jene Eveline, welche dies alternde Herz noch einmal so tief zu erschüttern vermochte? – Ich kenne keine ihres Namens. Requiescat! Requiescat!

Robert Gernhardt

Der Inselpfarrer

Liebe Inselgemeinde,

die Ihr Euch hier im Beate USEDOM versammelt habt, im Namen des HALLIGEN Geistes: Wir wollen heute drei Lieder miteinander singen, denn ALEUTEN Dinge sind drei …

Das erste Lied kennen wir: BALEAREN wieder kommt MONTE CHRISTOS Kind.

Sodann singen wir folgende CEYLON: BRITANNIENbaum, BRITANNIENbaum wie GRÖNLAND deine Blätter … Und als drittes stimmen wir den schönen Choral an: Das kann doch einen FEHMARN nicht erschüttern.

Doch bevor es weiter geht im TEXEL, möchte ich Euch erzählen, was mir auf Eurer Insel zugestoßen ist. Als ich erwachte, war da ein gewaltiger Lärm: Ist es der Wind, der wieder MALLORCAnstärke erreicht hat? Fragte ich mich. Spielt da etwa jemand auf der KUBA? Oder KRETA schon irgendwo ein Hahn? Oder wiehert da vielleicht ein IBIZAner? O nein: Es war SANKT HELENA, eine meiner alten Sixtanten, die mich mit den Worten: »Hochwürden SYLT wohl TAIWANsinnig geworden, alter StubenHOCKAIDO, raus aus dem BELT! Aber ein bisschen BALIBALI!« von meiner SUMATRAtze scheuchte.

Mir war seehundeelend: Ich durchwühlte meine KOMODO. Leider fand ich kein Alka Seltzer. Aber gegenüber in der DJERBAR gab es wenigstens ein ALKATRAZ, wahlweise mit einer Tasse TEE-NERIFFA oder einem Kännchen MACAO. Und dazu ein hartgekochtes NORDERNEY ohne Salz. Das ganze für

NEU-GUINEA fünfzig! Das war schon starker TOBAGO! Ich rief die Frau Wirtin: »Aber TRINI-DAD sind ja umgerechnet mehr als 1000 TERSCHELLING! TAS MANIEN Sie doch nicht im Ernst! Das bringt mich aber auf LA PALMA!« beschwerte ich mich, doch sie sagte ungerührt: »SANSI-BAR oder mit Scheck?«

Ich machte mich auf den Weg zum Beate USEDOM. Da war ein Flirren und Sirren in der Morgenluft von Millionen MYKONOS. PHILI-PINEN summten und brummten von Blüte zu Blüte. Alles hätte so lustig sein können, wären da nicht meine lästigen HEBRIDEN gewesen, die wieder einmal juckten und brannten wie FEUERLAND.

JUIST in diesem Moment sah ich ein Kind, das noch keine sieben JA-WA. Es BORK-UM die Ecke und trat mir voll auf den Fuß, genau auf mein SPIEKEROOG.

»Verflucht«, schimpfte ich, »der unterste war MAIN-AU!«

»Weiß ich ELBA!«, rief das Kind und steckte den Finger in die Nase.

Ich sagte zu seinem Vater: »Ihr Kind ist schlecht AZOREN, guter Mann, sonst würde es nicht in aller Öffentlichkeit IN-DONESIEN BORNEO!«

Er aber erwiderte frech: »Sie CAYENNEN mich mal, Sie ZYPRIOT!«

»Auch Ihre Zeit ist BALT-RUM«, FEHMARNte ich ihn, »und wenn Sie dereinst an der Himmelspforte SEYCHELLEN, wird der Eiland Sie vielleicht mit den Worten abweisen: Sie CAYENNEN mich mal, Sie PELLWORM!«

Da zog er eine Waffe und sprach: »LOFOTEN hoch! Ich CELE-BES drei!«

»SRI LANKAariger Affe!«, schrie ich ihn an: »Wissen Sie denn nicht, auf wen SI-ZILIEN!?«

Da entriß er mir meinen neuen LederKORFU und flüchtete in vollem GALAPAGOS.

Schließlich kam ich an einem Haus vorbei und sah darinnen eine Frau sich die Haare FÜNEN bei offenen SARDINIEN. Sie war splitterNAXOS und trug noch nicht einmal einen BIKINI. »A-TOLL!«, entfuhr es mir.

Doch ein anderer Mann linste bereits lüstern zum Fenster hinein. »Hinten ANTILLEN!«, sagte er frech.

Aber ich sprach: »Wir sind hier nicht auf Sodom und GOMERA, Lustmolch! Schämst du dich nicht, solch LANGE-OOGen zu machen?«

»Aber da ist doch nichts HAWAI«, erwiderte er, »ich bin Künstler und MALE-DIVEN.« – »Du malst Diven?« – »Ja, und ich erfreue mich am majestätischen Anblick ihrer schönen FORMENTERA.« –

»BAHAMAS doch! Jetzt HA-I-TI durchschaut!«, tobte ich, denn ich glaubte ihm kein Wort: »RÜGEN haben kurze Beine! Was ragt denn da aus deinen HELGOLENDEN?«

»Ach«, sprach er, »das ist doch nur mein kleiner BORNHOLM.«

»Mir sieht das aber mehr aus wie eine ausgefahrene LANZAROTE! Und warum siehst du plötzlich so RHOD-OS? Gestehe, rief ich: Dich erregt der Anblick ihrer unbedeckten SPITZBERGEN und ihrer rasierten FORMOSA!«

Und wahrlich, ich sage euch: Der liebe Gott sieht alles, denn er hat eine GUADE-LOUPE! In Ewigkeit, AMRUM.

Jonathan Swift

Reise nach Laputa

Ich ersuchte den König um Erlaubnis, die Merkwürdigkeiten der Insel besehen zu dürfen. Seine Majestät hatte die Gnade, mir dieselbe zu bewilligen und befahl meinem Lehrer mich zu begleiten. Ich wollte hauptsächlich wissen, welchen künstlichen und natürlichen Ursachen die Insel ihre Bewegungen verdanke, und will hierüber dem Leser jetzt einen philosophischen Bericht erstatten.

Die fliegende oder schwebende Insel ist zirkelförmig, beträgt siebentausendachthundert und siebenunddreißig Ellen, oder vier und eine halbe Meile im Durchmesser, und enthält somit zehntausend Morgen Land. Die Dicke beträgt dreihundert Ellen. Der Boden erscheint denen, welche sie von unten aus erblicken, als eine ebene Fläche von Diamant, die zur Höhe von zweihundert Ellen aufsteigt. Über dieser Fläche liegen mehrere Mineralschichten in gewöhnlicher Ordnung, und über diesen eine Lage wie von fetter Dammerde in der Tiefe von zehn oder zwölf Fuß. Die abhängige Lage der ersten Oberfläche, vom Umkreise bis zum Mittelpunkte, ist die natürliche Ursache, weshalb Tau und Regen, der auf die Insel fällt, in kleinen Bächen nach der Mitte dringen und sich dort in große Becken ausleeren, die ungefähr eine halbe Meile im Umfang betragen, und zweihundert Ellen vom Mittelpunkte entfernt sind. Die Sonne verdunstet dieses Wasser fortwährend am Tage, so daß es nicht überfließen kann. Da der König außerdem nach Belieben die Insel über die Wolken- und Dünstregion erheben kann, vermag er das Niederfallen des Regens und Taues, wie er will, verhindern. Die höchsten

Wolken können ja nach der Behauptung der Naturforscher nicht über eine Stunde steigen; in diesem Lande hat man wenigstens die Bemerkung gemacht.

Im Mittelpunkt der Insel befindet sich eine Spalte von fünfzig Ellen im Durchmesser, von wo die Astronomen in ein großes Gebäude steigen, das deshalb Flandona gagnole, oder die Astronomenhöhle heißt, und hundert Ellen über der Oberfläche des Diamants liegt. In dieser Höhle brennen fortwährend zwanzig Lampen, welche durch den Reflex des Diamants nach allen Seiten hin ein starkes Licht ausströmen. Der Ort ist mit einer großen Menge von Astrolaben, Sextanten, Quadranten, Teleskopen und anderen astronomischen Instrumenten versehen. Die größte Merkwürdigkeit, wovon das Schicksal der Insel abhängt, besteht in einem Magnetstein von ungeheurer Größe, welcher an Gestalt einem Weberschiff ähnlich ist. Er beträgt sechs Ellen in der Länge, und am dicksten Teil wenigstens drei Ellen. Dieser Magnet wird durch eine starke diamantene Axe gehalten, welche die Mitte durchdringt; man hat ihn so genau im Gleichgewicht aufgestellt, daß die schwächste Hand ihn drehen kann. Er ist mit einem hohlen Zylinder von Diamant eingefaßt, der vier Fuß in Tiefe und Dicke, zwölf Ellen im Durchmesser beträgt, und in horizontaler Lage von acht diamantenen, sechs Fuß hohen Füßen gehalten wird. In der Mitte der konkaven Seite befindet sich eine zwölf Zoll tiefe Rinne, worin die Extremitäten der Axe liegen, und nach der sich bietenden Gelegenheit gedreht werden.

Der Stein kann durch keine Kraft fortgebracht werden, weil der Reif und die Grundlage mit dem diamantenen Körper zusammenhängen, welcher den Boden der Insel bildet.

Vermöge dieses Magnetsteins wird die Insel gehoben, gesenkt und fortbewegt. In Betreff des von dem König beherrschten Landes besitzt der Stein am einen Ende eine anziehende Kraft, und an dem andern eine zurückstoßende. Richtet man den Magnet in die Höhe, so daß die anziehende Kraft der Erde zugerichtet ist, so senkt sich die Insel; richtet man die zurückstoßende Extremität nach unten, so steigt die Insel; erhält der Stein eine schräge Richtung, so bewegt sich die Insel in derselben Weise. Der Magnet äußert stets seine Kräfte in paralleler Richtung.

Durch diese schräge Bewegung wird die Insel zu den verschiedenen Teilen des Reiches getragen. Um diese Reiseart auszudrücken, mag AB eine queer durch das Gebiet von Balnibarbi gezogene Linie bedeuten, CD den Magnet darstellen, wovon D das repulsierende, C das attrahierende Ende ist; die Insel selbst schwebt über C. Erhält nun der Magnet die Richtung CD mit dem repulsierenden Ende nach unten, so bewegt sich die Insel nach D. Ist sie in D angekommen, mag man den Stein auf seiner Axe drehen, bis das attrahierende Ende auf E gerichtet ist, und die Insel wird sich alsdann nach E bewegen; wird der Stein nun wieder gedreht, bis er die Stellung EF annnimmt, mit dem repulsierenden Ende nach unten, so wird die Insel in schräger Richtung nach F steigen, und richtet man sie durch die Attractive nach G, wird sie sich nach G erheben, und von G nach H kommen, wenn man das repulsierende Ende gerade nach unten stellt. Indem man so die Richtung des Steines verändert, läßt man die Insel in schräger Richtung fallen und steigen (letzteres ist jedoch nicht sehr bedeutend), und transportiert sie von einem Teile des Landes zum andern.

Man muß jedoch bemerken, daß diese Insel sich nicht über das Königreich hinaus bewegen und auch nicht höher als zwei Stunden steigen kann. Die Astronomen, welche dicke Bücher über den Stein geschrieben haben, erklären dies aus folgendem Grunde: die magnetische Kraft dehne sich nicht über vier Meilen weit aus, und das Mineral, welches auf den Stein einwirkt, und im Inneren der Erde und in dem Meere bis auf die Entfernung von sechs Stunden, vom Ufer an gerechnet, verborgen liegt, sei nicht auf dem ganzen Erdkreis so verbreitet, sondern allein auf das Gebiet des Königs beschränkt. Sonst würde es durch den Vorteil der höheren Lage sehr leicht sein, ein jedes Land zu unterwerfen, welches im Bereich des Magneten liege.

Liegt der Magnet mit dem Horizonte parallel, so steht die Insel still. Da seine Enden alsdann in gleicher Entfernung von der Erde sich befinden, wirken sie mit gleicher Kraft. Das eine zieht nach oben, das andere nach unten; somit kann auch keine Bewegung stattfinden.

Der Stein steht unter der Leitung mehrerer Astronomen, die ihm auf Befehl des Königs die verschiedenen Richtungen geben. Diese verbringen den größten Teil ihres Lebens in der Beobachtung der Himmelskörper, und zwar durch Hilfe von Gläsern, welche die unsrigen bei Weitem übertreffen. Obgleich ihre Teleskope nur drei Fuß Länge haben, vergrößern sie dennoch mehr als unsere von hundert Fuß, und zeigen auch die Sterne mit größerer Deutlichkeit. Dieser Vorteil hat die Laputier in Stand gesetzt, Entdeckungen zu machen, die wir in Europa nicht ahnen. In ihrem Katalog befinden sich zehntausend Fixsterne, da doch die größten Verzeichnisse, welche wir besitzen, kaum ein Drittel dieser Zahl enthalten. Sie haben auch zwei Trabanten des Mars entdeckt, deren nächster von seinem Hauptplaneten so weit entfernt ist, wie dessen Durchmesser dreimal beträgt, und der entferntere fünfmal; ersterer dreht sich um den Mars in zwanzig, letzterer in einundzwanzig und einer halben Stunde. Das Quadrat der periodischen Umwälzung beider steht in demselben Verhältnis wie das Kubik ihrer Entfernung vom Zentrum des Mars, und dies erweist, daß sie nach denselben Gesetzen der Schwere, wie die übrigen Himmelskörper regiert werden.

Außerdem haben die Laputier neununddreißig verschiedene Kometen beobachtet und ihre Bahnen mit großer Sicherheit beschrieben. Ist dies wirklich der Fall (und sie behaupten es mit dem größten Selbstvertrauen), so wäre zu wünschen, daß ihre Bemerkungen allgemein bekannt würden; die Theorie der Kometen, welche bis jetzt sehr lahm und mangelhaft ist, würde dadurch dieselbe Vollkommenheit, wie andere Teile der Astronomie, erreichen. Der König würde der unumschränkteste Fürst der Erde sein, wenn er seine Minister überreden könnte, ihm hierin behilflich zu sein. Diese aber besitzen Güter auf dem Festlande, und überlegen, das Amt eines Günstlings sei ein sehr ungewisser Besitz. Deßhalb wollen sie nie ihre Einwilligung geben, ihrem Vaterlande zur Sklaverei zu verhelfen.

Wenn eine Stadt Meuterei und Empörung beginnt, in heftigen Parteikampf gerät, oder die gewöhnlichen Abgaben nicht zahlen will, so bringt sie der König durch zwei Methoden wieder zum Gehorsam. Das erste und mildere Verfahren besteht darin, daß er die Insel über eine solche Stadt und das sie umgebende Gebiet schweben läßt, wodurch er die Einwohner des Sonnenscheins und des Regens beraubt, und folglich Krankheiten und Teurung bei ihnen bewirkt. Verdient ihr Verbrechen eine größere Strafe, so werden sie zugleich von oben mit großen Steinen beworfen, gegen welche sie sich nicht anders schützen können, als daß sie sich in Keller und Höhlen verkriechen, während die Dächer ihrer Häuser zertrümmert werden. Bleiben sie dann noch immer hartnäckig, und drohen sie sogar mit einem Aufstande, so läßt der König die Insel ihnen auf den Kopf fallen, wodurch sowohl Häuser als Menschen vernichtet werden. Dies ist jedoch nur ein außerordentliches Mittel, wozu der König selten genötigt wird, und was er auch nicht in Anwendung zu bringen wünscht. Ferner wagen auch die Minister nicht, ihm eine Handlung anzuraten, wodurch sie dem Volke verhaßt und ihre eigenen Güter, welche unten liegen, zerstört würden. Die Insel ist nämlich eine Domäne der Krone.

Es findet sich jedoch noch ein anderer Grund, weshalb die Könige dieses Landes einer so furchtbaren Handlung stets abgeneigt sind, wenn sie nicht durch die äußerste Not dazu gezwungen werden. Wenn nämlich die zu verwüstende Stadt große und spitze Felsen enthielte, wie dies in den größeren Städten nicht ungewöhnlich ist, da die Einwohner eine solche Lage, wahrscheinlich um jene Katastrophe zu verhindern, häufig gewählt haben, oder sollte eine Stadt viele Kirchtürme und steinerne Pfeiler besitzen, so möchte die untere Fläche der Insel, ob dieselbe gleich aus Diamant besteht und zweihundert Ellen dick ist, durch den plötzlichen Stoß zerbrochen, oder wenn sie den Feuern der Häuser zu nahe käme, einen Riß, wie bei uns ein Schornstein, bekommen, mag derselbe auch von Stein und Eisen erbaut sein. Das Volk ist mit allen diesen Umständen genau bekannt und weiß sehr wohl, wie weit es seinen Eigensinn treiben darf, wenn Freiheit und Eigentum in Gefahr gerät. Der König, wenn er am heftigsten gereizt und entschlossen ist, eine Stadt in einen Schutthaufen zu verwandeln, läßt die Insel nur langsam hinabsteigen, wobei er zärtliche Liebe zu seinen Untertanen als Vorwand angibt, jedoch in Wirklichkeit die Besorgnis hegt, einen Riß in den diamantenen Boden zu bewirken. Alle Naturforscher sind nämlich der Meinung, in dem Fall würde der Magnet die Insel nicht mehr tragen können, und die ganze Masse würde zu Boden fallen müssen.

Durch ein Grundgesetz des Königreichs darf weder der Monarch noch seine zwei ältesten Söhne die Insel verlassen, auch nicht die Königin, bis sie ihr Kindbett überstanden hat.

Quälereien habe ich zwar auf dieser Insel nicht erleiden müssen, ich hielt mich jedoch für vernachläßigt, und sogar auch teilweise für verachtet. Weder der König noch das Volk zeigte Neugier für irgendeine andere Kenntnis als Mathematik und Musik, worin die Laputier mir überlegen waren, und mich deshalb geringschätzten. Als ich nun die Merkwürdigkeiten der Insel gesehen hatte, war mein größter Wunsch, sie zu verlassen, denn ich war der Einwohner herzlich müde. Sie waren wirklich in zwei Wissenschaften, für die ich die größte Achtung hege und womit ich auch nicht unbekannt bin, im höchsten Grade ausgezeichnet, allein zugleich so sehr in ihre Spekulationen vertieft, daß ich mich niemals in unangenehmerer Gesellschaft befunden habe. Ich unterhielt mich während meines zweimonatlichen Aufenthalts allein mit Weibern, Klatschern und Pagen, wodurch ich mich zuletzt sehr verächtlich machte. Diese waren jedoch die einzigen Leute, von denen ich vernünftige Antworten erhalten konnte.

Durch angestrengtes Studium hatte ich mir eine bedeutende Kenntnis der Landessprache verschafft. Es war mir aber langweilig auf einer Insel zu bleiben, wo ich so wenig Ermutigung erhielt, und beschloß deshalb, sie mit der ersten Gelegenheit zu verlassen.

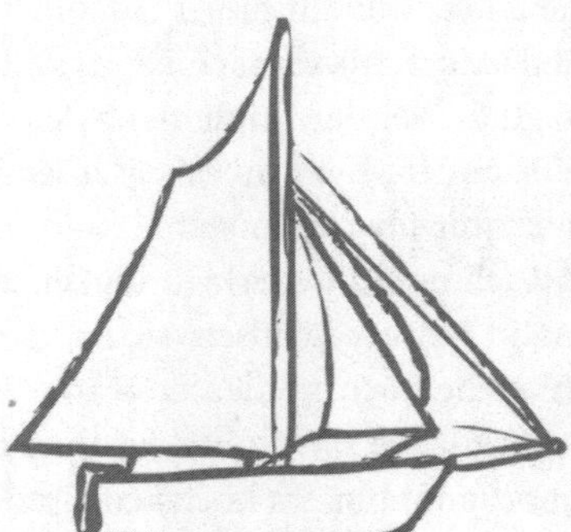

Adelbert von Chamisso

Salas y Gomez

1.

Salas y Gomez raget aus den Fluten
Des stillen Meers, ein Felsen kahl und bloß,
Verbrannt von scheitelrechter Sonne Gluten,
Ein Steingestell ohn' alles Gras und Moos,
Das sich das Volk der Vögel auserkor
Zur Ruhstatt im bewegten Meeresschoß.
So stieg vor unsern Blicken sie empor,
Als auf dem Rurik: ›Land im Westen! Land!‹
Der Ruf vom Mastkorb drang zu unserm Ohr.
Als uns die Klippe nah' vor Augen stand,
Gewahrten wir der Meeresvögel Scharen
Und ihre Brüteplätze längs dem Strand.
Da frischer Nahrung wir bedürftig waren,
So ward beschlossen, den Versuch zu wagen,
In zweien Booten an das Land zu fahren.
Es ward dabei zu sein mir angetragen.
Das Schrecknis, das der Ort mir offenbart,
Ich werd' es jetzt mit schlichten Worten sagen.
Wir legten bei, bestiegen wohlbewahrt
Die ausgesetzten Boote, stießen ab,
Und längs der Brandung rudernd ging die Fahrt.
Wo unterm Wind das Ufer Schutz uns gab,
Ward angelegt bei einer Felsengruppe;
Wir setzten auf das Trockne unsern Stab.

Und eine rechts, und links die andre Truppe,
Verteilten sich den Strand entlang die Mannen,
Ich aber stieg hinan die Felsenkuppe.
Vor meinen Füßen wichen kaum von dannen
Die Vögel, welche die Gefahr nicht kannten
Und mit gestreckten Hälsen sich besannen.
Der Gipfel war erreicht, die Sohlen brannten
Mir auf dem heißen Schieferstein, indessen
Die Blicke den Gesichtskreis rings umspannten.
Und wie die Wüstenei sie erst ermessen
Und wieder erdwärts sich gesenket haben,
Läßt eines alles andre mich vergessen.
Es hat die Hand des Menschen eingegraben
Das Siegel seines Geistes in den Stein,
Worauf ich steh': – Schriftzeichen sind's, Buchstaben.
Der Kreuze fünfmal zehn in gleichen Reihn,
Es will mich dünken, daß sie lang' bestehen,
Doch muß die flücht'ge Schrift hier jünger sein.
Und nicht zu lesen! – deutlich noch zu sehen
Der Tritte Spur, die sie verlöschet fast;
Es scheint ein Pfad darüber hinzugehen.
Und dort am Abhang war ein Ort der Rast,
Dort nahm er Nahrung ein, dort Eierschalen!
Wer war, wer ist der grausen Wildnis Gast?
Und spähend, lauschend schritt ich auf dem kahlen
Gesims einher zum andern Felsenhaupte,
Das zugewendet liegt den Morgenstrahlen.
Und wie ich, der ich ganz mich einsam glaubte,
Erklomm die letzte von den Schieferstiegen,
Die mir die Ansicht von dem Abhang raubte,
Da sah ich einen Greisen vor mir liegen,
Wohl hundert Jahre, mocht' ich schätzen, alt,
Des Züge, schien es, wie im Tode schwiegen.
Nackt, langgestreckt die riesige Gestalt,

Von Bart und Haupthaar abwärts zu den Lenden
Den hagern Leib mit Silberglanz umwallt,
Das Haupt getragen von des Felsen Wänden,
Im starren Antlitz Ruh', die breite Brust
Bedeckt mit übers Kreuz gelegten Händen.
Und wie entsetzt mit schauerlicher Lust
Ich unverwandt das große Bild betrachte,
Entflossen mir die Tränen unbewußt.
Als endlich, wie aus Starrkrampf, ich erwachte,
Entbot ich zu der Stelle die Gefährten,
Die bald mein lauter Ruf zusammenbrachte.
Sie lärmend herwärts ihre Schritte kehrten
Und stellten, bald verstummend, sich zum Kreis,
Die fromm die Feier solchen Anblicks ehrten.
Und seht, noch reget sich, noch atmet leis',
Noch schlägt die müden Augen auf und hebt
Das Haupt empor der wundersame Greis.
Er schaut uns zweifelnd, staunend an, bestrebt
Sich, noch zu sprechen mit erstorbnem Munde. –
Umsonst! er sinkt zurück, er hat gelebt.
Es sprach der Arzt, bemühnd in dieser Stunde
Sich um den Leichnam noch: ›Es ist vorbei!‹
Wir aber standen betend in der Runde.
Es lagen da der Schiefertafeln drei
Mit eingeritzter Schrift; mir ward zu teile
Der Nachlaß von dem Sohn der Wüstenei.
Und wie ich bei den Schriften mich verweile,
Die rein in span'scher Zunge sind geschrieben,
Gebot ein Schuß vom Schiffe her uns Eile.
Ein zweiter Schuß und bald ein dritter trieben
Von dannen uns mit Hast zu unsern Booten;
Wie dort er lag, ist liegen er geblieben.
Es dient der Stein, worauf er litt, dem Toten
Zur Ruhestätte wie zum Monumente.

Und Friede sei dir, Schmerzenssohn, entboten!
Die Hülle gibst du hin dem Elemente;
Allnächtlich strahlend über dir entzünden
Des Kreuzes Sterne sich am Firmamente,
Und was du littest, wird dein Lied verkünden.

2. Die erste Schiefertafel

»Mir ward von Freud' und Stolz die Brust geschwellt,
Ich sah bereits im Geiste hoch vor mir
Gehäuft die Schätze der gesamten Welt.
Der Edelsteine Licht, der Perlen Zier
Und der Gewänder Indiens reichste Pracht,
Die legt' ich alle nur zu Füßen ihr.
Das Gold, den Mammon, diese Erdenmacht,
An welcher sich das Alter liebt zu sonnen,
Ich hatt's dem grauen Vater dargebracht.
Und selber hatt' ich Ruhe mir gewonnen,
Gekühlt der tatendurst'gen Jugend Glut
Und war geduldig worden und besonnen.
Sie schalt nicht fürder mein zu rasches Blut;
Ich wärmte mich an ihres Herzens Schlägen,
Von ihren weichen Armen sanft umruht.
Es sprach der Vater über uns den Segen,
Ich fand den Himmel in des Hauses Schranken
Und fühlte keinen Wunsch sich fürder regen.
So wehten töricht vorwärts die Gedanken;
Ich aber lag auf dem Verdeck zu Nacht
Und sah die Sterne durch das Tauwerk schwanken.
Ich ward vom Wind mit Kühlung angefacht,
Der so die Segel spannte, daß wir kaum
Den flücht'gen Weg je schnellern Laufs gemacht.
Da schreckte mich ein Stoß aus meinem Traum,

Erdröhnend durch das schwache Bretterhaus;
Ein Wehruf hallte aus dem untern Raum.
Ein zweiter Stoß, ein dritter; krachend aus
Den Fugen riß das Plankenwerk, die Welle
Schlug schäumend ein und endete den Graus.
Verlorner Schwimmer in der Brandung Schwelle,
Noch rang ich jugendkräftig mit den Wogen
Und sah noch über mir die Sternenhelle.
Da fühlt' ich in den Abgrund mich gezogen,
Und wieder aufwärts fühlt' ich mich gehoben
Und schaute einmal noch des Himmels Bogen.
Dann brach die Kraft in der Gewässer Toben;
Ich übergab dem Tod mich in der Tiefe
Und sagte lebewohl dem Tag dort oben.
Da schien mir, daß in tiefem Schlaf ich schliefe,
Und sei mir aufzuwachen nicht verliehen,
Obgleich die Stimme mir's im Innern riefe.
Ich rang, mich solchem Schlafe zu entziehen,
Und ich besann mich, schaut' umher und fand,
Es habe hier das Meer mich ausgespieen.
Und wie vom Todesschlaf ich auferstand,
Bemüht' ich mich, die Höhe zu ersteigen,
Um zu erkunden dies mein Rettungsland.
Da wollten Meer und Himmel nur sich zeigen,
Die diesen einsam nackten Stein umwanden,
Dem nackt und einsam selbst ich fiel zu eigen.
Wo dort mit voller Wut die Wellen branden,
Auf fernem Riffe war das Wrack zu sehen,
Woselbst es lange Jahre noch gestanden.
Mir unerreichbar! – Und des Windes Wehen,
Der Strom, entführen seewärts weiter fort
Des Schiffbruchs Trümmer, welcher dort geschehen.
Ich aber dachte: Nicht an solchem Ort
Wirst lange die Gefährten du beneiden,

Die früher ihr Geschick ereilte dort.
Nicht also, – mich, es will nur mich vermeiden!
Der Vögel Eier reichen hin allein,
Mein Leben zu verlängern und mein Leiden.
Selbander leb' ich so mit meiner Pein
Und kratzte mit den scharfen Muschelscherben
Auf diesen mehr als ich geduld'gen Stein:
Ich bin noch ohne Hoffnung, bald zu sterben.«

3. Die andere Schiefertafel

»Ich saß vor Sonnenaufgang an dem Strande,
Das Sternenkreuz verkündete den Tag,
Sich neigend zu des Horizontes Rande.
Und noch gehüllt in tiefes Dunkel, lag
Vor mir der Osten, leuchtend nur entrollte
Zu meinen Füßen sich der Wellenschlag.
Mir war, als ob die Nacht nicht enden wollte;
Mein starrer Blick lag auf des Meeres Saum,
Wo bald die Sonne sich erheben sollte.
Die Vögel auf den Nestern, wie im Traum,
Erhoben ihre Stimmen; blaß und blasser
Erlosch der Schimmer in der Brandung Schaum.
Es sonderte die Luft sich von dem Wasser,
In tiefem Blau verschwand der Sterne Chor:
Ich kniet' in Andacht und mein Aug' ward nasser.
Nun trat die Pracht der Sonne selbst hervor,
Die Freude noch in wunde Herzen senkt;
Ich richtete zu ihr den Blick empor.
Ein Schiff! ein Schiff! mit vollen Segeln lenkt
Es herwärts seinen Lauf mit vollem Winde!
Noch lebt ein Gott, der meines Elends denkt!
O Gott der Liebe, ja, du strafst gelinde!

Kaum hab' ich dir gebeichtet meine Reu',
Erbarmen übst du schon an deinem Kinde!
Du öffnest mir das Grab und führst aufs neu'
Zu Menschen mich, sie an mein Herz zu drücken,
Zu leben und zu lieben warm und treu!
Und oben von der Klippe höchstem Rücken
Betrachtend scharf das Fahrzeug, ward ich bleich;
Noch mußte mir bemerkt zu werden glücken.
Es wuchs das hergetragne Schiff, zugleich
Die Angst in meinem Busen namenlos;
Es galt des Fernrohrs möglichen Bereich.
Nicht Rauch! Nicht Flaggentuch! – so bar und bloß,
Die Arme nur vermögend auszubreiten!
Du kennst, barmherz'ger Gott, du fühlst mein Los!
Und ruhig sah ich her das Fahrzeug gleiten
Mit windgeschwellten Segeln auf den Wogen,
Und schwinden zwischen ihm und mir die Weiten.
Und jetzt –! es hat mein Ohr mich nicht betrogen,
Des Meisters Pfeife war's, vom Wind getragen,
Die wohl ich gier'gen Durstes eingesogen.
Wie wirst du erst, den seit so langen Tagen
Entbehrt ich habe, wonnereicher Laut
Der Menschenred', ans alte Herz mir schlagen!
Sie haben mich, die Klippe doch erschaut,
Sie rücken an die Segel, im Begriff,
Den Lauf zu ändern. – Gott, dem ich vertraut!
Nach Süden – –? Wohl! Sie müssen ja das Riff
Umfahren, fern sich halten von der Brandung.
O gleite sicher, hoffnungsschweres Schiff!
Jetzt wär' es an der Zeit! o meine Ahndung!
Blickt her! blickt her! legt bei! setzt aus das Boot!
Dort unterm Winde, dort versucht die Landung!
Und ruhig vorwärtsstrebend, ward das Boot
Nicht ausgesetzt, nicht ließ es ab zu gleiten,

Es wußt' gefühllos nichts von meiner Not.
Und ruhig sah ich hin das Fahrzeug gleiten
Mit windgeschwellten Segeln auf den Wogen,
Und wachsen zwischen ihm und mir die Weiten.
Und als es meinem Blicke sich entzogen,
Der's noch im leeren Blau vergebens sucht,
Und ich verhöhnt mich wußte und belogen:
Da hab' ich meinem Gott und mir geflucht
Und, an den Felsen meine Stirne schlagend,
Gewütet sinnverwirret und verrucht.
Drei Tag' und Nächte lag ich so verzagend,
Wie einer, den der Wahnsinn hat gebunden,
Im grimmen Zorn am eignen Herzen nagend,
Und hab' am dritten Tränen erst gefunden
Und endlich es vermocht, mich aufzuraffen,
Vom allgewalt'gen Hunger überwunden,
Um meinem Leibe Nahrung zu verschaffen.«

4. Die letzte Schiefertafel

»Geduld! die Sonne steigt im Osten auf,
Sie sinkt im Westen zu des Meeres Plan,
Sie hat vollendet eines Tages Lauf.
Geduld! Nach Süden wirft auf ihrer Bahn
Sie jetzt bald wieder senkrecht meinen Schatten;
Ein Jahr ist um, es fängt ein andres an.
Geduld! Die Jahre ziehen ohn' Ermatten,
Nur grub für sie kein Kreuz mehr deine Hand,
Seit ihrer fünfzig sich gereihet hatten.
Geduld! Du harrest stumm am Meeresrand
Und blickest starr in öde, blaue Ferne
Und lausch'st dem Wellenschlag am Felsenstrand.
Geduld! Laß kreisen Sonne, Mond und Sterne,

Und Regenschauer mit der Sonnenglut
Abwechseln über dir; Geduld erlerne!
Ein Leichtes ist's, der Elemente Wut
Im hellen Tagesscheine zu ertragen,
Bei regem Augenlicht und wachem Mut.
Allein der Schlaf, darin uns Träume plagen,
Und mehr die schlaflos lange, bange Nacht,
Darin sie aus dem Hirn heraus sich wagen!
Sie halten grausig neben uns die Wacht
Und reden Worte, welche Wahnsinn locken; –
Hinweg! hinweg! wer gab euch solche Macht?
Was schüttelst du im Winde deine Locken?
Ich kenne dich, du rascher, wilder Knabe,
Ich seh' dich an, und meine Pulse stocken.
Du bist ich selbst, wie ich gestrebet habe
In meiner Hoffnung Wahn vor grauen Jahren;
Ich bin du selbst, das Bild auf deinem Grabe.
Was sprichst du noch vom Schönen, Guten, Wahren,
Von Lieb' und Haß, von Tatendurst? du Tor!
Sieh' her! ich bin, was deine Träume waren.
Und führest wiederum mir diese vor?
Laß ab, o Weib, ich habe längst verzichtet,
Du hauchst aus Aschen noch die Glut empor!
Nicht so den süßen Blick auf mich gerichtet!
Das Licht der Augen und der Stimme Laut,
Es hat der Tod ja alles schon vernichtet.
Aus deinem hohlen morschen Schädel schaut
Kein solcher Himmel mehr von Seligkeit;
Versunken ist die Welt, der ich vertraut.
Ich habe nur die allgewalt'ge Zeit
Auf diesem öden Felsen überragt
In grausenhafter Abgeschiedenheit.
Was, Bilder ihr des Lebens, widersagt
Ihr dem, der schon den Toten angehöret?

Zerfließet in das Nichts zurück, es tagt!
Steig' auf, o Sonne, deren Schein beschwöret
Zur Ruh' den Aufruhr dieser Nachtgenossen,
Und ende du den Kampf, der mich zerstöret!
Sie bricht hervor, und jene sind zerflossen. –
Ich bin mit mir allein und halte wieder
Die Kinder meines Hirns in mir verschlossen.
O, tragt noch heut', ihr altersstarren Glieder,
Mich dort hinunter, wo die Nester liegen;
Ich lege bald zur letzten Rast euch nieder.
Verwehrt ihr, meinem Willen euch zu schmiegen,
Wo machtlos innre Qualen sich erprobt,
Wird endlich, endlich doch der Hunger siegen.
Es hat der Sturm im Herzen ausgetobt,
Und hier, wo ich gelitten und gerungen,
Hier hab' ich auszuatmen auch gelobt.
Laß, Herr, durch den ich selber mich bezwungen,
Nicht Schiff und Menschen diesen Stein erreichen,
Bevor mein letzter Klagelaut verklungen!
Laß klanglos mich und friedsam hier erbleichen!
Was frommte mir annoch in später Stunde,
Zu wandeln, eine Leiche über Leichen?
Sie schlummern in der Erde kühlem Grunde,
Die meinen Eintritt in die Welt begrüßt,
Und längst verschollen ist von mir die Kunde.
Ich habe, Herr, gelitten und gebüßt, –
Doch fremd zu wallen in der Heimat – nein!
Durch Wermut wird das Bittre nicht versüßt.
Laß, weltverlassen, sterben mich allein
Und nur auf deine Gnade noch vertrauen;
Von deinem Himmel wird auf mein Gebein
Das Sternbild deines Kreuzes niederschauen.«

Jules Verne

Zwei Jahre Ferien

Insel oder Festland? – Das blieb noch immer die wichtige Frage, mit der sich Briant, Gordon und Doniphan, ihrem Charakter und ihrer Intelligenz nach die natürlichen Häupter dieser kleinen Welt, unausgesetzt beschäftigten. Bei dem Gedanken an die Zukunft, während die Kleinen nur der Gegenwart lebten, sprachen sie sehr oft über diesen Gegenstand. Ob dieses Land aber einer Insel oder einem Kontinente angehörte, jedenfalls lag es nicht innerhalb der Tropenzone; das bewies seine Pflanzenwelt, der Bestand an Eichen, Buchen, Birken, Weiden, Fichten und Tannen verschiedener Art, das zeigte sich an den zahlreichen Myrtaceen oder Steinbrecharten, welche als Bäume oder Gebüsche im mittleren Teile des Stillen Ozeans nicht vorkommen. Es schien sogar, als liege dieses Gebiet in etwas höherer Breite, also näher dem Südpole, als Neuseeland, weshalb zu befürchten war, daß der Winter hier mit großer Strenge auftreten würde. Schon bedeckte eine dicke Lage welker Blätter den Boden der Gehölze, die sich am Fuße des Steilufers hinzogen. Nur die Tannen und Fichten hatten ihren Nadelschmuck bewahrt, der sich von Jahr zu Jahr erneuert, ohne jemals ganz abzufallen.

Aus diesem Grunde, bemerkte Gordon am nächsten Tage nach der Festlegung des »Sloughi« auf dem Strande, erscheint es mir ratsam, daß wir uns nicht endgültig auf diesem Teile der Küste ansiedeln.

– Das mein' ich auch, ließ Doniphan sich vernehmen. Doch wenn wir die schlechte Jahreszeit herankommen lassen, wird es zu spät sein, einen bewohnten Ort aufzusuchen, wenigstens wenn wir Hunderte von Meilen bis dahin zurückzulegen haben.

– Geduld, Geduld! erwiderte Briant. Noch sind wir erst in der Mitte des März!

– Nun, entgegnete Doniphan, die gute Witterung mag bis Ende April dauern, und binnen sechs Wochen ist ein gutes Stück Wegs zu überwinden.

– Vorausgesetzt, daß es überhaupt einen Weg gibt, meinte Briant.

– Und warum sollt' es keinen geben?

– Natürlich, fiel Gordon ein. Doch wenn es einen gibt, wissen wir auch, wohin er führen wird?

– Ich sehe nur das Eine, erwiderte Doniphan, daß es eine große Torheit wäre, vor Eintritt der Kälte und der Regenzeit den Schooner nicht verlassen zu haben, und schon aus diesem Grunde darf man nicht bei jedem Schritte neue Schwierigkeiten wittern.

– Es ist stets besser, diese scharf ins Auge zu fassen, versetzte Briant, als sich gleich Narren in ein Land hineinzuwagen, das man nicht kennt.

– Und es ist sehr leicht, erklärte Doniphan herausfordernd, Diejenigen Narren zu nennen, welche nicht Eurer Ansicht sind!

Vielleicht hätte diese Antwort Doniphan's wieder scharfe Gegenreden seines Kameraden hervorgerufen und das Gespräch in eine Zänkerei ausarten lassen, da trat Gordon vermittelnd dazwischen.

Es nützt nichts, mit einander zu streiten, sagte er, und um sich in schlimmer Lage zu helfen, gilt es zuerst sich zu verständigen. Doniphan hat damit recht, zu sagen, daß wir, wenn ein bewohntes Land in unserer Nachbarschaft liegt, ungesäumt dahin aufbrechen sollten. Ist das aber anzunehmen? antwortet dagegen Briant, und er hat nicht unrecht, so zu antworten.

– Was zum Teufel! rief Doniphan hitziger. Sieh, Gordon, wenn wir nach Norden hinaufziehen, nach Süden hinunterwandern, wenn wir uns nach Osten hinwenden, so müssen wir schließlich ans Ziel kommen …

– Ja, sobald wir uns auf einem Festlande befinden, unterbrach ihn Briant, nicht aber, wenn wir auf einer Insel sind und diese unbewohnt ist.

– Doch eben deshalb gilt es, sich zu überzeugen, woran wir sind, erwiderte Gordon. Was aber das Verlassen des »Sloughi« betrifft, ohne uns darüber vergewissert zu haben, ob auch im Osten ein Meer sich befindet …

– O, der wird uns schon selbst verlassen! rief Doniphan, wie immer auf seiner einmal gefaßten Ansicht bestehend. Auf diesem Strande wird er dem Ansturm des Wetters in der schlechten Jahreszeit doch nicht widerstehen können.

– Das geb' ich zu, meinte Gordon, und doch müssen wir vor einem Auszuge nach dem Innern wissen, wohin wir gehen.

Gordon's Einwürfe erschienen so berechtigt, daß Doniphan sich ihnen wohl oder übel fügen mußte.

Ich bin bereit, auf Kundschaft auszuziehen, meldete sich Briant.

– Ich ebenfalls, schloß sich Doniphan an.

– Wir Alle sind gewiß dazu bereit, meinte Gordon; es wäre jedoch sehr unklug, auch die Kleinen bei einem solchen möglicherweise langen und beschwerlichen Zuge mitzunehmen; zwei bis drei von uns werden, denk' ich, genug sein?

– Es ist sehr bedauerlich, äußerte Briant, daß sich hier keine beträchtlichere Anhöhe findet, von deren Gipfel aus man Umschau halten könnte. Leider befinden wir uns auf ziemlich niedrigem Lande, und auch von der Seeseite her hab' ich, selbst am Horizonte, keinen Berg entdecken können. Hier scheinen andere Höhen, als das schroff ansteigende Ufer im Hintergrunde des Strandes, ganz zu fehlen. Jenseits des letzteren befinden sich sicherlich Wälder, Ebenen und Sümpfe, durch welche der Rio sich hinschlängelt, dessen Ausmündung wir besichtigt haben.

– Und doch wäre es von Nutzen, diese Gegend einmal in Augenschein zu nehmen, warf Gordon ein, ehe wir das Steilufer weiter untersuchen, in dem ich mit Briant vergeblich nach einer Höhle gesucht habe.

– Nun, warum sollen wir uns dann nicht nach dem Norden der Bai begeben? sagte Briant. Ersteigen wir das dortige Vorgebirge, so müßten wir, wie mir scheint, weithin sehen können …

– Eben daran dachte ich auch, antwortete Gordon. Ja, jenes Cap, welches zwei- bis dreihundert Fuß hoch sein mag, muß das Steilufer überragen.

– Ich erbiete mich, dahin zu gehen … erklärte Briant.

– Wozu aber? warf Doniphan ein. Was wäre von da oben zu sehen?

– Ich meine, den Versuch ist es jedenfalls wert, erwiderte Briant.

In der Tat erhob sich am Ende der Bai eine Anhäufung von Felsen, eine Art Hügel, der auf der einen Seite mit schroffer Wand ins Meer abfiel und auf der anderen in das lange Steilufer überzugehen schien. Vom »Sloughi« aus maß die Entfernung dahin längs der Windungen des Strandes höchstens sieben bis acht (englische) Meilen, und nur fünf bis sechs in der Luftlinie. Gordon täuschte sich auch wohl nicht, wenn er die Höhe des Vorgebirges über dem Meere auf dreihundert Fuß abschätzte.

Ob diese Höhe ausreichend war, einen größeren Teil des Hinterlandes zu übersehen? Oder wurde der Ausblick nach Osten hin durch irgendein Hindernis beschränkt? Jedenfalls war von dort aus zu erkennen, was jenseits des Vorgebirges lag und ob die Küste sich nach Norden hin unbegrenzt fortsetzte oder ob sich dahinter schon wieder der Ozean ausbreitete. Es empfahl sich also, nach dem Ende der Bai zu gehen und die Anhöhe daselbst zu ersteigen. Lag nach Osten zu ebeneres Land, so mußte man es von jenem Punkte aus auf mehrere Meilen hin überblicken können.

Es wurde also beschlossen, diesen Plan auszuführen. Wollte Doniphan auch dessen Nutzen nicht anerkennen – ohne Zweifel, weil die Anregung dazu von Briant und nicht von ihm herrührte – so war derselbe doch nicht minder geeignet, ein wertvolles Ergebnis zu liefern.

Gleichzeitig wurde bestimmt, und nach reiflicher Erwägung festgestellt, den »Sloughi« nicht eher zu verlassen, als bis man mit Sicherheit wisse, ob dieser auf der Küste eines Festlandes gescheitert sei oder nicht – und dieses Festland konnte kein anderes als Amerika sein.

Nichtsdestoweniger konnte jener Ausflug während der fünf folgenden Tage nicht ausgeführt werden. Das Wetter war dunstig geworden, und zuweilen rieselte ein feiner Regen herab. Zeigte der Wind keine Neigung zum Auffrischen, so mußten die den Horizont verhüllenden Dunstmassen jeden Ausblick verhindern.

Diese Tage waren deshalb jedoch nicht als verloren anzusehen. Man benützte sie zu verschiedenen Arbeiten. Briant beschäftigte sich mit den kleinen Kindern, welche er unablässig überwachte, als wäre es ihm ein natürliches Bedürfnis, ihnen eine Art väterlicher Liebe angedeihen zu lassen. Stets hielt er dabei im Auge, daß dieselben, so gut die Umstände es erlaubten, mit Allem versorgt wurden. So nötigte er sie, da die Temperatur zu sinken schien, wärmere Kleider anzulegen, wobei er ihnen diejenigen passend zurecht machte, welche sich in den Kisten der Matrosen vorfanden. Das war eine Schneiderarbeit, bei der die Schere mehr zu tun hatte als die Nadel, und bei welcher Moko, der etwas nähen konnte, wie ja ein Schiffsjunge in Allem bewandert sein muß, sich sehr anstellig erwies. Man hätte freilich nicht sagen können, daß Costar, Dole, Jenkins und Iverson sich besonders elegant ausnahmen in diesen für sie zu großen Beinkleidern und Wolljacken, von denen nur Beine und Ärmel passend geschnitten waren; doch darauf kam nicht viel an. Sie mußten sich schon damit zu behelfen suchen und fanden sich bald in diese neue Ausstaffierung hinein.

Übrigens ließ man sie nicht müßig gehen. Unter Führung Garnett's oder Baxter's zogen sie öfters hinaus, um Muscheln zu sammeln oder mit Schnüren oder Netzen im Bett des Rio zu fischen. Das war für sie ein Vergnügen und für Alle ein Vorteil.

In dieser Weise mit einer Arbeit beschäftigt, welche sie belustigte, dachten sie gar nicht an ihre Lage, deren Ernst über ihr Begriffsvermögen hinausging. Jedenfalls betrübte sie die Erinnerung an ihre Eltern, ebenso wie diese den Übrigen schwer auf den Herzen lag; der Gedanke jedoch, daß sie jene niemals wiedersehen würden, konnte ihnen gar nicht kommen.

Was Gordon und Briant anging, so verließen diese kaum jemals den »Sloughi«, dessen Instandhaltung sie übernommen hatten. Service blieb dann manchmal bei ihnen und machte sich, bei seiner guten Laune, immer recht nützlich. Er liebte Briant und schloß sich niemals denjenigen seiner Kameraden an, welche mit Doniphan in ein Horn bliesen. Auch Briant empfand für ihn eine ausgesprochene Zuneigung.

Seh' Einer, das macht sich! … rief Service gern. Wahrhaftig, unser »Sloughi« ist sehr zu gelegener Zeit von einer gefälligen Welle auf den Strand geworfen und nicht einmal gar zu sehr beschädigt worden! – Das ist ein Vorzug, den weder Robinson Krusoe noch der Schweizer Robinson auf ihren erdichteten Inseln genossen haben!

Und Jacques Briant? Nun, wenn Jacques zuweilen seinem Bruder bei den verschiedenen Beschäftigungen an Bord zu Hilfe kam, so antwortete er doch kaum auf die an ihn gerichteten Fragen und wendete allemal schnell die Augen ab, wenn ihm jemand ins Gesicht sah.

Briant empfand eine rechte Besorgnis über dieses Benehmen Jacques'. Vier Jahre älter als jener, hatte er auf ihn stets einen unbestrittenen Einfluß ausgeübt. Seit der unfreiwilligen Abfahrt des Schooners schien es jedoch, wie wir schon erfahren haben, als ob das Kind von Gewissensbissen gequält würde. Hatte er sich wohl ein ernstliches Vergehen vorzuwerfen – ein Vergehen, welches er nicht einmal seinem Bruder gestehen mochte? Ganz sicher war, daß seine Augen durch auffallende Röte wiederholt verrieten, daß er geweint hatte.

Briant legte sich wohl die Frage vor, ob Jacques' Gesundheit angegriffen wäre, denn es hätte ihm eine schwere Sorge bereitet, wenn dieses Kind hier wirklich erkrankte. Er drang deshalb öfters in seinen Bruder, ihm mitzuteilen was ihm fehle, doch dieser antwortete darauf nur:

Nein, nein, mir fehlt nichts, mir fehlt gar nichts!

Etwas anderes war nicht aus ihm herauszubringen.

Während der Zeit vom 11. bis 15. März beschäftigten sich Doniphan, Wilcox, Webb und Croß mit der Jagd auf die in den Felsen nistenden Vögel. Sie gingen immer miteinander, sichtlich bestrebt, eine besondere Partei zu bilden. Gordon bemerkte das nicht ohne Beunruhigung. Wenn sich dazu die Gelegenheit bot, unterließ er es auch nie, den Einen oder den Anderen vorzunehmen und ihnen klar zu machen, wie notwendig Allen ein einmütiges Zusammenhalten sei. Doniphan aber antwortete auf seine Ermahnung stets mit solcher abweisenden Kälte, daß er es für klug hielt, nicht allzusehr in ihn zu dringen. Dennoch verzweifelte er nicht, diese Keime der Zwietracht, welche Allen so verderblich werden konnten, rechtzeitig zu ersticken, und vielleicht führten auch die Umstände wieder eine Annäherung herbei, welche er mit seinen Worten nicht erzwingen konnte.

Während dieser dunstigen Tage, welche den geplanten Ausflug nach dem Ende der Bai verhinderten, lieferte die Jagd recht erwünschte Beute. Doniphan, der jeder Art von Sport mit Vorliebe huldigte, erwies sich sehr geschickt in der Handhabung des Gewehres. Sehr stolz – vielleicht etwas zu stolz – auf diese Eigenschaft, zeigte er eine offenbare Verachtung gegen alle übrigen Jagdgeräte, wie Fallen, Schlingen u. dgl., denen Wilcox den Vorzug gab. Unter den Verhältnissen, in welchen seine Gefährten sich befanden, wurde es übrigens wahrscheinlich, daß dieser Knabe ihnen weit größere Dienste leistete als er. Wilcox schoß wohl auch recht gut, konnte sich hierin aber mit Doniphan nicht messen. Dem kleinen Croß fehlte es noch an dem »heiligen Feuer«, und er begnügte sich damit, den Heldentaten seines Vetters zuzujubeln. Hier müssen wir auch den Jagdhund Phann erwähnen, der sich bei diesen Jagden auszeichnete und niemals zögerte, sich in die Wellen zu stürzen, um das über die Klippen hinaus ins Wasser gefallene Federvieh zu holen.

Wir müssen gestehen, daß sich unter den von den jungen Jägern erlegten Stücken eine Anzahl Seevögel befanden, mit denen Moko nicht das geringste anfangen konnte, wie Seeraben, Möwen, Meerschwalben, Silbertaucher und ähnliche. Daneben lieferten aber auch die Felsentauben, sowie Gänse und Enten, deren Fleisch sehr geschätzt war, reichliche Beute. Die Gänse gehörten zu den sogenannten Ringelgänsen *(Bernicla)*, und aus der Richtung, bei der sie beim Krachen der Schüsse entflohen, konnte man annehmen, daß sie gewöhnlich im Innern des Landes wohnten.

Doniphan erlegte auch einige jener Austernfresser, welche gewöhnlich von Schaltieren leben, nach welchen sie sehr lüstern sind, wie von Schüssel-, Venus-, Miesmuscheln u. dergl. Mit einem Worte, an Auswahl fehlte es gerade nicht, nur erforderte dieses Federwild eine gewisse Zubereitung, um seinen tranigen Geschmack zu verlieren, und trotz seines guten Willens erwies sich Moko dieser Schwierigkeit nicht immer so gewachsen, wie es Alle gewünscht hätten. Übrigens hatte hier, wie der vorsorgliche Gordon bemerkte, Niemand das Recht, zu viel zu verlangen und zu erwarten, da es geraten schien, die Vorräte der Yacht mit Ausnahme des in sehr großen Mengen vorhandenen Schiffszwiebacks, möglichst zu schonen.

Natürlich fühlten Alle ein großes Verlangen, die Besteigung des Vorgebirges ausgeführt zu sehen, eine Besteigung, welche vielleicht die wichtige Frage »ob Festland oder Insel« entscheiden konnte. Von dieser Entscheidung hing ja die Zukunft sehr wesentlich ab, wenigstens so weit es sich um eine vorläufige oder eine bleibende Ansiedlung auf diesem Lande handelte.

Am 15. März schien sich die Witterung günstiger zu gestalten, um jenes Vorhaben durchzuführen. Während der Nacht hatte sich der Himmel von den durch die ruhige Luft der letzten Tage angesammelten Dünsten fast befreit, und der vom Lande kommende Wind fegte ihn bald völlig rein. Glänzende Sonnenstrahlen vergoldeten den Rand des hohen Ufers. Man durfte hoffen, daß der Horizont im Osten, wenn ihn die Nachmittagssonne erst schräg beleuchtete, hinlänglich klar erscheinen würde. Erstreckte sich das Wasser dann auch längs dieser Seite hin, so bildete dieses Land eine Insel, und Hilfe war nur dann zu erwarten, wenn sich ein Schiff in die Nähe derselben verirrte.

Der Leser hat nicht vergessen, daß der Plan zu diesem Ausfluge nach dem Norden von Briant ausgegangen war und dieser es auch übernommen hatte, ihn allein durchzuführen, wenn er eine Begleitung Gordon's gewiß auch nicht ungern gesehen hätte. Es erschien ihm jedoch zu gefährlich, seine Kameraden zu verlassen, ohne daß dieser bei ihnen zurückblieb.

Am 15. des Abends, als das Barometer auf schön Wetter zeigte, teilte Briant Gordon mit, daß er am nächsten Morgen mit Tagesanbruch aufzubrechen gedenke. Eine Entfernung von zehn bis elf Meilen – Hin- und Rückweg gerechnet – zurückzulegen, das erschreckte den mutigen Knaben nicht, der eine Anstrengung nicht beachtete. Ein ganzer Tag mußte ihm völlig genügen, seine Nachforschung zu vollenden, und Gordon konnte darauf rechnen, daß er vor Einbruch der Nacht zurück sein würde.

Briant brach also mit dem ersten Morgengrauen auf, ohne daß die Anderen etwas davon wußten. Er führte nur einen Stock und einen Revolver mit sich, für den Fall, daß ihm Raubtiere in den Weg kamen, obwohl die Jäger während ihrer bisherigen Ausflüge niemals die Spur eines solchen entdeckt hatten.

Diesen Verteidigungswaffen hatte Briant noch ein Instrument hinzugefügt, das ihm seine Aufgabe erleichtern sollte, wenn er sich auf dem Gipfel des Vorgebirges befand, nämlich eines der Fernrohre vom »Sloughi«, das sich neben großer Tragweite durch vorzügliche Klarheit auszeichnete. Gleichzeitig trug er in einem am Gürtel befestigten Sack Schiffszwieback, ein Stück Pöckelfleisch, nebst einem Flaschenkürbis voll mit ein wenig Brandy versetzten Wassers mit sich, um ein Frühstück und nötigenfalls ein Mittagessen einnehmen zu können, wenn irgend ein Zufall seine Rückkehr zum »Sloughi« verzögerte.

Schnellen Schrittes dahinwandelnd, folgte Briant anfänglich der Küstenlinie, welche an der inneren Riffgrenze ein langer Streifen von der letzten Flut her noch feuchten Varecs bezeichnete. Nach Verlauf einer Stunde gelangte er schon zu dem äußersten, von Doniphan und dessen Begleitern erreichten Punkte, wenn diese sich zur Jagd auf Felsentauben begaben. Das Geflügel hatte augenblicklich nichts von ihm zu fürchten. Er wollte sich nicht aufhalten, um so schnell als möglich bei dem Cap anzulangen. Das Wetter war klar und der Himmel ganz frei von Dunstmassen – das mußte er benutzen. Häuften sich am Nachmittag nach Osten zu wieder Nebelwolken, so war sein ganzes Unternehmen verfehlt.

Während der ersten Stunden hatte Briant ziemlich schnell weiter schreiten und die Hälfte seines Weges zurücklegen können. Stellte sich ihm kein Hindernis entgegen, so konnte er vor acht Uhr am Vorgebirge eintreffen. Je mehr sich das steile Ufer aber der Klippenbank näherte, desto beschwerlicher wurde für ihn der Boden des Vorlandes. Der Sandstreifen wurde umso schmäler, je mehr die Brandung über ihn hereinbrach. An Stelle des elastisch festen Erdbodens zwischen dem Gehölz und dem Meere mußte Briant jetzt über nasse Felsblöcke und schlüpfrige See-Eichen vordringen, oder gelegentlich Wasserlachen umwandern, so wie über loses Gestein hinbalancieren, auf dem der Fuß nirgends festen Stützpunkt fand. Das machte sein Fortkommen sehr schwierig und – was noch schlimmer war – verursachte ihm eine Verspätung von zwei vollen Stunden.

Ich muß das Kap vor Wiedereintritt des Hochwassers erreichen! sagte sich Briant. Dieser Teil des Landes ist bei der letzten

Flut überschwemmt gewesen und das wird bei der nächsten bis zum Fuße des hohen Ufers wieder der Fall sein. Bin ich gezwungen, entweder zurückzuweichen oder mich auf ein Felsstück zu flüchten, so komm' ich zu spät an. Ich muß also um jeden Preis hindurch, ehe die Flut das Vorland bedeckt!

Ohne auf die Anstrengung zu achten, die ihm fast die Glieder lähmte, suchte der mutige Knabe den kürzesten Weg einzuschlagen. Zuweilen mußte er Stiefel und Strümpfe ausziehen, um bis zum halben Bein versinkend durch Wasseransammlungen zu waten. Befand er sich dann wieder auf den Klippen, so setzte er sich manchem gefährlichen Sturz aus, den er nur durch seine Gewandtheit glücklich vermied.

Wie er sich hier überzeugte, tummelte sich gerade an dieser Stelle der Bai das Seegeflügel in größter Menge; ja, man konnte sagen, daß es hier von Tauben, Austernfressern und Enten wimmelte. Ferner spielten hier zwei oder drei Paar Pelzrobben am Rande der Klippen, welche nicht die geringste Furcht zeigten und gar nicht ins Wasser zu entfliehen suchten. Daraus war der Schluß zu ziehen, daß diese Amphibien dem Menschen nicht mißtrauten, weil sie von ihm nichts zu fürchten zu haben glaubten, und daß mindestens seit langen Jahren keine Fischer hierher gekommen waren, um auf sie Jagd zu machen.

Bei näherer Überlegung erkannte Briant aus dieser Anwesenheit von Robben auch, daß diese Küste in noch höherer Breite liegen mußte, als er vorher angenommen, und jedenfalls südlicher als Neuseeland. Der Schooner mußte also bei der Fahrt über den Stillen Ozean nicht unbeträchtlich nach Südosten abgewichen sein.

Diese Wahrnehmung wurde noch weiter bestätigt, als Briant, nachdem er den Fuß des Vorgebirges erreicht, ganze Scharen von Plattfischen, welche die antarktischen Gegenden bewohnen, sich umhertummeln sah. Diese glitten zu Hunderten durcheinander unter ungeschickter Bewegung ihrer großen Flossen, welche ihnen natürlich mehr zum Schwimmen als zum Fliegen dienen. Übrigens ist mit deren ranzigem und öligem Fleische nichts anzufangen.

Es war jetzt zehn Uhr Morgens, ein Beweis, wie viel Zeit Briant zur Zurücklegung der letzten Meilen gebraucht hatte.

Erschöpft und ausgehungert, hielt er es für das Klügste, sich erst etwas zu stärken, ehe er die Besteigung des Vorgebirges unternahm, dessen Kamm sich bis dreihundert Fuß über die Meeresfläche erhob.

Briant setzte sich also, geschützt gegen die ansteigende Flut, welche schon über den Klippengürtel hinwegschäumte, auf einen Felsen nieder. Sicherlich hätte er nach einer Stunde zwischen der Brandung und am Fuße des steilen Ufers nicht mehr hindurch kommen können, ohne von der Flutwelle umspült zu werden. Das beunruhigte ihn nun nicht weiter, und am Nachmittag, wenn das Wasser sich bei der Ebbe wieder ins Meer zurückgezogen hatte, hoffte er auch an dieser Stelle einen gangbaren Weg zu finden.

Ein tüchtiges Stück Fleisch und einige herzhafte Schlucke aus der Kürbisflasche, mehr bedurfte es nicht, um Hunger und Durst zu stillen, während der Aufenthalt seine Glieder neu stärkte. Gleichzeitig gab er sich aber auch den ihn bestürmenden Gedanken hin. Allein und ferne von seinen Kameraden, suchte er sich seine Lage völlig klar zu machen, fest entschlossen, sich dem Wohlsein und der Rettung Aller bis zum Ende mit allen Kräften zu widmen. Wenn das Auftreten Doniphan's und einiger Anderer ihm manche Sorge einflößte, so war das nur deshalb, weil er eine Trennung für höchst verderblich hielt. Er nahm sich jedoch bestimmt vor, sich jeder Handlung, die ihm seine Kameraden zu gefährden schien, unbedingt zu widersetzen. Dann dachte er an seinen Bruder Jacques, dessen Benehmen ihm rechte Sorge machte. Es schien ihm, als ob das Kind irgendeinen, wahrscheinlich vor der Abfahrt begangenen Fehler verheimliche, und er gelobte sich, so lange in Jacques zu dringen, bis dieser sich herbeiließ, ihm zu antworten.

Briant dehnte seinen Aufenthalt bis auf eine Stunde aus, um wieder ganz zu Kräften zu kommen, dann schnürte er den Sack wieder zu, warf ihn auf den Rücken und begann die ersten Felssprossen emporzuklimmen.

Ganz am Ende der Bai gelegen, zeigte das in eine ganz scharfe Spitze auslaufende Vorgebirge eine sehr merkwürdige geologische Bildung. Man hätte es als eine durch Feuer erzeugte Kristallisation ansehen können, welche unter dem Einfluß plutonischer Kräfte entstanden war.

Dieser Hügel stand übrigens mit dem steilen Ufer nicht, wie es aus der Ferne den Anschein hatte, in unmittelbarer Verbindung. Seiner Natur nach unterschied er sich ja auch wesentlich von jenem, da er aus Granitfelsen aufgebaut war, statt der Kalkschichten, wie solche den englischen Kanal in Europa umrahmen.

Dieses Verhalten fiel Briant sofort ins Auge; er bemerkte ebenso, daß eine enge Schlucht das Vorgebirge von dem Steilufer trennte. Auf der anderen Seite erstreckte sich das Vorland über Sehweite nach Norden hinaus. Da der Hügel die ihn umgebenden Höhenpunkte jedoch gut um hundert Fuß überragte, mußte der Blick von dessen Gipfel eine ziemlich umfassende Fernsicht gewähren, und darauf kam es ihm ja vorzüglich an.

Die Ersteigung war ziemlich beschwerlich: er mußte dabei von einem Felsstück zum andern emporklimmen, und diese waren nicht selten so groß, daß Briant nur mit größter Mühe ihre oberen Kanten erlangen konnte. Da er jedoch zu derjenigen Klasse von Knaben gehörte, welche man mit Recht »Klettertiere« nennen könnte, da er von Jugend auf eine besondere Vorliebe für solche Wagstücke gehabt und sich dadurch eine ungewöhnliche Kühnheit, Geschmeidigkeit und Gewandtheit erworben hatte, so setzte er schließlich den Fuß auf den Gipfel, nachdem er wiederholt manch' recht verderblichen Sturz glücklich vermieden hatte.

Das Fernrohr vor den Augen, lugte Briant nun zuerst in der Richtung nach Osten hinaus.

Diese Gegend erschien, soweit er sehen konnte, völlig flach. Das steile Ufer bildete ihre größte Erhebung und dessen Hochebene senkte sich ganz allmählich nach dem Inneren zu hinab. Weiter hinaus unterbrachen noch einige sehr mäßige Erhöhungen diese Fläche, ohne das Bild des Landes besonders zu verändern. Nach derselben Richtung hin bedeckten es große Waldmassen, welche unter ihrem jetzt mehr gelblichen Blätterdache die Wasserläufe bergen mochten, die dem Uferlande zueilten. Das Ganze erschien also bis zum Horizont hinaus als große Ebene, deren Durchmesser etwa zehn Meilen betragen konnte. Es hatte demnach nicht den Anschein, als ob das Meer an dieser Seite das Land begrenzte, und um festzustellen, ob dasselbe einer Insel oder einem Festland angehörte, bedurfte es eines weiter ausgedehnten Ausfluges in der Richtung nach Osten.

Nach Norden hin erkannte Briant kein Ende des Vorlandes, das sich in jener Linie wohl sieben bis acht Meilen weit ausdehnte. Jenseits eines weiter draußen liegenden, sehr verlängerten Vorberges bildete dieses vielmehr eine große sandige Fläche, welche man fast hätte als eine Wüste bezeichnen können.

Nach Süden zu und hinter dem anderen Vorgebirge, das sich dort am Ende der Bai erhob, verlief die Küste von Nordosten nach Südwesten und begrenzte da einen ausgedehnten Sumpf, der mit dem öden Vorlande im Norden auffallend kontrastierte.

Briant hatte das Objektiv seines Fernrohres aufmerksam über alle Teile dieses weiten Kreises hin weggeführt. Befand er sich auf einer Insel? War er auf einem Festlande?

… Er hätte es nicht sagen können. Wenn es eine Insel war, so hatte diese wenigstens einen ziemlich bedeutenden Umfang – mehr konnte er vorläufig nicht feststellen.

Er wandte sich jetzt der Westseite zu. Das Meer erglänzte unter den schrägen Strahlen der Sonne, welche allmählich zum Horizonte hinabsank.

Plötzlich nahm Briant das Fernrohr sehr hastig wieder vor das Auge und richtete es nach der äußersten Linie der offenen See.

Schiffe! rief er für sich. Vorübersegelnde Schiffe!

In der Tat zeigten sich drei schwarze Punkte am Rande der glitzernden Gewässer und in einer Entfernung, welche mindestens fünfzehn Meilen betragen mochte.

Wie fühlte sich Briant seltsam erregt! War er das Opfer einer Augentäuschung! Sah er dort wirklich Fahrzeuge vor sich?

Briant senkte das Fernrohr wieder, reinigte das von seinem Atem angelaufene Ocular und blickte wieder hinaus ....

In der Tat schienen die drei schwarzen Punkte Schiffen anzugehören, von denen man nur den Rumpf sehen konnte. Von einer Bemastung zeigte sich freilich nichts, und jedenfalls deutete keine Rauchsäule darauf hin, daß es Dampfer in Fahrt wären.

Sofort kam Briant der Gedanke, daß diese Schiffe, wenn es solche waren, sich in viel zu großer Entfernung befanden, als daß sie Signale von ihm hätten wahrnehmen können. Da er auch annehmen mußte, daß seine Kameraden diese Fahrzeuge nicht bemerkt hätten, erschien es ihm als das Beste, schnellstmöglich nach dem »Sloughi« zurückzukehren, um auf dem Strande ein großes Feuer anzuzünden und dann ... wenn die Sonne versunken war ....

Während dieser Gedanken behielt Briant die drei schwarzen Punkte unausgesetzt im Auge. Wie groß war aber seine Enttäuschung, als er sich überzeugte, daß diese sich nicht von der Stelle bewegten.

Von Neuem richtete er das Fernrohr auf dieselben und behielt sie einige Minuten in dessen Gesichtsfelde .... Da wurde es ihm bald klar, daß er nur drei kleine Eilande vor sich hatte, die im Westen von der Küste lagen und an denen der Schooner gewiß vorübergekommen war, als der Sturm ihn hierher verschlug, die aber bei der Dunkelheit nicht bemerkt worden waren.

Die Enttäuschung war eine recht schmerzliche.

Jetzt war es um zwei Uhr. Das Meer begann wieder sich zurückzuziehen und ließ den Klippengürtel zur Seite des steilen Ufers trocken liegen. Briant hielt es an der Zeit, nach dem »Sloughi« heimzukehren, und bereitete sich, nach dem Fuße des Hügels hinabzusteigen.

Indessen wollte er noch einmal den östlichen Horizont besichtigen. Vielleicht erkannte er bei dem jetzt noch tieferen Stand der Sonne noch einen anderen Punkt des Landes, der ihm bisher entgangen war.

Er schritt also nochmals zu einer umfänglichen aufmerksamen Beobachtung in dieser Richtung, und wahrlich, er sollte diese Mühe nicht zu bereuen haben.

In der Tat unterschied er am äußersten Gesichtskreise und jenseits der Wälder sehr deutlich eine bläuliche Linie, die sich auf die Entfernung von einigen Meilen von Norden nach Süden hin fortsetzte, eine Linie, deren beide Enden sich hinter der verstreuten Masse von Bäumen verbargen.

Was ist das? fragte er sich.

Noch einmal blickte er möglichst scharf hinaus.

Das Meer! … Ja … das ist das Meer!

Fast wäre das Fernrohr seinen Händen entfallen.

Da sich das Meer auch im Osten ausdehnte, unterlag es keinem Zweifel mehr, daß es kein Festland war, auf dem der »Sloughi« scheiterte, sondern eine Insel, eine in der grenzenlosen Weite des Stillen Ozeans verlorene Insel, von der sie unmöglich wieder fortkommen konnten!

Stefan George

Der Herr der Insel

Die fischer überliefern dass im süden
Auf einer insel reich an zimmt und öl
Und edlen steinen die im sande glitzern
Ein vogel war der wenn am boden fussend
Mit seinem schnabel hoher stämme krone
Zerpflücken konnte · wenn er seine flügel
Gefärbt wie mit dem saft der Tyrer-schnecke
Zu schwerem niedrem flug erhoben: habe
Er einer dunklen wolke gleichgesehn.
Des tages sei er im gehölz verschwunden ·
Des abends aber an den strand gekommen ·
Im kühlen windeshauch von salz und tang
Die süsse stimme hebend dass delfine
Die freunde des gesanges näher schwammen
Im meer voll goldner federn goldner funken.
So habe er seit urbeginn gelebt ·
Gescheiterte nur hätten ihn erblickt.
Denn als zum erstenmal die weissen segel
Der menschen sich mit günstigem geleit
Dem eiland zugedreht sei er zum hügel
Die ganze teure stätte zu beschaun gestiegen ·
Verbreitet habe er die grossen schwingen
Verscheidend in gedämpften schmerzeslauten.

Derek Walcott

Die Antillen

Felicity ist ein Dorf auf Trinidad am Rande der Caroni Ebene, der weiten Zentralebene, auf der immer noch Zucker gepflanzt wird und wohin nach der Befreiung der Sklaven zwangsverpflichtete Zuckerrohrschneider gebracht worden waren; daher ist die kleine Bevölkerung von Felicity indisch, und an dem Nachmittag, als ich mit Freunden aus Amerika zu Besuch kam, waren alle Gesichter entlang seiner Straße indisch, was, wie ich zu zeigen hoffe, bewegend und schön war. Denn an diesem Samstagnachmittag sollte *Ramleela,* die epische Dramatisierung des Hindu-Epos *Ramayana* aufgeführt werden, und die kostümierten Schauspieler versammelten sich auf einem Feld, das – wie eine neue Tankstelle – von verschiedenfarbigen Fähnchen umzogen war, und wunderschöne indische Jungen in Rot und Schwarz schossen Pfeile beliebig in das Nachmittagslicht. Niedrige blaue Berge am Horizont, helles Gras, Wolken, die Farbe in sich aufnahmen, bevor das Licht entschwand. Felicity! Welch sanfter angelsächsischer Name für ein episches Erinnern.

Unter einem offenen Schuppen am Rande des Feldes standen zwei riesige Gerüste aus Bambus, die wie immense Käfige aussahen. Sie waren Körperteile eines Gottes, seine Waden oder Schenkel, die, wenn man sie zusammenbaute und aufrichtete, eine gigantische Figur ergeben würden. Diese Figur sollte zum Abschluß des Epos verbrannt werden. Die Strukturen aus Zuckerrohr deuteten auf eine offensichtliche Parallele: Shelleys Sonett auf die gestürzte Statue des Ozymandias und sein Reich, jene »kolossalen Ruinen« in ihrer leeren Wüste.

Trommler hatten im Schuppen ein Feuer angezündet, und sie bewegten die Felle ihrer Tablas näher an die Flammen heran, um sie zu spannen. Die Safranflammen, das helle Gras und die handgeflochtenen Gerüste des zerbrochenen Gottes, der verbrannt werden sollte, befanden sich nicht in irgendeiner Wüste, wo die imperiale Macht endlich gestürzt worden war; sie waren Teil eines Rituals, eine immergrüne Jahreszeit, die wie das rohrverbrennende Erntefeuer alle Jahre wiederholt wird, wobei es bei solcher Opferung auf die Wiederholung, bei der Zerstörung auf die Erneuerung durch das Feuer ankommt.

Gottheiten betraten das Feld. Was gewöhnlich als »indische Musik« bezeichnet wird, dröhnte von dem Schuppen mit der offenen Plattform herüber, auf der das Epos aufgeführt werden sollte. Kostümierte Schauspieler trafen ein. Fürsten und Götter, nahm ich an. Welch ein unglückliches Geständnis! »Götter, nahm ich an« ist das Schulterzucken, das unsere afrikanische und asiatische Diaspora verkörpert. Ich hatte oft an das *Ramleela* gedacht, aber es niemals gesehen, hatte niemals dieses Theater gesehen, ein offenes Feld mit Dorfkindern als Krieger, Fürsten und Götter. Ich hatte keine Ahnung, wovon die epische Geschichte handelte, wer ihr Held war, gegen welche Feinde er kämpfte, und hatte doch kürzlich die *Odyssee* für ein Theater in England bearbeitet und einfach angenommen, daß das Publikum den Leidensweg des Odysseus kannte, des Helden eines anderen kleinasiatischen Epos, während auf Trinidad auch niemand mehr als ich über Rama, Kali, Shiva, Vishnu wußte, die Inder mal beiseite – ein Ausdruck, den ich auf pervertierte Weise benutze, denn es handelt sich um jene Art Bemerkung, die man auf Trinidad immer noch hören kann: »die Inder beiseite«.

Es war, als ob es am Rande der Zentralebene ein anderes Plateau gäbe, ein Floß, auf dem in diesem Ozean aus Rohr das *Ramayana* auf armselige Weise gespielt werden würde, doch war dies meine Sehweise als Schriftsteller, und sie ist falsch. Ich sah das *Ramleela* in Felicity als Theater, da es doch Glaube war.

Wenn man den Augenblick der Selbstbestätigung multipliziert, der da ist, wenn ein Schauspieler, geschminkt und kostümiert, seinem Spiegel zunickt, bevor er die Bühne in dem Glauben betritt, er sei eine Realität, die eine Illusion betrete, dann würde man genau das erhalten, von dem ich glaubte, es geschähe den Schauspielern in diesem Epos. Doch waren sie keine Schauspieler. Man hatte sie ausgewählt; oder sie hatten sich selbst ihre Rollen in dieser heiligen Geschichte erwählt, die an neun Nachmittagen zwei Stunden lang bis zum Sonnenuntergang dauern würde. Sie waren keine Amateure, sondern Gläubige. Es gab keinen Begriff aus dem Bereich des Theaters, der sie definiert hätte. Sie mußten sich nicht konzentrieren, um ihre Rollen spielen zu können. Ihr Spiel würde wahrscheinlich genauso lebhaft und natürlich sein wie jene Bambuspfeile, die die Nachmittagswiese überquerten. Sie glaubten an das, was sie spielten, an die Heiligkeit des Textes und die Gültigkeit Indiens, während ich aus schriftstellerischer Gewohnheit nach Anzeichen des Elegischen, des Verlustes, ja nach degenerativer Mimikry in den glücklichen Gesichtern der Krieger spielenden Jungen oder in den heraldischen Profilen der Dorffürsten suchte. Ich vergiftete den Nachmittag mit Zweifeln und mit dem Mäzenatentum der Bewunderung. Ich mißdeutete das Ereignis durch ein visuelles Echo der Geschichte – die Zuckerrohrfelder, die Zwangsverpflichtung, die Evokation verschwundener Heere, Tempel und trompetender Elephanten –, wo doch alles um mich herum ganz das Gegenteil war: gehobene Stimmung, Freude am Geschrei der Jungen, an den Ständen mit Süßigkeiten, an immer mehr kostümierten Figuren, die erschienen; es war eine Freude, die aus der Überzeugung kam, nicht aus dem Verlust. Der Name Felicity ergab Sinn.

Man denke sich das Ausmaß Asiens auf Fragmente wie die kleinen weißen Ausrufungen der Minarette oder die Steinkugeln von Tempeln in den Zuckerrohrfeldern verkleinert, und dann kann man die Selbstverhöhnung und die Beschämung jener verstehen, die diese Riten als parodistisch, ja als degeneriert ansehen. Solche Puristen betrachten diese Zeremonien wie Grammatiker sich einen Dialekt ansehen, wie Städte Provinzen und Reiche ihre Kolonien betrachten. Ein Erinnern, das sich nach dem Zentrum sehnt, ein Glied, das nach dem Körper trachtet, von dem es abgetrennt worden ist, wie jene Bambusschenkel des Gottes. Man sieht, mit anderen Worten, die Karibik immer noch als illegitim, entwurzelt und mischrassig an. »Kein Volk dort«, um Froude zu zitieren, »im eigentlichen Sinn des Wortes«. Kein Volk. Fragmente und Echos wirklicher Völker, aus zweiter Hand und zerfallen.

Die Vorstellung war wie ein Dialekt, ein Zweig seiner ursprünglichen Sprache, eine verkürzte Version davon, aber nicht eine Verzerrung oder gar eine Verkleinerung seines epischen Ausmaßes. Hier in Trinidad hatte ich entdeckt, daß eines der größten Epen der Welt regelmäßig aufgeführt wurde, nicht etwa mit der verzweifelten Entschlossenheit, mit der eine Kultur bewahrt wird, sondern mit einer Öffnung zum Glauben, die so stetig war wie der Wind, der die Lanzen des Rohrs auf der Caroni Ebene beugte. Wir mußten fort, bevor das Stück begann, um durch die Bäche des Caroni Sumpfes zu waten, damit wir noch die scharlachfarbenen Ibisse in der Dämmerung auf ihrem Heimflug anträfen. In einer Vorstellung, die so natürlich war wie die der Schauspieler im *Ramleela,* beobachteten wir die Heimkunft der Schwärme, hell wie das Scharlach der Jungen in der Rolle von Bogenschützen, wie die roten Flaggen, und wir sahen sie ein Inselchen ganz bedecken, bis es zum blühenden Baum wurde, zu einer Immortelle vor Anker. Hier bedeutete der Seufzer der Geschichte nichts. Diese zwei Visionen, das *Ramleela* und die pfeifenden Schwärme scharlachfarbener Ibisse, kamen in einem einzigen Atemzug zusammen. In der Karibik ist das visuell Überraschende etwas Natürliches; es ist Teil der Landschaft, und angesichts ihrer Schönheit verweht der Seufzer der Geschichte.

Wir machen zuviel aus jenem langen Stöhnen, das die Vergangenheit betont. Ich fühlte mich durch die Entdeckung der Ibisse ebenso privilegiert wie die scharlachfarbenen Bogenschützen von Felicity.

Der Seufzer der Geschichte steigt auf über Ruinen, nicht über Landschaften, und auf den Antillen gibt es wenige Ruinen, über die man seufzen könnte, abgesehen von den Ruinen der Zuckerplantagen und der verlassenen Forts. Als ich mich nach Art einer Kamera langsam umsah, die niedrigen blauen Hügel über Port of Spain in mich aufnahm, die Dorfstraße und die Häuser, die Krieger-Bogenschützen, die Götterspieler und ihr Bedienungspersonal, mit der Musik bereits auf der Tonspur, da wollte ich einen Film machen, der ein langgedehnter Seufzer über Felicity sein würde. Ich filterte den Nachmittag mit Evokationen eines verlorenen Indien, aber warum »Evokationen«? Warum nicht »Feiern einer wirklichen Anwesenheit«? Warum denn sollte Indien »verloren« sein, wenn doch keiner dieser Dörfler es jemals gekannt hatte, und warum nicht »fortgesetzt«, warum nicht die Fortdauer der Freude in Felicity und in all den anderen Namen der Zentralebene: Couva, Chaguanas, Charley Village? Warum ließ ich meine Freude nicht ihre Fenster weit öffnen? Wie jeder andere in Trinidad hatte ich ein Recht auf die Ekstasen ihres Anspruchs, weil die Ekstase die Stimmhöhe des wellenartigen Trommelns in den Lautsprechern war. Ich hatte ein Recht auf das Fest zur Feier Husseins, auf die Spiegel und die Tempel aus Kreppapier im moslemischen Epos, auf den chinesischen Drachentanz, auf die Riten jener Synagoge der sephardischen Juden, die einmal in der-und-der Straße war. Ich bin nur ein Achtel des Schriftstellers, der ich wohl hätte werden können, wären all die fragmentarisierten Sprachen Trinidads in mir gewesen.

Zerbrich eine Vase, und die Liebe, welche die Fragmente wieder zusammenfügt, ist stärker als jene Liebe, die ihre Symmetrie für selbstverständlich hielt, als sie noch heil war. Der Kleber, der die Stücke wiedereinpaßt, besiegelt ihre ursprüngliche Form. Solch eine Liebe ist es, die unsere afrikanischen und asiatischen Fragmente wieder zusammenfügt, die zerbrochenen Erbstücke, deren Restaurierung ihre weißen Narben zeigt. In diesem Einsammeln zerbrochener Stücke besteht die Sorge und der Schmerz der Antillen, und wenn die Stücke einander unähnlich, nicht passend sind, dann enthalten sie mehr Schmerz als ihre ursprünglichen Skulpturen, jene Bilder und heiligen Gefäße, die an den Wohnorten ihrer Vorfahren als selbstverständlich gegolten hatten. Die Kunst der Antillen besteht in dieser Restaurierung unserer geborstenen Geschichte, der Scherben unseres Vokabulars, und unser Archipel wird zu einem Synonym für Stücke, die vom ursprünglichen Kontinent abgebrochen worden sind.

Und dies genau ist der Prozeß bei der Herstellung von Lyrik, oder was man nicht ihre »Herstellung«, sondern ihre Wiederherstellung nennen sollte, das fragmentarisierte Erinnern, das Gerüst, das den Gott umgibt, selbst das Ritual, das es am Ende einem Scheiterhaufen anheimgibt; der Gott, der Rohr für Rohr zusammengesetzt wird, Riet für webendes Riet, Fadenzeile für geflochtene Fadenzeile, so wie die Kunsthandwerker von Felicity sein heiliges Echo aufrichten würden.

Die Lyrik, die der Schweiß der Vollendung ist, aber doch so frisch wie die Regentropfen auf der Stirn einer Statue erscheinen muß, verbindet das Natürliche mit dem Marmornen; sie konjugiert beide Zeiten zugleich: die Vergangenheit und die Gegenwart, wenn die Vergangenheit die Skulptur ist und die Gegenwart die Tau- oder Regentropfen auf der Stirn der Vergangenheit. Dort ist die begrabene Sprache und da ist das individuelle Vokabular, und der Prozeß der Lyrik besteht aus Ausgrabung und Selbst-Entdeckung. Was die Tonalität angeht, so ist die individuelle Stimme ein Dialekt; sie formt ihren eigenen Akzent, ihr eigenes Vokabular und ihre Melodie unter Mißachtung eines imperialen Sprachkonzepts, der Sprache von Ozymandias, von Bibliotheken und Wörterbüchern, von Gerichten und Kritikern, von Kirchen, Universitäten, politischen Dogmen, der Diktion öffentlicher Einrichtungen. Die Lyrik ist eine Insel, die sich vom Festland ablöst. Die Dialekte meines Archipels erscheinen mir so frisch wie jene Regentropfen auf der Stirn der Statue, nicht der Schweiß aus der klassischen Anstrengung stirnerunzelnden Marmors, sondern die Kondensate eines erfrischenden Elements, Regen und Salz.

Ihrer ursprünglichen Sprache beraubt, erschaffen sich die gefangenen und die zwangsverpflichteten Stämme ihre eigene, Fragmente eines alten, epischen Wortschatzes aus Asien und Afrika werden an- und abgelagert zu einem ekstatischen Rhythmus im Blut, der nicht durch Sklaverei oder Zwangsverpflichtung unterdrückt werden kann, während Namen umbenannt und Ortsnamen wie Felicity oder Choiseul angenommen werden. Die ursprüngliche Sprache löst sich auf in der Erschöpfung der Entfernung wie Nebel, der einen Ozean zu überqueren versucht; doch dieser Prozeß der Umbenennung, des Auffindens neuer Metaphern, ist der gleiche Vorgang, dem der Dichter an jedem Morgen seines Arbeitstages entgegensieht, da er wie Crusoe seine eigenen Werkzeuge herstellt, Namen aus Notwendigkeit zusammensetzt, aus Felicity, ja sich selbst umbenennt. Der entblößte Mensch wird auf jene elementare Kraft zurückgeworfen, die sich selbst erstaunt, seinen Geist. Das ist die Grundlage der Seinserfahrung auf den Antillen, dieser Schiffbruch aus Fragmenten, diese Echos, diese Scherben eines riesigen Stammeswortschatzes, diese teilweise erinnerten Bräuche, und sie sind nicht faulig, sondern haltbar. Sie überlebten die Sklavenroute übers Meer und die *Fatel Rozack,* jenes Schiff, das die ersten zwangsverpflichteten Inder aus dem Hafen von Madras zu den Zuckerrohrfeldern von Felicity brachte, das den angeketteten und verurteilten Parteigänger Cromwells und den sephardischen Juden beförderte, den chinesischen Lebensmittelhändler und den libanesischen Kaufmann, der Stoffmuster per Fahrrad verkaufte.

Und hier sind sie nun, alle in einer einzigen karibischen Stadt, Port of Spain, die Summe der Geschichte, Froudes »Nicht-Volk«. Ein Innenstadt-Babel aus Ladenschildern und Straßen, bastardisiert, polyglott, ein Ferment ohne eine Geschichte, wie der Himmel. Denn genau das ist so eine Stadt der Neuen Welt: dem Schriftsteller ein Himmel.

Eine Kultur, jeder weiß es, wird von ihren Städten gemacht.

Ein weiterer erster Morgen zuhause, ungeduldig auf den Sonnenaufgang – ein unterbrochener Schlaf. Dunkelheit um fünf, und es lohnt sich nicht, die Vorhänge zu öffnen; dann, in dem plötzlichen Licht, ein kremwandiges, braungedecktes Polizeirevier, umgeben, im Kolonialstil, von kurzen Königspalmen, dahinter schäumende Bäume und größere Palmen, eine Taube flattert in den Schutz einer Dachtraufe, ein regengefleckter Block ehemals moderner Wohnungen, die morgendliche Nebenstraße zum Revier ohne Verkehr. Sie alle sind Teil überraschenden Friedens. Diese Ruhe stellt sich mit jedem Besuch einer Stadt ein, die sich in mich gesenkt hat. Die Blumen und die Hügel sind leicht, Zuneigung zu ihnen vorhersagbar; doch es ist die Architektur, die den ganzen Morgen lang desorientierend wirkt. Eine Rückkunft von amerikanischen Verführungen ließ einmal den Reisenden spüren, daß etwas fehlte, daß etwas um Vervollständigung seiner selbst bemüht war, wie die gefleckten Betonwohnungen. Pan ging am Fenster entlang fort, und die Auswüchse erheben sich – eine Stadt, die sich in die Lüfte zu erheben sucht, die brutal zu sein versucht, wie die Silhouette einer amerikanischen Stadt, in derselben Form geprägt wie Columbus oder Des Moines. Eine Selbstversicherung der Macht, die Inneneinrichtung fad, die Klimaanlage hochgedreht bis zu dem Punkt, an dem die Beschäftigten in Sekretariat und Management mit ihren Strickjacken wetteifern; je kälter die Büros desto wichtiger sind sie in der Nachahmung einer anderen Klimazone. Ein Verlangen, gar Neid auf jene, die frieren.

In ernsthaften Städten, im grauen, militärischen Winter mit seinen kurzen Nachmittagen, scheinen die Tage in zugeknöpften Mänteln vorbeizugehen, jedes Gebäude erscheint wie eine Kaserne mit erleuchteten Fenstern, und wenn der Schnee kommt, dann hat man die Illusion, man lebe in einem russischen Roman, im neunzehnten Jahrhundert, wegen der Winterliteratur. Besucher der Karibik müssen sich fühlen, als ob sie eine Abfolge von Postkarten bewohnten. Beide Klimazonen sind geprägt von dem, was wir über sie gelesen haben. Für Touristen kann der Sonnenschein nichts Ernstzunehmendes sein. Der Winter gibt Tiefe und Dunkelheit dem Leben wie der Literatur, und in dem endlosen Tropensommer scheinen nicht einmal die Armut *(poverty)* oder die Lyrik *(poetry)* – auf den Antillen ist die Armut Lyrik mit einem V, *une vie*, eine Bedingung des Lebens wie der Imagination – profund sein zu können, weil die umgebende Natur so jubilierend, so ekstatisch ist wie ihre Musik. Eine Kultur, die auf Freude beruht, muß einfach flach sein. Voller Trauer, damit sie sich verkaufen kann, fördert die Karibik die geistlosen Freuden, nämlich die brilliante Leere eines Ortes, an dem man nicht nur den Winter flieht, sondern auch jene Ernsthaftigkeit, die nur einer Kultur mit vier Jahreszeiten entstammt. Wie also kann es dort, im wahren Sinn des Wortes, ein Volk geben?

Sie wissen nichts von Jahreszeiten, in denen die Blätter das Jahr loslassen, in denen sich spitze Türme in Schneestürmen ausblenden und die Straßen weiß werden, vom Nebel, der ganze Städte radiert, vom Widerschein in Kaminen; stattdessen bewohnen sie eine Geographie, deren Rhythmus, wie ihre Musik, aus zwei Akzenten besteht: heiß und kalt, Sonne und Regen, Licht und Schatten, Tag und Nacht, die Grenzen eines unvollständigen Metrums, und deshalb sind sie ein Volk, das der Feinheiten des Widerspruchs, das der imaginativen Komplexität nicht fähig ist. So sei es. Wir können die Verachtung nicht ändern.

Unsere Städte sind – in der offiziellen Bedeutung des Wortes – keine, aber das will auch niemand. Sie diktieren ihre eigenen

Proportionen, ihre eigenen Definitionen an ganz bestimmten Orten und in einer Prosa, die der ihrer Verleumder gleichrangig ist, so daß Naipaul jetzt nicht allein St. James, sondern auch der Straßen und Hinterhöfe gedenkt, deren Gänge so kurz und strahlend sind wie seine Sätze; nicht allein den Lärm und das Gewühl von Tunapuna, sondern die Wurzeln von C. L. R. James' Roman *Beyond a Boundary*, nicht allein das Dorf Felicity auf der Caroni Ebene, sondern auch Selvon County, und auf diese Weise zieht es sich nun die Inseln hinauf: das alte Dominica von Jean Rhys ist immer noch ganz genauso, wie es war, als sie davon schrieb; und das Martinique des frühen Césaire; Perses Guadeloupe, selbst ohne die Tropenhelme und die Mulis; und was für eine Freude, welch ein Vorzug war es, das Knospen und die Entfaltung einer Literatur – einer Literatur in mehreren Herrschaftssprachen: Französisch, Englisch, Spanisch – auf einer Insel nach der anderen im frühen Morgen einer Kultur zu beobachten, nicht verschämt, nicht anderen nachgebildet, wie auch die harten weißen Blütenblätter der Frangipani nicht anderen nachgebildet und verschämt sind. Dies ist keine kämpferische Prahlerei, sondern die einfache Feier von etwas Unvermeidlichem: daß nämlich diese Blüte kommen mußte.

An einem hitzegesteinigten Nachmittag in Port of Spain, auf irgendeiner Gasse weiß im Glast und mit Liebesweinranken, die sich über einen Zaun ergießen, erscheinen um eine Ecke Palmen und ein dunstumzogener Berg zur Beschwörung von Herberts, nein Vaughans »schattige Stadt der Palmbäume«, oder zur Erinnerung an eine Hammondorgel, die aus einer hölzernen Kapelle in Castries klang, wo die Gemeinde das Lied *Jerusalem, the Golden* sang. Es fällt mir schwer, solche Leere als Verlassenheit zu sehen. Es ist jene Geduld, die die Weite des Lebens auf den Antillen ist, und das Geheimnis besteht darin, ihm nicht die falsche Frage zu stellen, nicht einen Ehrgeiz zu verlangen, an dem es nicht interessiert ist. Der Reisende aber versteht dies als Lethargie, als Erschlaffung.

Hier, sagt man, gibt es nicht genug Bücher, keine Theater, keine Museen, einfach nicht genug zu tun. Doch hat man keine Bücher, so begnügt man sich mit seinen Gedanken, und aus dem Denken, wenn man es dann zu ordnen lernt, folgt der Drang zur Aufzeichnung, und im äußersten Fall, wenn das Gerät dafür fehlt, der mündliche Vortrag, das Ordnen der Erinnerung, was wiederum zum Metrum, zum Gedenken führt. Die Entbehrung kann Vorteile bringen, und einer davon ist gewiß die Rettung vor einer Kaskade hoher Mittelmäßigkeit, weil man Bücher heute weniger erschafft als umformt. Städte erschaffen eine Kultur, und alles, was wir besitzen, sind diese vergrößerten Marktflecken; was also sind denn nun die Abmessungen der idealen Stadt der Karibik? Die Umgebung besteht aus einer zugänglichen Ländlichkeit mit blätterumhüllten Vororten, und falls die Stadt Glück hat, folgen darauf geräumige Ebenen. Dahinter schöne Berge; davor ein indigofarbenes Meer. Spitze Türme hefteten ihr Zentrum fest, und um sie herum gäbe es blätterbeschattete Parks. Tauben durchkreuzten in alphabetischen Mustern den Himmel und trügen bei sich den Glauben an Weissagung aus dem Vogelflug, und im Herzen der Stadt gäbe es Pferde, ja, Pferde, jene Tiere, die man zuletzt am Ende des neunzehnten Jahrhunderts sehen konnte, wie sie Kutschen und Wagen zogen mit zylinderbehüteten Bürgern darin, Pferde, die im Präsens und ohne das elegische Echo ihrer Hufe leben, sie tauchen auf aus den Koppeln im Queen's Park Savannah bei Sonnenaufgang, wenn sich der feine Nebel abrollt von den kühlen Bergen über den Dächern; und im Zentrum der Stadt gäbe es Rennen, so daß die Bürger die Schnelligkeit und Anmut dieser Tiere des neunzehnten Jahrhunderts dröhnend bejubeln könnten. Ihre Docks wären vom Rauch nicht verdunkelt oder von zuviel Maschinen, und vor allem würde in ihnen ein solches Völkergemisch sein, wären sie so vielfältig, daß die Welt – die asiatische, die mediterrane, die europäische, die afrikanische – in ihr vorhanden sein würde, aufregender noch in ihrer Menschenvielfalt als in Joyces

Dublin. Ihre Bürger würden nach Belieben einander heiraten, ihrem Instinkt folgend, nicht der Tradition, bis ihre Kinder es nach und nach für aussichtslos halten würden, ihren Stammbäumen nachzugehen. Sie hätte nicht zu viele Durchgangsstraßen, die schwierig zu benutzen oder gefährlich für die Fußgänger sein würden, ihr Geschäftsviertel wäre eine Kakophonie aus Akzenten, Fragmenten der alten Sprache, die um fünf Uhr sofort zum Schweigen gebracht würden, und das Hafenviertel wäre an Sonntagen entschieden verlassen …

Das ist für mich Port of Spain, eine Stadt ideal in ihren geschäftlichen und menschlichen Abmessungen, wo der Bürger ein Spaziergänger ist und nicht ein Fußgänger; so etwa könnte Athen gewesen sein, bevor es zum Echo einer Kultur wurde.

Die schönsten Silhouetten Port of Spains sind Idealtypen der Handwerkskunst, sie sind nicht aus Beton und Glas, sondern barocke Arbeiten in Holz, jede dieser Phantasien sieht eher wie eine komplizierte Zeichnung von sich selbst aus, als daß sie dem tatsächlichen Gebäude entspräche. Hinter der Stadt ist die Caroni Ebene mit ihren Dörfern, indischen Gebetsfahnen und Obstständen an der Landstraße, über die die Ibisse wie schwebende Fahnen herbeikommen. Photogene Armut! Postkartentrauer! Ich erschaffe Eden nicht neu; mit »den Antillen« meine ich die Realität des Lichtes, der Arbeit, des Überlebens. Ich meine damit ein Haus am Landstraßenrand, ich meine das Karibische Meer, dessen Geruch der Geruch erfrischender Möglichkeit ebenso wie der des Überlebens ist. Das Überleben ist der Triumph der Dickköpfigkeit, und die geistige Dickköpfigkeit ist es, eine göttliche Dummheit, die der Beschäftigung mit Dichtung Dauer gibt, wenn es doch so vieles gibt, die sie sinnlos machen sollte. All diese Dinge aber lassen sich unter ein gemeinsames Hauptwort fassen: »Die Welt«.

Dies also ist die sichtbare Poesie der Antillen. Das Überleben.

Will man das trostspendende Mitleid verstehen, mit dem die Inseln betrachtet wurden, dann werfe man einen Blick auf die kolorierten Stiche von Wäldern der Antillen, mit ihren ordentlichen Palmen, Farnen und Wasserfällen. Sie haben, wie Botanische Gärten, eine zivilisierende Anständigkeit an sich, ganz so, als ob der Himmel ein Glasdach sei, unter dem eine kolonisierte Vegetation zum Zwecke stiller Spaziergänge und Kutschfahrten arrangiert worden wäre. Diese Ansichten wurden mit einem Pathos gestochen, das das Werkzeug des Graveurs und den Bleistift des Topographen führt, und es ist dieses Pathos, welches mit zarter Ironie den Dörfern Namen wie Felicity gab. Ein Jahrhundert betrachtete eine vor Vegetation tobende Landschaft in einem falschen Licht und mit falschen Augen. Solche Bilder sind es eher, die traurig stimmen, nicht die Tropen selber. Diese zerbrechlichen Gravuren von Zuckermühlen und Häfen, von kostümierten eingeborenen Frauen werden als Teil der Geschichte verstanden, jener Geschichte, die dem Kupferstecher über die Schulter sah und, später, dem Photographen. Die Geschichte vermag das Auge und die sich bewegende Hand zu beeinflussen, damit sie ihrer Sicht von sich selbst entsprechen; sie kann Orte der Nostalgie eines Echos wegen neu benennen; sie kann den Glast des tropischen Lichtes in Prosa zu elegischer Monotonie mildern, den Gerichtston bei Conrad und in den Reisetagebüchern von Froude.

Diese Reisenden führten die Ansteckung durch ihre eigene Malaise mit sich, und ihre Prosa reduzierte sogar die Landschaft auf Melancholie und Selbstverachtung. Jedes Bemühen wird als Imitation heruntergemacht, von der Architektur bis zur Musik. Froude war der Überzeugung, daß Geschichte auf Leistung beruhe, und da die Geschichte der Antillen genetisch so verdorben sei, so deprimierend die Zyklen von Massakern, Sklaverei und Kontraktarbeit, daß eine Kultur unvorstellbar sei und nichts jemals erschaffen werden könnte in jenen wackligen Häfen, jenen auf monotone Weise feudalen Zuckergütern. Nicht allein das Licht und das Salz der Berge auf den Antillen widersetzten sich dieser Auffassung, sondern auch die volkstümliche Kraft und

Vielfalt ihrer Bewohner. Stellen Sie sich nah an einen Wasserfall, und bald werden Sie sein Brausen nicht mehr wahrnehmen. Sich immer noch, wie die Pferde, im neunzehnten Jahrhundert zu befinden, so hat Brodsky geschrieben, könnte gar so übel nicht sein, und ein großer Teil unseres Lebens auf den Antillen scheint immer noch den Rhythmus des letzten Jahrhunderts zu haben, wie der westindische Roman.

Selbst so erfrischende Schriftsteller wie Graham Greene betrachten die Karibik mit elegischem Pathos, einer andauernden Trauer, die Lévi-Strauss mit einem Epigraph versehen hat: *Tristes Tropiques.* Ihre tristesse leitet sich aus einer Einstellung zur karibischen Abenddämmerung her, zum Regen, zur unkontrollierbaren Vegetation, zum provinziellen Ehrgeiz karibischer Städte, wo brutale Nachbildungen moderner Architektur die kleinen Häuser und Straßen in den Schatten stellen. Die Stimmung ist verständlich, die Melancholie ansteckend wie das Fieber eines Sonnenuntergangs, wie die goldenen Wedel kranker Kokosnußpalmen, doch ist da etwas Fremdes und letztlich Falsches in der Art, wie solche Trauer, ja, Morbidität von englischen, französischen oder von einigen unserer Schriftsteller im Exil beschrieben wird. Es steht im Zusammenhang mit einem Mißverstehen des Lichtes und der Menschen, auf die das Licht fällt.

Diese Autoren beschreiben den Ehrgeiz unserer unvollendeten Städte, ihr nicht verwirklichtes, homiletisches Ende, doch darf die karibische Stadt genau an jenem Punkt aufhören, wo sie mit ihrer eigenen Größe zufrieden ist, nämlich genauso wie die karibische Kultur sich nicht erst herausbildet, sondern bereits geformt ist. Ihre Proportionen sollen nicht von Reisenden oder Exilanten ausgemessen werden, sondern von ihren eigenen Bewohnern und ihrer Architektur. Wenn einem gesagt wird, man sei noch keine Stadt oder Kultur, dann erfordert das diese Antwort. Ich bin nicht Eure Stadt oder Eure Kultur. Danach könnte es weniger *Tristes Tropiques* geben.

Hier, auf dem Floß dieses Podiums, gibt es das Geräusch der applaudierenden Brandung: unsere Landschaft, unsere Geschichte ist »endlich« anerkannt worden. *Endlich* ist eines der ersten karibischen Bücher. Es wurde von Charles Kingsley, dem viktorianischen Reisenden, geschrieben. Es ist eins jener frühen Bücher, die der Landschaft und den Personen der Antillen Einlaß in die Englische Literatur verschafften. Ich habe es niemals gelesen, habe aber gehört, daß es in wohlwollendem Ton geschrieben ist. Das Archipel der Antillen war nicht da, um sich selbst zu schreiben, sondern damit von Froude, von Patrick Leigh-Fermor darüber geschrieben werde, und zwar in genau demselben Ton, in dem ich beinahe über das dörfliche Schauspiel bei Felicity geschrieben hätte, nämlich als ein mitfühlender und hingerissener Außenseiter, der sich vom Dorf Felicity distanzierte, während er sich zugleich daran erfreute. Was verborgen ist, kann nicht geliebt werden. Der Reisende kann nicht lieben, weil Liebe ruht und Reisen Bewegung ist. Kehrt er zu dem zurück, was er an einer Landschaft liebte, und bleibt dort, dann ist er nicht länger ein Reisender, sondern er befindet sich in Stillstand und Konzentration, der Liebhaber jenes bestimmten Stückchens Erde, ein Einheimischer. So viele Menschen sagen, daß sie »die Karibik lieben«, und meinen, daß sie eines Tages auf einen Besuch zurückkehren möchten, aber niemals dort leben könnten; das ist die gewohnte wohlwollende Beleidigung des Reisenden, des Touristen. Selbst die gutwilligsten der Reisenden hingen diesem Patronisieren an, während die Inseln im Profil vorüberzogen, ihr pflanzlicher Luxus, ihre Rückständigkeit und Armut. Sie zogen in wunderschönen Profilen vorüber und waren vergessen, wie ein Urlaub.

Alexis Saint-Léger, dessen Name als Schriftsteller Saint-John Perse ist, war der erste von den Antillen, der für Lyrik diesen Preis gewann. Er wurde auf Guadeloupe geboren und schrieb auf Französisch, doch vor ihm gab es nichts, das sich so frisch und klar anfühlte, wie jene Gedichte seiner Kindheit, der Kindheit eines privilegierten weißen Kindes auf einer Antillenplantage: *Pour Fêter une Enfance, Éloges* und später *Images à Crusoe*. Endlich war da die erste Brise auf der Seite, nach Salz schmeckend und sich selbst erneuernd wie der Südwind und die Klänge von Seiten und Palmen, die sich wenden, da »der Geruch des Kaffees die Treppe emporsteigt«.

Der karibische Genius ist dazu verdammt, sich zu widersprechen. Perse feiern, so könnte man uns sagen, heißt das alte Plantagensystem feiern, heißt das *beque* feiern oder den Aufseher zu Pferd, Verandas und Mulattendiener, eine weiße französische Sprache im Tropenhelm, heißt eine Rhetorik des Patronisierens und der Hochnäsigkeit zu feiern; und selbst wenn Perse seine Herkunft verleugnete – große Schriftsteller begehen oft die Dummheit, ihre Quelle zu verschütten –, so können wir ihn doch genauso wenig verleugnen wie den Afrikaner Aimé Césaire. Das bedeutet keine Anpassung, sondern dies ist die ironische Republik der Lyrik, denn wenn ich bei Sonnenaufgang Kohlpalmen ihre Blätter bewegen sehe, dann denke ich mir, sie trügen Perse vor.

Die duftende und privilegierte Lyrik, die Perse zur Feier seiner weißen Kindheit schrieb, und die Konserven indischer Musik hinter den braunen jungen Bogenschützen von Felicity, mit denselben Kohlpalmen vor demselben Antillenhimmel, durchdringen mich gleichermaßen. Ich spüre denselben bitteren Stolz in den Gedichten und den Gesichtern. Warum sollte dies, angesichts der Geschichte der Antillen, bemerkenswert sein? Die Geschichte der Welt, unter der wir natürlich Europa verstehen, ist ein Dokument der Zerfleischung von Stämmen untereinander und von ethnischen Säuberungen. Endlich Inseln, über die man nicht schreibt, sondern die sich selbst schreiben! Die Palmen und die moslemischen Minarette sind Ausrufungen der Antillen. Endlich! Die Königspalmen von Guadeloupe tragen die *Éloges* auswendig vor.

Später, in der *Anabase*, trug Perse Fragmente eines imaginären Epos zusammen, klickende Zähne von Grenztoren, unfruchtbare Wadis mit dem Schaum giftiger Seen, burnusumhüllte Reiter in Sandstürmen, das Gegenteil kühler karibischer Morgen, doch nicht unbedingt ein größerer Kontrast als einige braune Bogenschützen bei Felicity, die den heiligen Text mit seinen Schlachten und Elephanten und Affengöttern über das beflaggte Feld dröhnen hören, im Kontrast zu dem weißen Kind in Guadeloupe, das Fragmente seines eigenen Epos aus den Lanzen der Zuckerrohrfelder zusammenträgt, zu den Karren und Ochsen der Höfe und der Kalligraphie der Bambusblätter aus den Alten Sprachen, Hindi, Chinesisch und Arabisch am Himmel der Antillen. Vom *Ramayana* zur *Anabasis*, von Guadeloupe bis nach Trinidad, all die Archäologie herumliegender Fragmente aus den zerbrochenen Königreichen Afrikas, aus den Durchbrüchen von Kanton, aus Syrien und dem Libanon, die nicht unter der Erde beben, sondern in unseren heiseren volkreichen Straßen.

Ein Junge mit schwachen Augen läßt einen flachen Stein über das flache Wasser einer Bucht der Ägäis springen, und jene ganz gewöhnliche Bewegung mit dem sensenden Ellenbogen enthält die hüpfenden Zeilen von *Ilias* und *Odyssee*, und ein anderes Kind zielt auf ein Dorffest mit einem Bambuspfeil, und ein weiteres vernimmt den raschelnden Marsch von Kohlpalmen in einen karibischen Sonnenaufgang, und aus diesem Klang mit seinen Fragmenten von Stammesmythen macht sich die dichte Expedition von Perses Epos auf den Weg, Jahrhunderte und Archipele liegen sie auseinander. Für jeden Dichter ist es immer Morgen in der Welt. Die Geschichte ist eine vergessene schlaflose Nacht; Geschichte und eine elementare Ehrfurcht sind immer unser früher Anfang, weil es das Schicksal der Poesie ist, der Geschichte zum Trotz, sich in die Welt zu verlieben.

Es gibt eine Kraft des Jauchzens, eine Feier des Glücks, wenn sich ein Autor als Zeuge des frühen Morgens einer Kultur findet, die gerade hervortritt, Zweig nach Zweig, Blatt nach Blatt in jener selbstdefinitorischen Morgenröte. Und das ist der Grund, warum es besonders am Meeresrand gut ist, den Sonnenaufgang zum Ritual zu machen. Dann kräuselt sich das Nomen »Antillen« wie hell werdendes Wasser, und die Klänge von Blättern, Palmwedeln und Vögeln sind die Laute eines frischen Dialekts, der heimischen Zunge. Das eigene Vokabular, die individuelle Melodie, deren Metrum die eigene Biographie ist, stimmt, wenn man Glück hat, in diesen Klang ein, und der Körper bewegt sich wie eine wandelnde, eine erwachende Insel.

Dies ist der Segen, der gefeiert wird, eine frische Sprache und ein frisches Volk, und dies ist die furchterregende Pflicht, die geschuldet wird.

Ich stehe hier in ihrem Namen, wenn auch nicht in ihrem Bilde – jedoch im Namen des Dialekts, den sie austauschcn wie die Blätter der Bäume, deren Namen biegsamer, grüner, mehr vom Morgen angerührt sind als das Englische – *laurier canelles, bois-flot, bois-canot* – oder die von den Bäumen genannten Täler – *Fond St. Jacques, Mabouya, Forestier, Roseau, Mahaut* – oder die leeren Strände: *L'Anse Ivrogne, Case en Bas, Paradis* – alle sind an sich schon Lieder und Geschichten, die man nicht auf Französisch ausspricht – doch auf Patois.

Man erhob sich und hörte zwei Sprachen, eine der Bäume und eine der Schulkinder, die auf Englisch vortrugen:

Ich bin König von allem umher,
Und niemand bestreitet es mir;
Von der Mitte bis an das Meer
Bin ich Herr von allem Getier.
O Einsamkeit, wo ist dein Wert,
Den Weise wohl an dir loben?
Wer dein Grauen an sich erfährt,
Lebt lieber in Lärmen und Toben.

Zugleich singt auf dem Land im selben Metrum, doch zu organischen Instrumenten, wie der handgefertigten Violine, dem

Chac-Chac, und der Ziegenfelltrommel, ein Mädchen mit Namen Sensenne:

Si mwen di ›ous‹ ca fait mwen la pein
'Ous kai dire ca vrai.
(Wenn ich dir sagte, es machte mir Schmerzen,
Würdest du sagen, »s' ist wahr«.)
Si mwen di 'ous ca pentetrait mwen
'Ous peut dire ca vrai
(Wenn ich dir sagte, du durchbohrtest mein Herz,
Würdest du sagen, »s' ist wahr«.)
Ces mamailles actuellement
Pas ka faire l'amour z'autres pour un rien.
(Heutzutage lieben
Die Kinder nicht umsonst.)

Es ist ja nicht so, als ob die Geschichte durch diesen Sonnenaufgang ausgelöscht würde. Sie ist in der Geographie der Antillen vorhanden, ja selbst in der Vegetation. Die See seufzt vor lauter Ertrunkenen auf der Sklavenroute, der Abschlachtung der Ureinwohner, der Kariben, Arawaks und der Taino, sie blutet im Scharlach der Immortelle, und selbst der Zugriff der Brandung auf den Sand kann weder die Erinnerung an Afrika auslöschen noch an die Zuckerrohrlanzen als eines grünen Gefängnisses, wo asiatische Zwangsverpflichtete, die Vorfahren von Felicity, immer noch ihre Zeit ableisten.

Das ist es, was ich seit meiner Jugend um mich herum gelesen habe, seit den Anfängen der Poesie: die Anmut der Anstrengung. Im harten Mahagoni der Holzfäller: Gesichter, harzige Männer, Köhler; in einem Mann, der einen Säbel in seiner Armbeuge hielt, der mit dem üblichen namenlosen Khaki-Hund im Anschlag steht; in den Extrakleidern, die er heute morgen anzog, weil es kalt war, als er aufstand im strähnig werdenden Dunkel, um loszugehen und seinen Garten auf den Höhen zu bestellen – die Höhen, der Garten sind Meilen weit von seinem Haus entfernt, doch eben dort hat er sein Land – von den Fischern zu schweigen, den Bediensteten auf Lastwagen, die Hügel hinaufstöhnen, alle sind ursprünglich Fragmente Afrikas, doch geformt und gehärtet und jetzt verwurzelt im Leben der Insel, ungebildet wie Blätter ungebildet sind; sie lesen nicht, sie sind da, um gelesen zu werden, und wenn man sie richtig liest, so bringen sie ihre eigene Literatur hervor.

Doch in unseren Touristenbroschüren ist die Karibik ein blauer Teich, in den die amerikanische Republik den ausgestreckten Fuß Floridas hineinhält, während aufgeblasene Gummi-Inseln schaukeln und Getränke mit kleinen Schirmen ihr auf einem Floß entgegentreiben. Auf diese Weise verkaufen die Inseln sich aus der Scham der Lebensnotwendigkeit heraus; dies ist die jahreszeitlich wiederkehrende Erosion ihrer Identität, jene mit erhobener Stimme erfolgende Wiederholung derselben Bilder von Dienstbarkeit, die eine Insel nicht von der anderen unterscheiden können – mit einer Zukunft aus verdreckten Bootshäfen, Grundstücksgeschäften, die von Ministern vermittelt werden, und all dies findet zur Begleitmusik der Cocktailstunde und der Breite eines Lächelns statt. Woraus besteht denn für unsere Besucher das irdische Paradies? Zwei regenfreie Wochen und eine mahagonifarbene Bräunung und, bei Sonnenuntergang, einheimische Troubadours mit Strohhüten und geblümten Hemden, die »Yellow Bird« und den »Banana Boat Song« zu Tode hämmern. Es gibt einen Bereich, der über all dies hinausreicht – weiter noch als die Grenzen, die eine Inselkarte zieht –, und das ist die grenzenlose See und ihre Erinnerung.

Alle Antillen, jede einzelne Insel ist ein Bemühen um Erinnerung; jeder Geist, jede rassische Biographie kulminiert in Vergessen und Nebel. Flecken von Sonnenlicht durch den Nebel und plötzliche Regenbogen, *arcs-en-ciel*. Das ist das Bemühen, die Arbeit der Imagination der Antillen, die ihre Götter aus Bambusgerüsten wiederaufbaut, Satz für Satz.

Die Dezimierung ist seit den Arawak die zerstörte Wurzel der Geschichte der Antillen, und der gutartige Mehltau des Tourismus vermag alle Inselvölker zu befallen, nicht schrittweise, sondern mit nicht wahrnehmbarer Geschwindigkeit, bis ein jeder Fels vom Guano der weißflügeligen Hotels geweißt worden ist, dem Kreisen und dem Landeanflug des Fortschritts.

Bevor alles vergangen ist, bevor nur noch ein paar Täler übrig sind, Nischen eines älteren Lebens, bevor die Bebauung noch jeden Künstler zu einem Anthropologen oder Folkloristen macht, gibt es immer noch Orte, die zu hüten sind, kleine Täler, die nicht mit den Echos von Ideen gefüllt sind, gibt es die Einfachheit von Wiederanfängen, die von der Gefahr der Veränderung noch nicht verdorben sind. Nicht nostalgisch gelegene Gegenden sind es, sondern dem Blick entzogene Heiligtümer, die so gewöhnlich und einfach sind wie das Sonnenlicht. Es sind Orte, die durch diese Prosa so gefährdet sind wie eine Landspitze durch den Bulldozer oder wie ein Seemandelhain durch die Schnur des Landvermessers oder der Berglorbeer vom Mehltau.

Eine letzte Offenbarung: Eine fundamental einfache Kirche aus Stein in einem dichtbewachsenen Tal außerhalb von Soufrière, die Hügel schieben die Häuser beinah in einen braunen Fluß hinein, ein Sonnenlicht, das ölig auf den Blättern zu liegen scheint, ein zurückgebliebener, ein unwichtiger Ort, und er wird durch diese Prosa nun zu Bedeutung verdorben. Es kommt darauf an, diesen Ort nicht zu heiligen oder ihn mit irgend etwas zu befrachten, nicht einmal mit der Erinnerung. Afrikanische Kinder in Sonntagskleidern steigen die alltäglichen Betonstufen hinab in die Kirche, Bananenblätter hängen schimmernd herab, ein Lastwagen parkt in einem Hof, und alte Frauen stolpern auf den Eingang zu. Dies ist der Ort, wo ein wirkliches Fresko gemalt werden sollte, eins ohne Wichtigkeit, aber mit wirklichem Glauben, ohne Karte, ohne Geschichte.

Wie schnell das alles verschwinden könnte! Und wie es beginnt, uns weiter in etwas hineinzutreiben, von dem wir hoffen, es seien undurchdringliche Orte, grüne Geheimnisse am Ende schlechter Straßen, Landzungen, wo der nächste Ausblick nicht auf ein Hotel geht, sondern auf einen langen Strand ohne eine Gestalt und der offenen Rauchfrage eines Fischers am anderen Ende. Die Karibik ist keine Idylle, jedenfalls nicht für die Einheimischen. Sie beziehen ihre Arbeitskraft auf organische Weise aus ihr, wie Bäume, wie die Seemandeln oder der Würzlorbeer der Hügel. Ihre Bauern und ihre Fischer sind nicht dort, damit man sie liebe oder gar photographiert; sie sind Bäume, die schwitzen und deren Borke mit Salz überzogen ist, doch jeden Tag vereinbaren wurzellose Bäume in Anzügen mit Unternehmern einen günstigen Steuersatz, vergiften die Seemandeln und den Würzlorbeer der Hügel bis an die Wurzeln. Es könnte ein Morgen kommen, an dem Regierungen nicht nur fragen, was mit den Wäldern und den Buchten geschehen sei, sondern auch mit einem ganzen Volk.

Sie sind wieder hier, sie kommen zurück, die Gesichter, verderbliche Engel, glatte schwarze Haut und weiße Augen, die vor aufgeregter Freude aufgerissen sind, wie die der asiatischen Kinder von Felicity beim *Ramleela*; zwei verschiedene Religionen, zwei verschiedene Kontinente, beide erfüllen das Herz mit dem Weh, das Freude ist.

Doch was ist schon Freude ohne Furcht? Die Furcht der Eigensucht, daß ich, hier auf diesem Podium, während die Welt mir und nicht ihnen Aufmerksamkeit schenkt, diese einfachen Freuden unbeschädigt erhalten möchte, nicht weil sie unschuldig seien, sondern weil sie wahr sind. Sie sind so wahr wie damals, als Perse, in der Gnade seiner poetischen Gabe, Fragmente seines eigenen kleinasiatischen Epos im Rascheln der Kohlpalmen hörte, jenes innere Asien der Seele, durch das die Imagination wandert, falls es so etwas gibt wie eine Imagination im Gegensatz zum kollektiven Gedächtnis eines ganzen Volkes, so wahr und richtig wie die Freude des Kriegerkindes, das einen Bambuspfeil über die Flaggen am Feld von Felicity fliegen ließ;

und jetzt ist da eine so dankbare Freude und eine gesegnete Furcht, wie wenn ein Junge sein Übungsbuch öffnete und, inmitten der Disziplin der Ränder, Strophen Form gäbe, die das Licht der Hügel auf einer Insel umschlössen, gesegnet in ihrem Verborgensein, und wir würden unsere Unbedeutendheit preisen.

[Nobelpreis-Rede vor der Schwedischen Akademie]

Marie Luise Weissmann

Robinson

Die Fahrt

Ihn trug das Schiff. Und seine Lippen sangen
Hin über Weite, Wasser und den Wind:
O Ferne! Flucht! Entgleitendes Verlangen!
Augen, o Augen, immer noch zu blind,
O Atem, niemals tief genug getrunken,
Nie ganz geborstne Brust, entflammtes Herz,
Nie doch verglüht in Asche hingesunken,
O Stimme, hart, nie ganz geschmolznes Erz:
Euch trag ich hin zu neuen Paradiesen,
O Heimat, fremde und besonnt –

Er dachte noch, als ihn die Wellen stießen
Von Fels zu Fels, er dachte noch: der Mond
Hing nächtens da, wie eine Frau zu greifen.
Dann schlug er hin. Die See ließ von ihm ab.
Er lag ganz still, ein schmaler weißer Streifen
In Tang und Sand.
Er lag fast wie im Grab.

Robinson findet sich am Strand der Insel

Und dies war alles, was er fand, erwacht:
Es lag ein Leib, voll Schmerz, an einem Strand.
Hin floß ein Meer in hyazinthne Nacht,
Aufbrach in Blau ein unergründlich Land.
Der Wind lief schnell, die spitzen Möwen stießen
Auf Beute rings, und heisre Affen schrien.
Die roten riesenhaften Falter ließen
Klirrende Flügel streifen über ihn,
Er lag, ein Leib voll Schmerz, gehüllt in Feuer,
Er hob die Hand in Liebe über sich
– Getös der Welt ringsum scholl ungeheuer –
Er sagte streng, begrenzend, wissend:
ICH.

Robinson siedelt sich am Rand der Insel an

Und mit dem Wort wars, daß er dann begann
Die lange Zwiesprach mit sich selbst. Denn, sieh,
Er war allein. Er war im Ozean
Ein kleines Eiland. Und es kam ihm nie
Von draußen Antwort. Keine Flucht gelang.

Doch blieb ihm Sehnsucht stets. Er mochte tauschen
Den kargen Strand nicht um den Traubenhang
Der reichen Gründe, denn ihm war das Rauschen
Des Meeres Hoffnung. So wuchs er am Rand
Von Erde, Wasser, von sich selbst. Es fingen
In ihm Gespräche sich. Er war wie Wand,
Dünn ausgespannt, durch die die Stimmen gingen.

Robinson zimmert einen Stuhl

Ich lehre schwer die ungeübten Hände,
Die von nichts wissen. Und mein Mund ward stumm,
Als ob Erinnerung ihm langsam schwände.

Ich hab ein Ding, behindert, schief und krumm,
Gebaut und muß an ihm nun meine Zunge lehren,
Die »Stuhl« sagt. Mit dem kindlichen, erstaunten Klang.
Und meine glückbetäubten Hände ehren
Sich in dem ersten Werk. Ein Tun gelang
Von Grund: ich sitze. (Und das ist fast, wie
Dies einmal war, sehr früh: ich bog die Knie.)

Robinson sucht Gott

Ists darum, daß du schweigst, Gott, weil du haust
In dem Verstummenden? Bist du der leere
Schallose Raum, in dem es schweigt, und baust
Dich rund um uns? Bist, den ich kniend ehre,
Der Angespiene Eines, und es gleichen
Gebet und Fluch dir Ohrenlosem längst
Sich aus, eh sie ertönten? Und es streichen
Sich Schmerz und Freude, daß nichts bleibt? Du hängst
Ein großer Ausgleich, bist wie das Bemessen
Der Wage, die im Gleichgewicht besteht?
Alles geht auf? Und daß mir hier, vergessen
Fast von mir selbst, die Einsamkeit vergeht
Und sich erneut, unendlich, trifft dich nicht?!
Du weißt sie drüben gehn in bunten Scharen,
Sie staunen vor den rasch verschäumten Jahren,
Und warfst mich hin: ihr einiges Gewicht.

Robinson tanzt

Heut aber grüß ich dich, o Gott, im Brand
Des frühen Morgens, da ich mich befreit
Aufschwang im Tanz wie eine Welt, verwandt
Dir Gleichgewicht; da, ein vermorschtes Kleid,
Hinsanken Trauer, Lust. Nichts war, das blieb
Aus dem gebundnen Sein; wie fiel Gewicht
Von Arm und Fuß: ein leerer Raum, so trieb
Ich hin im Raum, ins Leere, es durchbricht
Mich Luft, mich Licht, mich ungeheurer Glanz,
In den ich barst, Gott; bin ich, bin ich nicht?!

Ich tanze dir den grenzenlosen Tanz.

Robinson füttert sein Lamm

Hier sind nicht Städte mehr, die rufen: bau!
Nicht Wein auch, der betörte: komm und schlürfe!
Kein Trug der Sehnsucht um die fremde Frau
Und keiner Tat, daß sie mein Tun bedürfe.
Hier fand sich wieder weit versprengtes Sein
Kristallen, inselhaft, ein klar Gefüge
Aus mir und mir, ersehnt. Und doch zu rein,
Daß es der Ungeweihte reinlich trüge:

Er fing ein Lamm im Weidenkäfig ein
Und pflegt es, zärtliche, geliebte Lüge.

Robinson ist müde

Nun will ich fallen. Fallen wie ein Stein,
Den einer warf. Wollüstig sinken ein
Ins tiefe Gras. Wie in die Nacht ein Tag
Ins weite Un-Sein gleiten. Ach, ich trag
In mir Verlöschens-Sehnsucht: Wachsein war
Zehrend wie Krankheit, und es blühte schon
Zu weißen Wissens Aussatz mir im Haar.
Schlaf: spül mich dunkel-rein! Laß Robinson
Liegen in Nacht, wie Hügel ruhn, Geberde
Nur tiefern Schattens: dunkles Ding der Erde.

Ein Leichnam ist ans Land gespült

Ich grüßte ihn vertraut. Und seinen Namen
»Tod« sprach ich brüderlich. Da hob er sich,
Da fing er mich am tödlicheren Hamen,
Da warf er Diesen hin, da bog er mich
An das erstarrte Herz, den Schlag zu suchen,
Schloß Mund auf Mund, ob er nicht Atem fand,
Da hieß er mich mir rasender zu fluchen …

Ich grub ihn ein, der mir der Freund gewesen,
Das liebste Du ward Feind: der Teure trug
Sich Jenem an, von dem ich fast genesen;
Er stand beim Tod.
O, Stärke, die mich schlug!

Robinson zeichnet in den Sand

Du Palme, leicht, daß dich die Winde wiegen
Zärtlich in ihrem Atem! Strahlen biegen
Des Lichtes deinen Stamm zur süßen Melodie
Geschweifter Harfe. Seliger ward nie
Noch eines Bogens Silber ausgespannt
Am Blau des Himmels. Brennenderen Brand
Warf Schönheit nie in die versengte Brust.
Du Lichteste: Nicht schmerzlichere Lust
Gab je die Frau. O, sieh die Hand, gebannt
Von dir, in dich, die gleitend über Sand
Das schmale Zeichen sucht, das dieser Welle
Tödlicher Anmut, sterbend, sie geselle.

Robinson findet Spuren der Kannibalen

O Insel: faß ich dich zum ersten Mal?!
Eiland mit Fluß, mit Bergen, einem Tal
Und Wasser ringsum, Wasser ringsumher.
Mein Schritt versinkt, mein armer Schritt wird schwer,
Mein Schritt bricht noch durch Grund in lauter Wasser ein.
Wie pries ich Land: die Steppe, Wüstenein!
Ich lief und liefe. Daß die Horizonte
Sich türmten hinter mir. Ich lief durch Monde,
Durch Jahre lief ich so … Hier steh ich, Stein.
Wem eine Insel wurde, da zu sein,
Der wird nicht weit vor dem Entsetzen weichen,
Es wird zuletzt ihn irgendwo erreichen
Im schmalen Rund: Er muß benachbart stehn
Jedweder Tat. Ihr nahes Antlitz sehn.

Robinson hat einen Traum

Was war der Traum? Ich kann mich nicht besinnen
Und seh ihn rings: Er blüht von jedem Strauch,
Die milde Kokosnuß verschließt ihn innen
Im Duft der Milch, ihn weiß die Schlange auch,
Die mich vorhin mit grünem Auge traf.
Wie seltsam ist die alte Hütte neu!
Ich fürchte mich vor dir, o fremder Schlaf,
Du Gast von weither, mächtig und nicht treu:
Du hast die Tat vollbracht, die ich nicht weiß,
Als wärst du ich. Nun um den Schritt zieht Scheu
Von Wissendem ringsum mir den verfehmten Kreis.

Robinson und der Papagei

Als ich dich traf mit dem gefiederten Pfeil,
Du schönes Farbenspiel von Blau und Grün,
Langsam genasest du. Dein Fuß war heil;
Doch mochtest du nicht ganz mir mehr entfliehn:
Oft hört ich flattern plötzlich dich vom Ast –
Ich wanderte – da, dein vertrauter Ton
Rief, spottend, mich zurück, der ich mir fast
Entgangen endlich, rief:
Robinson! Robinson …

Die Dämonen fassen Robinson

Warum hab ich dies Eiland so erfahren,
Daß nichts mir fremd blieb? Ach, ein Baumgesicht,
Verhängt von feuchten, windzerfetzten Haaren,
Ich traf es einmal – fault es nun mir nicht

Zwischen den Schultern? Eine Kröte war,
Fett und gefleckt, die Schlange schlürfte sie.
Auch lag ein Glied, schamlos und offenbar,
An einem Sumpf. Ein Stein vielleicht, doch wie
Aus mir gerissen. Und ein Fluß, gespalten
Wie durch mein Herz so schmerzlich. Ach, es steht
Sie, die ich sah, Verwesung in mir auf: verhalten
Glomm Gelb in Violettem. Es verweht
Der Süd mein Hirn: Nun bin ich mir entglitten
Und weiß mein Ende nicht mehr. Was geschieht,
Geschieht in mir. Ist ich. Ich bin inmitten.

Robinson ruht unter seinem Laubgezelt

Aber mit einem Male erstrahlen
Tage der Nähe wie selige Segel,
Die auf dem Blau des Wassers sich malen.
Aber der Glückliche kennt nur Beharren.
Ach, er vergaß ganz die Sehnsucht der Tage
Gestern und vorher, die Jahre gehegte.
Ach, ihm erstarb ganz die brennende Frage
Wann? Und er sieht die Errettung verweilen,
Aber vom Glück?! – Und träumend entgleiten
Sieht er die Tage, die Segel enteilen
Silbern hinaus in verfließende Weiten.

Das Erdbeben

Erkenne nun: du konntest ärmer sein
Stets noch um vieles. Nicht das Moos zur Nacht,
Der Quelle Trunk, ein Schatten, die allein
Verlierbar noch; o hier ward mehr vollbracht

An Aufzugebendem: daß, jäh beraubt
Ums Ziel, Gedanken stehn, die sonst dich brachten
Schnell ins Gerettete: bedrohte dich
Gewässer, riefst du »Land«; und als entfachten
Nach dir sich Flammen, o wie stürzte sich
Ins Kühle deine Sehnsucht. Was geschah
An schmerzlich Spürbarem, vertrieb
Zum Gegensatz dich hoffend: Heil war nah.
Wohin nun denkst du rettend? Was verblieb?
Nicht Erde, die sich öffnet; Meer, das steigt,
Tödliches Wasser; Himmel nicht, in Brand;
Tal nicht, aufberstend; Berg nicht, der sich neigt:
Kein Ausweg mehr ins Andre:
O halt stand!

Robinson findet Freitag

Er blieb, da er mich sah, erschrocken stehn,
Ich stand, der ihn erblickte, Stein, verblieben
In der Gebärde: himmlischem Vergehn.
O Menschen-Wohlgestalt! O Glück, zu lieben
Im Blick Verwandtes: Auge, Lippe, Knie,
Ein Ohr wie meines, Füße, fünfgespalten,
Und Hände, ganz vertraute Form, wie die
Sich breitend jetzt, der Schritt, nun aufzuhalten
Länger nicht mehr und dort erwidert, scheu …
Antwort jetzt meinem Ruf. O süß Getön
Von Stimme! Schuf mir zum Gespielen neu
Spiegelnd mich Einsamkeit?
Bin ich so schön?!

Freitag findet seinen Vater

Doch war es frühe, daß dies Ich entglitt,
Das Spiegelbild sich wandelte zum Du:
Da war ein alter Mann, und Freitag litt
Angst und ertrug Gefahr und fand nicht Ruh
Um diesen Greis.
Mir war er fremd. Ich ließ
Ihm den Geliebten und brach auf zu jagen,
Ein böser Geist; Ich tötete. Ich stieß
Die Lämmer von der Mutter. Einmal lag
Mir Freitag jäh im Wurf, rief: »Töte mich,
O Herr, du zürnst!«
Mich überfiel die Scham.
Ich rief ihn an. Er blieb und weihte sich
Dem Tod in Anmut. Als ich näher kam,
Lächelte er nach meinem Kuß. Ich hob
Ihn sühnend auf, zum reineren Geschick
Des Bruders. Er nahms hin. Doch es verwob
Seither sich Trauer seinem fremdern Blick.

Robinson schreitet den Zaun eines Geheges ab

Weiß einer sonst, wohin die Zeit ihm schwand?
Fand er wie ich sie je versammelt wieder?
Dies ist der Zaun um ein betreutes Land.
Wie eine Schar von Vögeln ließ sich nieder
Mein Leben hier: ein Tag auf jedem Pfahl,
Und sie sind aufgereiht zu langen Jahren …
O seltsame Verwandlung! Aus der Qual
Sinnloser Fron muß ich zuletzt erfahren
Ein Glück. Verständlicher um wenig zwar
Als jene Last. Jedoch ein Glück. Als zeugte
Einst einem Fragenden der Zaun: Er war.

Robinson nimmt Abschied von der Insel

Nun lehrst du mich das Letzte: lehrst zu gehn -
O schwerer Abschied! – kleine Insel, Land,
Das mir erwuchs: ich küsse deinen Strand.
In dich gebettet, in dir zu bestehn
Wie sehnt ich mich! Wir waren eins geworden
In langer Liebe: Meine Seele strich
Rauschend durch deine Wälder, stürzte sich
Brausend in deine Flüsse, sang in Worten
Tief aus dir atmend auf. O Reich, verliehen
Mir, ins Verwandte tief verwandt zu reichen:
O Leib aus Erde, Wasser, Salz, Gestein!
Und nun Verbleichen, abendliches Weichen
In das Gewesene – o daß uns kein
Verweilen ward! Daß Ewigkeit uns nur,
Verwandelten, ein schmales Teil mag sein;
Dem ewig Gehenden ewige Spur.

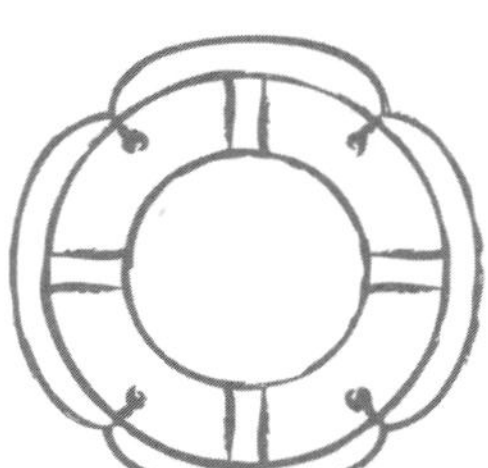

Victor Auburtin

Auf der Insel

An der Nordspitze der Insel Korsika, auf dem Kap Corse, liegt einsam in den Bergen eine weiße Kirche und blickt durch die Talschlucht auf das Ligurische Meer. Das ist die Franziskanerkirche von Morsiglia, die von der französischen Regierung als ein Depot für Zivilgefangene eingerichtet worden ist und in die ich jetzt eingezogen bin mit zweihundertfünfzig Gefährten. In diese Meeresküsteneinsamkeit, wo es keine Eisenbahnen gibt und man tagelang nichts hört als den Schrei des Seeadlers, hat man uns versteckt, damit wir dem Staat fürderhin nicht weiter gefährlich werden können.

Bei der weißen Kirche ist ein kleines Kloster, dessen einer Flügel eingestürzt ist, und all das ist alt und aus vergessenen Jahrhunderten. Man sieht hier und da einige Antiquität, Grabplatten in den Boden eingelassen mit den Bildern der Toten und mit Wappenschildern. Das waren die adligen Seeräuber aus dem sechzehnten Jahrhundert, und lange lateinische Inschriften erzählen uns von dem geräumigen Leben, das diese Männer über neuentdeckte Meere hin geführt haben. Einige dieser Geschlechter leben auch heute noch auf der Insel, doch sind ihre jetzigen Mitglieder nicht mehr Seeräuber, sondern Spekulanten an der Pariser Börse, wie ja jedes Zeitalter seine andere Bezeichnung des Gelderwerbes hat.

Wir Zivilinternierten brauchen nicht zu arbeiten, wie die Kriegsgefangenen, aber wer arbeiten will, der kann es. Alle vierzehn Tage kommt irgendeiner der Bauern aus der Umgegend und holt sich Freiwillige zur Gartenarbeit, für den Weinberg oder zum Wegebau. Dann sind immer einige Unternehmungslustige unter uns bereit, packen ihre Bündel und ziehen über die Berge ab, die das Kloster umgeben. Obgleich sie auch bei der Arbeit da draußen bewacht werden, ist es doch eine Art von Freiheit und Abwechslung nach der Einförmigkeit des Lagerlebens, und das lockt hinaus. Einige von uns sind bis nach Bastia gegangen, der größten Stadt der Insel, sogar bis in das ferne Ajaccio und haben dort für Jahre Anstellung gefunden, auch in besseren Berufen, als Büroangestellte oder Sekretäre.

Wir anderen bleiben eingeschlossen. Ein Jahr, das nächste, das dritte. Immer in derselben Kirche, zwischen denselben Gesichtern und in demselben gleichförmigen Verlauf des Tages.

Morgens bläst der Trompeter die Reveille, und seufzend oder fluchend stehen wir zu dem Tage auf, der ebenso sein wird wie hundert Tage vor ihm und hundert später. Es gibt einen Napf Kaffee, der dünn, aber immerhin aus Kaffeebohnen hergestellt ist, dann einen Laib Brot von sechshundert Gramm Gewicht, mittags um elf Uhr und abends um fünf eine Suppe – Linsen, Reis, Kartoffeln – und dreimal in der Woche zu der Abendsuppe ein Stück Ziegenfleisch.

Dieses Ziegenfleisch ist böse; es ist unter alledem, was ich auf Korsika erfahren, das einzige, worüber wirklich Klage geführt werden muß. Die Fleischbeschau wird auf dieser halbwilden Insel wohl schon im Frieden ziemlich oberflächlich betrieben werden, im Kriege ist sie noch dürftiger, und gar wenn es sich um das Fleisch für die Boches handelt, wird der Lieferant keine langen Umstände machen. Der Geißbock, der am Wege verreckte, ist für die Bande gerade gut genug. Besonders im Sommer hat dieses Zeug ein schwer definierbares Aroma, etwa wie der Geruch einer schlechtgewaschenen und echauffierten Menschenperson. Aber gegessen muß es doch werden, weil nichts anderes da ist, und ich habe Kameraden gesehen, die sich die Nase zuhielten und ein Stück zweideutiger Leber herunterschlangen.

Diese Mahlzeiten sind der Takt unseres Lebens durch die Jahre. Dazu noch zweimal am Tage Appell; morgens und abends müssen wir auf dem Hofe antreten, mit der Mütze in der Hand, in einer langen Reihe, und die Gendarmen zählen nach, ob wir noch alle da sind oder ob vielleicht einer von uns entfloh, um schwimmend das nächste neutrale Land, nämlich die Balearen-Inseln zu erreichen.

In allen diesen Jahren hat keiner einen Fluchtversuch unternommen. Aber einer hat sich aus Langeweile aufgehängt, und ich wundere mich nur, daß er der einzige geblieben ist.

Eine breite Terrasse, die vor dem Kloster und vor der Kirche liegt, ist uns Gefangenen zu unserer Bewegung und zur Promenade freigegeben. Da sitzen wir an der steinernen Brüstung und sehen auf eine Landschaft, die man im Frieden haben möchte und in der sicheren Stimmung einer Hotelpension. Auf das nahe Meer da unten, das selten ruhig ist, und auf die gewaltigen Küstenberge, die mit kurzem Lorbeergebüsch bewachsen sind. Einsamer Felssturz, lastende Stille, nur bisweilen unterbrochen durch den Ruf des Raubvogels oder durch das ferne Schreien eines Esels, das sich merkwürdig so anhört wie das Tuten eines Automobils. In den Falten des Gebirges schimmern ferne kleine Ortschaften, die ganz verlassen zu sein scheinen, nicht einmal Rauch steigt aus ihnen auf; und auf den Gipfeln der Berge stehen große verfallene Burgtürme.

Was sind das für Türme, da oben auf den Bergen? Wir haben Zeit genug, über diese archäologische Frage nachzudenken. Das Volk nennt sie Mühlen, aber das ist eine ganz unsinnige Bezeichnung, denn in diesem armseligen Lande ohne jedes Korn und jede Frucht hat es niemals etwas zu mahlen gegeben. Es scheinen vielmehr Wachttürme zu sein, bestimmt als Zufluchtsorte für die Eingeborenen bei Seeräubergefahr und als Stützpunkte kleiner Garnisonen, und sie stammen aus den mittelalterlichen Zeiten, als die Genueser und Pisaner sich um diese Insel stritten. Drei Jahrhunderte ging zwischen den beiden großen Republiken der Kampf um die Insel Korsika, bis dann ein Dritter, der König von Frankreich, sie im günstigen Augenblicke wegfischte. Denn schon in alter Zeit galt das so wie jetzt: ein Land mag noch so armselig und wertlos sein, es finden sich immer zwei, die es sich gegenseitig nicht gönnen und sich darum prügeln.

Auf dem Meere vor uns ist selten irgend etwas wie Verkehr zu merken; diese Striche hier liegen ganz außerhalb der Welt, und die großen Schiffahrtslinien des Mittelländischen Meeres gehen weiter unten durch die Straße von Bonifacio oder noch ferner um die Südspitze Sardiniens herum. Nur als die Franzosen ihre blödsinnige Expedition nach Saloniki ausschickten, wurde es lebendiger um unser Kap herum: Züge von Transportschiffen gehen vorüber, von wichtigtuenden Torpedobooten begleitet, und zwischen der Festlandküste und der Insel manövrieren Kriegsschiffe, wahrscheinlich Italiener, auf und ab, um das Wasser frei zu halten.

Auf ein Seegefecht zwischen Unterseebooten und französischen Kreuzern haben wir uns vergebens gespitzt.

Aber alle zwei oder drei Monate gibt es eine Art von meteorologischer Sensation, wenn nämlich die Alpen am Nordhorizont jenseits des Meeres sichtbar werden. Das geschieht meistens gegen Abend, wenn der Mistralwind bevorsteht, und dann stehen wir alle an der Steinmauer, die gegen das Meer geht, und sehen hinüber. Ganz deutlich sind die zweihundert Kilometer entfernten Gebirge zu sehen mit den Abschattierungen ihrer Täler, mit den Einzelheiten der Felsformation und hohen, blendendweißen Schneefeldern. Und wir Gefangenen denken uns, daß man von jenen Spitzen bis in die Schweiz sehen könnte, in das Land des Friedens und der Gastlichkeit.

Das alles ist schön, es ist sogar romantisch. Aber das Schöne wird verdrießlich, wenn man es als Gefangener angebunden betrachten muß, und die Landschaft, die du bewunderst, ohne in sie hineinklettern zu dürfen, quält dich mehr, als sie dich erbaut. Und was die Romantik anbetrifft, so wird sie zum Auswachsen, wenn man sie alle Tage hat.

Was macht man mit drei Jahren, wenn von ihren eintausendundfünfundneunzig Tagen einer so leer ist wie der andere.

Einige gehen gleich in der Frühe zu der Kegelbahn hinunter, die wir uns selbst gebaut haben, und widmen sich diesem mehr muskel- als geiststärkenden Sport den ganzen Tag. Andere haben einige Zeit lang versucht, Gymnastik zu treiben, Freiübungen, Boxen, Fußball, aber das ist bald wieder verschwunden in der furchtbaren Gleichförmigkeit der Tage. Eine Gruppe von Intellektuellen, zu der ich mich hielt, trank sich morgens einen an und verblieb in diesem Zustand bis in die Nacht; und sicher war das die rationellste Art, über die Jahre hinwegzukommen. Sprachstudium war im Schwange, und das Depot sah aus wie die Berlitz-School. Selbstverständlich Englisch, Französisch, Italienisch, aber auch die ausgefallensten Mundarten, wie Russisch, Türkisch, Schwedisch … in allen Winkeln hockte ein Pärchen und hörte sich gegenseitig Vokabeln ab. Doch auch das war nur verkapptes Nichtstun und ohne Zweck, denn die Kenntnis verschwand bald, weil der Zufluß des täglichen Gebrauchs fehlte und die Energie versagte. Ich selbst habe nacheinander Hebräisch, Russisch und Neugriechisch getrieben; das Neugriechische ist wieder vergessen, das Russische mit seinen verteufelten Adjektivformen zerfloß wie Sand, von dem Hebräischen aber ist mir nur das Wort Ponim haftengeblieben, und das hatte ich schon vorher gekannt.

Das Schönste aber ist die Gärtnerei. Um die Kirche herum liegen verwilderte Olivengärten aus der Zeit, da dieses Land noch bewohnt und bebaut wurde, und diese Gärten hat man den deutschen Gefangenen zur Bearbeitung und zu ihrem Vergnügen freigegeben. Es ist ein schwerer Boden, stahlharte Grauwacke, aber wir haben ihn aufgehackt, Erde auf die Terrassen getragen und sie mit unserem Dunge fruchtbar gemacht.

Immer war es mein Wunsch gewesen, auf einer Insel zu leben, womöglich auf einer im Mittelländischen Meer. Das ist überhaupt wohl im allgemeinen eine Sehnsucht gebildeter Philologen, sie möchten sich eine der Zykladen oder Sporaden im Ägäischen Meere mieten und da ganz für sich und abgeschieden ihr Wesen treiben. Dort wohnte man entweder allein oder mit einem griechischen Mädchen, das Myrto heißen und ewig siebzehnjährig bleiben müßte; man pflegte eine kleine Ökonomie, die etwas Ziegenkäse und einen erträglichen Wein abgäbe; und in den Mußestunden könnte man Ausgrabungen in der Tempelruine am Meere unternehmen. Dabei kämen doch vielleicht ein paar Münzen zum Vorschein oder eine römische Inschrift, die von den Konsuln der vergangenen Welt berichtete.

Dieser Wunsch geht durch die ganze Menschheitsgeschichte, und hätte ich genügendes Büchermaterial hier, ich schriebe eine grundlegende Abhandlung über die Inselsehnsucht der Menschen mit Abbildungen im Text und zahlreichen Fußnoten.

Schon die bekannten Griechen, so wäre da zu schreiben, kannten die Inselsehnsucht, wie ja dieses talentvolle Balkanvolk immer an erster Stelle zu nennen ist, wenn man von etwas Feinem spricht. Sie versetzten ihre toten Helden auf die Inseln der Seligen, und im Homer wohnen auf der Insel Scheria die Phäaken, die glücklichsten von allen Menschen. Die aßen ununterbrochen Rinderbraten und hörten dem Sänger zu, aber sie liebten den Fremden nicht, der die Unruhe des Festlandes zu ihnen brachte.

Bei den Römern wäre der merkwürdige General Sertorius zu nennen, der aus dem Lärm der Bürgerkriege mit seinem Schiffe plötzlich nach Westen floh, um auf den glücklichen Inseln, nämlich den Kanarischen, von denen er gehört haben mochte, Ruhe zu finden. Ferner der geistvolle Feuilletonist Quintus Horatius Flaccus, der sich aus dem Glanz des kaiserlichen Roms nach der kleinen Griecheninsel Lebedus sehnte; welcher Sehnsucht wir die wundervollen neurasthenischen Verse verdanken:

… tamen illic vivere vellem
oblitusque meorum obliviscendus et illis
Neptunum procul e terra spectare furentem.

Einsamkeit des weißen Strandes, jahrelang dasselbe Flüstern des Grases; und von der Welt und ihrer Unruhe geschützt durch die Brustwehr der Meeresbrandung.

Die christliche Epoche kennt die Sehnsucht nach den Inseln nicht, sie kennt überhaupt das Nautische wenig und verlegt ihre Seligkeit in einen dunstigen Himmel, der irdischen Sinnen wenig greifbar ist. Aber kaum regt es sich wieder, so ist auch das Heimweh nach Cythere wieder da. Watteau malt es auf der wundervollen Tafel, die jetzt in Potsdam hängt. Mörike träumt von der Insel Orplid, dem Land, das ferne leuchtet, und Heinrich Heine sehnt sich nach der Insel Bimini, nach der er aufbrechen will mit bewimpelten Pirogen. (Wobei zu bemerken ist, wie ungeschickt selbst begabte Dichter verfahren, wenn sie geographische Namen erfinden sollen; echte Inseln heißen Norderney oder Malta, und das klingt schöner und meereshafter als dieses alberne Bimini oder Orplid.)

Nun sitze ich auf einer Insel, sie liegt auch unzweifelhaft im Mittelmeer, aber die Seligkeit ist es nicht geworden. Von meinem Platze hier, an dem ich schreibe, sehe ich die verfallenden Festungstürme aus der Zeit des Streites, und durch die Stille schallt der Schrei eines halbwilden Ziegenhirten, der die großgehörnte Herde den Hügel hinauftreibt; und der lenkt seine Tiere nicht mit der Hirtenschalmei, sondern mit Steinwürfen. Da oben krächzt ein Adler verdammt heroisch, und wenn ich mich umsehe, steht da mit seinem Bajonett ein französischer Wachtposten, der zwar nicht heroisch, aber bösartig genug aussieht.

Der Name der Insel Korsika klingt nicht nach Frieden. Das wilde Rufen des Korsaren ist in ihm, und es dröhnt von unmittelbarster Geschichte. Dort hinter jenen umwölkten Bergen wurde der Furchtbare geboren, der am letzten Ende die Schuld alles unseres Unglückes trägt. Er brachte den Begriff der Vendetta nach Europa, und seit ihm geht es nun durch unsere Geschichte von Rachekrieg zu Rachekrieg, von Revanche zu Revanche und wird weitergehen durch die Jahrhunderte; denn solange dieser Planet von Menschenkindern bewohnt bleibt, wird der Sieg nicht verziehen werden.

Hier auf dieser Insel sollte man nicht friedlich sinnen, sondern Worte schmieden wie Klingen. Der wilde Genius des Ortes sollte fortreißen. Welche Tat wäre es, großer Gott, mitten im Kriege von dem napoleonischen Korsika aus den streitenden Völkern abrechnend die Wahrheit zu predigen, Freund und Feind sein besonderes Verschulden vorzuhalten. Johannes, der Evangelist, der als Zivilinternierter auf Patmos saß, fand den Inselfrieden ja auch nicht, sondern schrieb von dort an die sieben Gemeinden Asiens die furchtbare Broschüre der Apokalypse.

Wie, wenn ich jetzt täte wie er! Eine neue Apokalypse scheint vonnöten zu sein.

Jedoch: zu seiner Zeit gab es keine Zensur, und jetzt gibt es sie. Also …

Paul Scheerbart

Kapitän Junker auf der Insel Tamuso

Eine Seemannsgeschichte

Der Kapitän Junker aus Bremen besuchte mich neulich. Pünktlich um zehn Uhr vormittags kam er an; er hatte mir eine Karte geschrieben, auf der er mir mitteilte, dass er zu einer andern Zeit nicht kommen könnte. Der Kapitän ist sehr groß, hat langen weissen Vollbart ohne Schnurrbart, Ohrringe und furchtbar große braune Hände. Sehr breit ist dieser Mister Junker, stark, schwer – einfach massiv. Er hört es gern, wenn man ihn Mister Junker nennt. Er macht keineswegs einen geistig regsamen Eindruck. Und das erhöht die Glaubwürdigkeit seiner schier unglaublichen Erzählung ungemein. Nach meiner festen Überzeugung ist das, was er mir mitteilte, nicht in seinem Kopfe entstanden; er hat das alles tatsächlich erlebt.

Eine etwas umständliche Einleitung. Aber ich werde jetzt gleich das Wesentliche vorbringen. Ich bat den Kapitän, mir sein Abenteuer so kurz wie möglich zu erzählen, und er sagte langsam – in seiner etwas schwerfälligen Art.

»Ich fuhr im vorigen Jahre durch die Südsee. Meine Leute machten, wie das da unten immer noch sehr häufig vorkommt, Rebellion, setzten mich in ein kleines Boot und überließen mich meinem Schicksal. Ich ruderte und segelte drei Tage und drei Nächte – geradeaus. In der dritten Nacht sah ich in der Ferne ein helles Licht – es wechselte die Farbe, und Scheinwerfer schossen aus dem Lichte heraus. Ei, dachte ich, das ist ja wohl ein Leuchtturm. Wie kommt der denn hier in die Südsee? Nun kann ich mich aber sehr schwer kurz fassen.« »Dann«, sagte ich neugierig, »fassen Sie sich länger. Der Leuchtturm in der Südsee ist ja sehr seltsam.« »Hm«, meinte er lächelnd, »es war aber gar kein Leuchtturm.« »Was denn?« fragte ich hastig. »Das wird Ihnen ja«, versetzte er langsam »so ganz allmählich schon klar werden.«

»So erzählen Sie weiter!« rief ich unruhig.

Und Kapitän Junker sprach: »Ich fuhr natürlich auf das seltsame Licht zu. Und da merkte ich bald, dass da nicht nur ein Licht war. Es waren deren mehrere – und es wurden immer mehr, je näher ich kam. Ich näherte mich, um es kurz zu sagen, auf meinem Boot einer kleinen – Lichtstadt. Lichtstadt! Sie ahnen wohl, was das heisst.« »Wie soll ich das ahnen!« rief ich heftig. »Stellen Sie sich lauter Gewächshäuser vor«, sagte er, »alle aus Glas – sehr gross. Und all das Glas bunt – wie die Fenster des Doms zu Köln. Und setzen Sie Glastürme – auch ganz bunte – zwischen diese Glashäuser. Und stellen Sie sich diese Glashäuser ganz hoch vor – auf Hügeln und Bergen. Und die Türme sind durch quergehende Brücken mit einander verbunden – durch bunte Glasbrücken. Und dann einen südlichen Sternhimmel darüber – mit dem Kreuz des Südens. So ungefähr ist es gewesen. Diese Lichtinsel sah ich und fuhr darauf zu. Von den Turmspitzen gingen Scheinwerfer aus – einer traf mein Boot. Ich war entdeckt. Was darauf folgte, spottet jeder Beschreibung. Die Scheinwerfer drehten sich wie Kreisel. Ich sah den Strand dicht vor mir und hörte ein dumpfes Orgelbrausen. Und mit einem Schlage war alles Licht weg. Stockrabenfinstere Nacht überall. Nur die Sterne oben leuchteten. Ich betrat den Strand.«

Er atmete tief auf, wischte sich den Schweiss von der Stirn und blickte mit begeisterten Augen zu meinem Fenster hinaus auf die weiten Wiesen von Gross-Lichterfelde. Uns waren die Zigarren ausgegangen. Wir steckten sie uns wieder an. Nun wollte ich natürlich wissen, was weiter geschah. Aber er schwieg noch eine gute Weile.

Endlich fuhr er fort: »Ich setzte mich auf den Dünensand. Da war ich plötzlich von einem dunkelgrünen Scheinwerfer ganz dunkelgrün beleuchtet. Das Licht verschwand, so rasch es gekommen war. In der Ferne hörte ich etwas rascheln. Ich schrie: Hier ist ein Schiffbrüchiger! Ich erzählte ganz laut von der Rebellion auf meinem Schiff. Aber alles blieb ganz still. Ein paar Glaskanten blitzten im Sternenlicht auf. Ich war sehr müde und legte mich auf den Dünensand. Ich hatte sehr kräftig gerudert und schlief gleich ein.«

Abermals machte der Kapitän Junker eine längere Pause. Ich brachte ihm ein Glas Grog. Da schmunzelte er so recht vergnügt. Als er den Grog langsam und bedächtig ausgetrunken hatte, sprach er also:

»Als ich nun aufwachte, da stand die Sonne schon ganz tief. Ich sprang auf – und sah, dass da überall mächtige Glasgebäude standen. Die funkelten gar bunt und prächtig in der Abendsonne. Wenn ich das beschreiben könnte! Das kann ich aber nicht beschreiben. Ich bin ein einfacher Mann und froh, wenn ich im gewöhnlichen Leben Worte finde. Ich schweige sehr viel, höre am liebsten zu, wenn andere reden.«

»Weiter! Weiter!« rief ich heftig und schob dem Herrn Kapitän die Zigarren zu, »erzählen Sie nur, so gut Sie können. Waren die Glaspaläste rund, eckig – in geschweiften Formen? Wie waren die Türme? Jonisch – dorisch? Oder – waren sie ganz im allerfeinsten Geschmack? Hatten sie kuppelartige oder schalenartige Ausbuchtungen?«

»Da fragen Sie mich«, sagte er langsam, »einfach zu viel. Ich war einfach geblendet. Aber jetzt kommt das Schönste! Ein kleiner Wagen stand da vor mir. Und in dem Wagen war ein Tisch gar sauber gedeckt mit den besten Delikatessen darauf: Hummern, Schildkröten, Austern und tausend Fischsorten, fürstliches Obst und Konfekt und Roquefort – Burgunder und Champagner dazu. Ich stieg in den Wagen, setzte mich recht bequem hin, die Sonne ging im Meere dunkelrot unter. Ich wollte nun zulangen, da – setzt sich der Wagen in Bewegung und fährt ganz langsam auf prächtigem Mosaikboden in schönen Kurven dahin. Ich staune, denn ich weiss nicht, wer mich fährt. Ich denke: da werde ich wohl drahtlos dirigiert werden. Ich trinke auf das Wohl der Gastgeber und esse und fahre und trinke und fahre – immerzu zwischen all den Glaspalästen hindurch. Oft wird mein Wagen von unsichtbaren Kräften höhergehoben – dann fahre ich auf einer höheren Terrasse. Ich lasse mir's gut schmecken. Plötzlich, als es draussen dunkel geworden ist, werden alle Paläste mit einem Schlage wieder hell – in buntesten Farben strahlen die Scheinwerfer, die Wände der Paläste sind alle von buntem, leuchtendem Glas. Oh – viele Formen! Viel Mosaikartiges. Viel Geschweiftes. Aber lichtdurchlassend ist alles. Mir kommt die Sache so vor, als wenn ich träume. Ich lasse mir's aber gut schmecken und fahre immerzu.«

»Na«, sagte ich, »hören Sie mal, das hört sich aber wirklich so an, als wenn Sie in der Tat ganz herrlich und wunderbar geträumt hätten. Wie lange fuhren Sie denn?« »Ja«, versetzte er lächelnd, »darum habe ich mich bei den guten Weinen und den herrlichen Delikatessen nicht viel gekümmert. Ich fand auch ein paar Zigarren, steckte mir eine an, wunderte mich über die ausserordentlich feine Qualität. Da kommt aber ein eiserner Arm von hinten herum – und an dem hängen neue, gute, trockene Kleider. Ich ziehe mich gleich um und ....« »Ein herrlicher Traum!« rief ich lachend. »War aber keiner!« sagte Kapitän Junker lächelnd, »das wird Ihnen nachher schon ganz klar werden.« »Wenn Sie mir«, sagte ich da, »nur mehr von diesen Glaspalästen erzählen könnten. Kamen Sie nun ins Innere? Kamen die Gastgeber zum Vorschein? Im Innern der Paläste muss es ja noch herrlicher gewesen sein – so ganz von Lichtwänden und Lichtkuppeln umgeben. Welche Fülle von elektrischem Licht muss auf dieser Insel verbraucht werden. Natürlich müssen überall doppelte Glaswände sein – für Licht, Kühlung und Erwärmung. Das wirkt ja alles wie ein Farbenrausch. Der Weinrausch scheint mir ziemlich überflüssig dabei.«

»Im Innern«, sprach Mister Junker langsam, »bin ich nicht gewesen. Der Weinrausch war jedenfalls nicht so böse. Aber zuletzt kam aus einer Luke vorn – ein Glas heissen Grog!« »Das«, rief ich, »hätte ich nach allen diesen Genüssen nicht getrunken.« »Ich aber«, sagte der alte Herr wehmütig, »war nicht so schlau; ich trank es doch. Und nach meiner Meinung war ein Schlafmittel in dem Grog.« »Oh!« rief ich traurig. »Ja«, fuhr er fort, »als ich aufwachte, war ich auf einem französischen Kriegsschiff. Man sagte mir, ich sei von einigen Herren abgeliefert – des Schiffsarztes wegen – der sollte mich aufwecken. Das war ihm denn auch nach vielen vergeblichen Bemühungen gelungen. Ich erzählte, was mir passiert sei. Aber niemand glaubte mir. Vierzehn Tage später bemerke ich im Roten Meer, dass auf dem Rücken meines funkelnagelneuen Anzuges etwas knistert. Ich fühle hin und bemerke Papier, schneide das Futter auf und sehe ein Kuvert, auf dem steht: Du warst auf der Insel Tamuso. Ich glaube, dass das Wort Tamuso auf der vorletzten Silbe betont wird. Drei echte deutsche Tausendmarkscheine waren in dem Kuvert. Glauben Sie jetzt noch, dass ich geträumt habe?« »Nein«, rief ich, »aber da müsste man doch eine Expedition ausrüsten und nachsehen, ob da Missionare oder Seeräuber hausen.«

Mister Junker erhob sich langsam und reichte mir die Hand, schüttelte sie kräftig und sagte: »Sie werden schon veranlassen, dass die Expedition ausgerüstet wird. Aber – ich fahre mit, damit ich den freundlichen Gastgebern die drei Tausendmarkscheine zurückgeben und den Schreiber jenes Zettels zur Rede stellen kann – weil er Mister Junker geduzt hat.«

Wir schüttelten uns nochmals die Hände.

Edgar Allan Poe

Die Insel der Fee

Nullus enim locus sine genio est.
Servius

»La musique«, sagt Marmontel in seinen »Contes Moreaux«, die wir in allen unsern Übersetzungen beharrlich als »Moralische Geschichten« bezeichnet finden, als ob man ihren Sinn verhöhnen wollte – »la musique est le seul des talents qui jouissent de lui-même, tous les autres veulent des témoins.« Er verwechselt hier die Freude an schönen Klängen mit der Fähigkeit, sie hervorzurufen. Die musikalische Begabung ist ebensowenig wie jedes andere Talent da, wo kein zweiter ihre Äußerungen würdigt, zur Gewährung eines vollkommenen Genusses befähigt, und nur in Verbindung mit andern Begabungen bringt sie die Wirkungen hervor, die erst in der Einsamkeit ganz genossen werden mögen. Der Gedanke, den der »raconteur« entweder nicht klar genug dargestellt oder dessen Darstellung er einer nationalen Vorliebe für Pointierung geopfert hat, ist zweifellos der sehr begründete, daß wir gute Musik am tiefsten zu würdigen verstehen, wenn wir einsam sind. Der Gedanke in dieser Form wird ohne weiteres jedem richtig erscheinen, der die Musik um ihrer selbst und ihrer seelischen Wirkung willen liebt. Doch noch eine Freude ist den verstoßenen Sterblichen vergönnt, eine, die vielleicht mehr noch als die Musik der gesteigerten Einsamkeit bedarf. Ich meine den Genuß, den die Naturbetrachtung bietet. Wahrlich, wer Gottes Herrlichkeit auf Erden recht gewahren will, der muß diese Herrlichkeit in Einsamkeit betrachten. Mir wenigstens erscheint die Anwesenheit nicht nur menschlicher, sondern überhaupt lebendiger Wesen jeder Art, außer den grünen Dingen, die aus dem Boden wachsen und keine Stimme haben, als Befleckung der Landschaft, als etwas, was der seelischen Harmonie des Bildes zuwiderläuft.

In Wahrheit! ich liebe die Vorstellung, daß die dunklen Täler und grauen Felsen und die schweigsam lächelnden Wasser und die Wälder, die in unruhigem Schlummer seufzen – und die stolzen wachsamen Berge, die auf alles herunterblicken –, daß alles dies nur ungeheure Gliedmaßen eines gewaltigen lebendigen und empfindenden Ganzen sind – eines Ganzen, dessen Gestalt (die Kugel) die vollkommenste und umfassendste ist, die es gibt, dessen Weg den andern Planeten zugesellt ist, dessen zarte Magd der Mond, dessen mittelbarer Herr die Sonne ist, dessen Lebensdauer Ewigkeit, dessen Sinn der Wille Gottes ist; dessen Freude Wissen ist; dessen Geschicke sich in Unendlichkeit verlieren; dessen Kenntnis seiner selbst etwa unsrer Kenntnis der mikroskopischen Kleinwelt gleichkommt – eines Daseins, das wir als völlig unbelebt und rein stofflich ansehen, ähnlich wie diese winzigen Wesen uns betrachten mögen.

Unsre Teleskope und unsre mathematischen Entdeckungen geben uns trotz des scheinheiligen Geredes der Geistlichkeit überall die Gewißheit, daß Raum und also Masse in den Augen des Allmächtigen eine große Bedeutung hat. Die Kreise, darin die Sterne sich bewegen, sind als die besten empfunden worden für eine ungehinderte Bewegung der größtmöglichen Anzahl Körper. Die Form dieser Körper ist gerade so, daß sie bei einer gegebenen Oberflächengröße die größtmögliche Anhäufung von Materie gestattet, während die Oberfläche selbst so beschaffen ist, daß sie eine größere Zahl von Bewohnern aufnehmen kann, als wenn sie irgendeine andre Gestalt hätte. Auch ist die Tatsache, daß der Raum selbst unendlich ist, kein Argument dagegen, daß die Masse ein Zweck Gottes ist; denn eine unendliche Materie mag vorhanden sein, um ihn zu füllen, und da wir deutlich sehen, daß die Materie grundsätzlich von Leben erfüllt ist – in der Tat, soweit unser Urteil reicht, ein leitender Grundsatz in den Maßnahmen der Gottheit –, so ist es kaum logisch, dieses Leben auf die Regionen des Kleinen, wo wir es täglich nachweisen können, zu beschränken und nicht auf die des Erhabenen auszudehnen. Da wir ohne Ende Kreis in Kreise laufen sehen, alle aber sich um eine ferne Mitte drehen, um die Gottheit, sollten wir da nicht gleicherweise Leben in Leben vermuten, das kleinere im größeren und alle im göttlichen Geiste? Kurz, wir sind infolge unsrer Selbstüberhebung in einem gewaltigen Irrtum, wenn wir annehmen, der Mensch sei in seiner zeitlichen oder zukünftigen Bestimmung von größerer Wichtigkeit für das Universum als der gewaltige Talkörper, den er beackert und verachtet und dem er eine Seele abspricht, aus keinem tieferen Grunde, als weil er sie nicht in Tätigkeit sieht.

Solche und ähnliche Vorstellungen haben meinen Betrachtungen in den Bergen und Wäldern, an den Flüssen und am Meere eine Beimischung gegeben, die von der Alltagswelt zweifellos als »phantastisch« bezeichnet werden würde. Meine zahllosen, meist einsamen Wanderungen in solchen Gegenden pflegten meinen Geist ungewöhnlich lebhaft zu beschäftigen, und die Hingabe, mit der ich manchen düstern Talgrund durchstreifte oder in die Himmelsspiegelung manches strahlenden Sees blickte, wurde sehr vertieft durch das Bewußtsein, daß ich allein wanderte und Umschau hielt. Welcher geschwätzige Franzose war es doch, der mit Beziehung auf das Werk von Zimmermann sagte: »la solitude est une belle chose; mais il faut quelqu'un pour vous dire que la solitude est une belle chose«? Dem Epigramm ist nicht zu widersprechen; aber dies »il faut« – diese Notwendigkeit ist doch ein Unding.

Es war auf einer meiner einsamen Wanderungen in weit entfernten Gegenden, wo Berg an Berg geschlossen war und trauervolle Flüsse und schwermütige Sümpfe sich einherwanden oder schlummernd lagen, als ich an einen kleinen Fluß mit einer Insel kam. Es war im laubreichen Juni. Ich warf mich auf den Rasen unter die Zweige eines unbekannten duftenden Gesträuches, um in Betrachtung des Bildes versunken zu ruhen. Ich fühlte, nur so sollte ich es ansehen, dies entsprach seinem Charakter.

Auf allen Seiten – außer gen Westen, wo die Sonne im Untergehen war – erhoben sich grüne Waldesmauern. Der Fluß, der in seinem Lauf eine scharfe Wendung machte und sich so plötzlich den Blicken entzog, schien aus seinem Gefängnis keinen Ausweg zu haben, sondern vom grünen Laub der Bäume im Osten aufgesogen zu werden, während auf der andern Seite (so erschien es mir, als ich da lag und nach oben sah) geräuschlos und unaufhaltsam ein gold- und purpurroter Wasserfall aus den Abendrotquellen des Himmels ins Tal herniedersprühte.

Etwa in der Mitte des beschränkten Ausschnitts, den mein träumerisches Auge faßte, ruhte eine kleine runde, üppig begrünte Insel auf der Brust des Wassers,

Und Licht und Schatten woben Duft,
Als hänge sie schwebend in der Luft.

So spiegelglatt war das glasige Wasser, daß sich kaum erkennen ließ, an welcher Stelle des grünen Rasenhanges sein Reich begann.

Meine Lage gestattete mir, mit einem einzigen Blick sowohl das östliche wie das westliche Ende der Insel zu umfassen, und ich bemerkte eine eigentümliche Verschiedenheit an ihnen. Das Westende war wie ein strahlender Harem von Gartenschönheiten. Es glühte und errötete unter den schrägen Blicken der Sonne und lachte mit heiteren Blumen. Das Gras war kurz, feucht, süß duftend und von Goldwurz durchblüht. Die Bäume waren geschmeidig, heiter, aufrecht, hell, schlank und anmutig, von morgenländischem Bau und Laub, mit sanfter, glänzender und buntfarbiger Rinde. Alles schien gesättigt von einem tiefen Bewußtsein von Leben und Lust, und obgleich vom Himmel keine Winde bliesen, so war doch alles bewegt durch das leichtbeschwingte Gaukelspiel unzähliger Schmetterlinge, die man für beflügelte Tulpen hätte halten können.

Das andre oder östliche Ende der Insel war in schwärzeste Schatten gehüllt. Eine traurige, doch schöne und friedvolle Dunkelheit durchdrang hier alle Dinge. Die Bäume waren von düsterer Farbe und trauernd in Gestalt und Haltung; – wie sie sich da in trübe, feierliche und gespenstische Formen hüllten, erweckten sie eine Vorstellung von tödlichem Leid und frühzeitigem Tod. Das Gras hatte den dunklen Farbenton der Zypresse, und seine Halme ließen die Köpfe hängen, und hier und dort sah man im Grase viele kleine häßliche Hügel, schmal und niedrig und nicht sehr lang, die wie Gräber aussahen und doch keine waren, obgleich Raute und wilde Rosen sie ganz und gar überwucherten. Der Schatten der Bäume sank schwer aufs Wasser nieder, als wolle er sich darin begraben, die Tiefen des Elementes mit Dunkelheit sättigend. Ich bildete mir ein, wie die Sonne tiefer und tiefer sank, löse sich Schatten um Schatten trübe vom Stamme, der ihm Leben gegeben hatte, und werde vom Strome aufgetrunken, während jeden Augenblick neue Schatten aus den Bäumen hervortraten, um die Stelle ihrer eingesargten Vorgänger einzunehmen.

Als dieser Gedanke meine Phantasie erfaßt hatte, regte er sie weiter und weiter an, und ich versank in Träumerei. »Wenn je eine Insel verzaubert war«, sprach ich bei mir selbst, »so ist es diese. Hier ist der Zufluchtsort der wenigen gütigen Feen, die noch vom Untergang verschont geblieben sind. Sind jene Hügel ihre grünen Gräber? – Oder geben sie ihr Leben auf, wie Menschen ihr Leben dahingeben? Ist ihr Sterben nicht vielmehr ein trauervolles Hinschwinden, so daß sie nach und nach ihr Dasein an Gott zurückgeben, wie diese Bäume Schatten um Schatten hingeben, ihr Wesen verhauchen und auflösen? Was der vergehende Baum dem Wasser ist, das seinen Schatten einsaugt und schwärzer wird von jeder solchen Beute, mag nicht das Leben der Fee für den Tod, der es verschlingt, das gleiche sein?«

Als ich so mit halbgeschlossenen Augen sann, indes die Sonne eilig zur Rüste ging und wirbelnde Strömungen rund und rund um die Insel jagten, mit tanzenden weißen Streifen der Rinde des Feigenbaumes auf den Wellen, Streifen, die in ihrer wechselvollen Lage auf dem Wasser von einer lebendigen Phantasie mit allem Erdenklichen zu vergleichen gewesen wären – während ich so sann, war mir, als nehme die Gestalt einer solchen Fee, über die ich nachgesonnen hatte, langsam aus dem Glanze der Westseite der Insel ihren Weg ins Dunkel. Sie stand aufrecht in einem seltsam gebrechlichen Kahn, den sie mit dem Schatten eines Ruders lenkte. Solange sie unter dem Einfluß der zögernden Sonnenstrahlen blieb, schien ihre Haltung Freude auszudrücken, aber Trauer wandelte sie an, als sie der Schatten berührte. Langsam glitt sie dahin und hatte schließlich die Runde um die Insel gemacht und erschien wieder auf der Lichtseite. »Der Zirkel, den die Fee soeben vollendet hat«, sinnierte ich weiter, »ist der Kreislauf ihres kurzen Lebensjahres. Sie ist durch ihren Winter und ihren Sommer geflutet. Sie ist dem Tode um ein Jahr näher: denn es ist meinen Blicken nicht entgangen, daß, als sie in die Dämmerung kam, ihr Schatten von ihr abfiel und vom dunklen Wasser verschlungen ward, dessen Schwärze noch schwärzer davon wurde.«

Und wieder erschien das Boot mit der Fee, doch in ihrer Haltung war mehr Sorge und Unsicherheit und weniger biegsame Lust. Sie flutete wiederum aus dem Licht und ins Dunkel (das sogleich tiefer wurde), und wiederum fiel ihr Schatten von ihr ab ins ebenholzschwarze Wasser und wurde von seiner Schwärze verschlungen. Und wieder und wieder machte sie die Runde um die Insel (indessen die Sonne zu ihrer Schlummerstätte eilte), und bei jedem Heraustreten ins Licht lag mehr Trauer auf ihrer Gestalt, die schwächer und feiner und unbestimmter wurde, und bei jedem Übergang ins Dunkel sank ein tieferer Schatten von ihr ab, der von immer düstererem Schwarz verschlungen wurde. Endlich aber, als die Sonne gänzlich verschwunden war, glitt die

Fee, jetzt nur noch wie das Gespenst ihres früheren Seins, mit ihrem Boot trostlos in den Bereich der ebenholzschwarzen Flut, und ob sie daraus wieder zum Vorschein kam, kann ich nicht sagen, denn Finsternis deckte alle Dinge, und ich gewahrte ihre zauberhafte Gestalt nicht mehr.

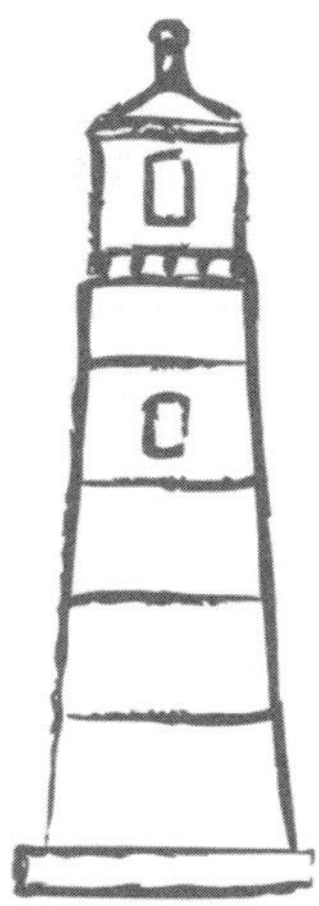

Albert Vigoleis Thelen

Die Insel des zweiten Gesichts

In der Pension des Grafen gab die Gerstenberg ein Abschiedsessen. Sie ertrug das Leben auf der Insel nicht mehr. Sie litt an Inselangst, die sich zur Inselwut steigerte, eine furchtbare Krankheit, an der Beatrice später auch wird leiden müssen. Da gibt es nur zwei Heilmittel: die Insel verlassen, zur Not im Hechtsprung, oder mit dem Kopf gegen die Wand rennen. Die Tragödin gab den Planken der »Ciudad de Alicante« den Vorzug und zog mit dem Sohn nach Alicante, von wo sie gekommen waren. Der Gedanke, durch das Meer von der Welt abgeschlossen zu sein, war ihr unerträglich geworden. Sie kam sich vor wie in Stock und Block gelegt. Ich versuchte sie zu beruhigen mit dem Sophismus, daß man ja niemals mit Bestimmtheit sagen könne, wann ein Kontinent anfange, erdkundlich zur Insel erniedrigt zu werden. Die Wissenschaft habe da noch keine Normen aufgestellt. Dann packte ich meine Geldtheorie aus: eine Insel sei nicht unerträglicher als irgendein beliebiger Ort auf dem sogenannten festen Lande, man müsse sich nur ein Rennboot oder Flugzeug leisten können wie Don Juan March. Der lebe auch auf einem Korallenriff gesicherter gegen die Umwelt als eine Adele Gerstenberg in Alicante. Die Gerstenberg ließ statt einer Antwort ihr gelbes Gesicht sprechen, so daß ich schwieg und mich einen Narren heißen ließ.

Selma Lagerlöf

Die Kleine Karlsinsel

Der Sturm

Die Wildgänse hatten auf der nördlichen Spitze von Öland übernachtet und waren nun auf dem Weg zum Festland. Ein recht heftiger Südwind, der über den Sund von Kalmar herfegte, trieb sie in nördlicher Richtung weiter. Trotzdem arbeiteten sie sich ziemlich schnell dem Land entgegen. Als sie aber die ersten Schären erreicht hatten, hörten sie ein lautes Donnern, als ob eine Menge flügelstarker Vögel dahersauste, und das Wasser unten wurde auf einmal ganz schwarz. Akka hielt die Flügel so schnell an, dass sie beinahe ganz still in der Luft lag. Dann ließ sie sich aufs Meer hinabsinken. Aber ehe die Gänse das Wasser erreicht hatten, war der Weststurm herangekommen. Schon jagte er Staubwolken, Wogenschaum und kleine Vögel vor sich her; er riss auch die Wildgänse mit sich fort, warf sie herum und jagte sie aufs weite Meer hinaus.

Es war ein entsetzlicher Sturm. Ein ums andre Mal versuchten die Wildgänse umzudrehen; aber es war ihnen nicht möglich, und sie wurden immer weiter auf die Ostsee hinausgetrieben. Der Sturm hatte sie schon an Öland vorbeigejagt, und sie hatten jetzt nur das öde graue Meer vor sich; es blieb ihnen nichts andres übrig, als nachzugeben.

Als Akka merkte, dass kein Umdrehen möglich war, hielt sie es für unnötig, sich von dem Sturm über die ganze Ostsee jagen zu lassen, und sie ließ sich deshalb aufs Wasser hinab. Es war hoher Seegang, der mit jedem Augenblick noch zunahm. Meergrün rauschten die Wogen daher, eine immer höher als die andre, mit wilden, zackigen Schaumkronen. Es war, als wetteiferten sie miteinander, welche am höchsten und wildesten aufwallen und aufschäumen könne. Aber die Wildgänse fürchteten sich nicht vor dem Wogenschwall, er schien ihnen im Gegenteil großes Vergnügen zu machen; sie strengten sich gar nicht mit Schwimmen an, sondern ließen sich auf die Wellenkämme hinauf- und in die Wogengänge hinabgleiten und sie waren so vergnügt wie ein Kind in einer Schaukel. Eine Weile ging es ihnen sehr gut, und ihre einzige Sorge war, die Schar könnte schließlich zerstreut werden. Die armen Landvögel, die im Sturm über ihnen dahinjagten, riefen neidisch: »Ja, wer schwimmen kann, für den hat es keine Not!«

Aber die Wildgänse waren doch nicht ohne Gefahr, denn das Schaukeln machte sie furchtbar schläfrig. Unaufhörlich wollten sie den Kopf zurücklegen, den Schnabel unter den Flügel stecken und schlafen. Aber nichts ist gefährlicher, als auf diese Weise einzuschlafen, und Akka rief daher immerfort: »Schlaft nicht, Wildgänse! Wer schläft, wird von der Schar weggetrieben! Wer von der Schar abkommt, ist verloren!«

Aber trotz aller Versuche, dem Schlaf zu widerstehen, schlief doch eine um die andre ein; selbst Akka war nahe daran, einzunicken, als sie plötzlich etwas Rundes, Dunkles aus dem Gipfel einer Woge auftauchen sah. »Seehunde! Seehunde! Seehunde!« schrie sie mit lauter, gellender Stimme und flog mit klatschenden Flügelschlägen auf. Es war die höchste Zeit; ehe die letzte Wildgans das Wasser verlassen hatte, waren die Seehunde so nahe, dass sie nach deren Füßen schnappten.

So waren die Wildgänse wieder mitten im Sturm, der sie vor sich her aufs Meer hinaustrieb. Er gönnte weder sich selbst noch den anderen einen Augenblick Ruhe. Und kein Land war zu entdecken, überall ringsum nur das wilde Meer.

Sobald sie es wagen konnten, ließen sich die Gänse wieder aufs Meer hinab; nachdem sie jedoch eine Weile auf den Wogen geschaukelt hatten, wurden sie wieder schläfrig. Und sobald sie schliefen, schwammen die Seehunde heran. Wäre die alte Akka nicht so wachsam und klug gewesen, dann wäre gewiss nicht eine mit dem Leben davongekommen.

Der Sturm raste den ganzen Tag hindurch ohne Aufhören und richtete schreckliche Verheerungen unter allen den Vögeln an, die um diese Jahreszeit auf der Reise waren. Manche verloren ihre Richtung vollständig und wurden in ferne Länder verschlagen, wo sie elendiglich verhungerten; andere ermatteten so sehr, dass sie ins Meer hinunterstürzten und ertranken. Viele wurden an den Felswänden zerschmettert und viele ein Raub der Seehunde.

Der Sturm dauerte den ganzen Tag hindurch, und schließlich drängte sich Akka die Frage auf, ob sie und ihre Schar nicht am Ende noch verunglücken würden. Sie waren jetzt alle todmüde, aber so weit das Auge reichte, konnten sie keinen Platz entdecken, wo sie hätten ausruhen können. Gegen Abend wagten sie es auch nicht mehr, sich aufs Meer hinabzulassen, denn ganz plötzlich hatte es sich mit großen Eisschollen bedeckt, die sich gegeneinander auftürmten, und Akka fürchtete, sie und die anderen könnten dazwischen erdrückt werden. Ein paarmal versuchten die Wildgänse, sich auf die Eisschollen zu stellen; aber einmal fegte sie der wilde Sturm ins Wasser hinein, und ein anderes Mal krochen die unbarmherzigen Seehunde zu ihnen aufs Eis hinauf.

Bei Sonnenuntergang waren die Gänse wieder in der Luft. In banger Furcht vor der Nacht flogen sie weiter. Die Dunkelheit schien ihnen an diesem von Gefahren erfüllten Abend gar zu schnell hereinzubrechen.

Es war schrecklich, dass sie noch immer kein Land sahen. Wie würde es ihnen erst gehen, wenn sie die ganze Nacht da draußen bleiben müssten? Entweder würden sie zwischen den Eisschollen zerquetscht, oder von den Seehunden aufgefressen, oder nach allen Seiten auseinandergesprengt.

Der Himmel war mit Wolken bedeckt und der Mond verhüllt, die Dunkelheit brach rasch herein. Plötzlich nahm die ganze Natur ringsum ein unheimliches Aussehen an, das dem mutigsten Herzen Entsetzen einflößte. Die Rufe von Zugvögeln, die sich in höchster Not befanden, hatten den ganzen Tag die Luft erfüllt, aber jetzt, wo man nicht mehr sah, wer sie ausstieß, klangen sie schauerlich und schreckenerregend. Drunten auf dem Meere prallten die Schollen des Treibeises mit lautem Krachen aufeinander, und die Seehunde stimmten ihr wildes Jagdgeheul an. Es war, als ob Himmel und Erde am Einstürzen seien.

Die Gefahr

Der Junge hatte eine Weile gedankenvoll aufs Meer hinabgeschaut. Da war es ihm plötzlich, als werde das Brausen noch stärker als vorher. Er schaute auf; gerade vor ihm, nur ein paar Meter entfernt, ragte ein steiler Felsen auf. An seinem Fuß brachen sich die Wogen mit hoch aufspritzendem Schaum. Ja, ja, gerade vor ihm war eine raue, kahle Felsenwand, und auf diese flogen die Wildgänse zu. Der Junge war überzeugt, dass sie daran zerschellen müssten, und er glaubte schon dem Tod ins Gesicht zu sehen.

Er hatte kaum noch Zeit, sich zu verwundern, dass Akka die Gefahr nicht beizeiten erkannt habe, als sie auch schon an dem Felsen angekommen waren. Doch jetzt sah er auch die halbrunde Öffnung einer Grotte; in diese hinein stürzten die Gänse und im nächsten Augenblick waren sie in Sicherheit.

Das erste jedoch, woran jede von ihnen dachte, ehe sie sich der eignen Rettung erfreute, war nachzusehen, ob auch alle Reisegefährten gerettet seien. Da fanden sich denn auch Akka, Yksi, Kolme, Neljä, Viisi, Kuusi, alle die sechs jungen Gänse, der Gänserich, Daunenfein und Däumling, nur Kaksi von Nuolja, die erste Gans vom linken Flügel, war verschwunden, und keine der anderen wusste etwas von ihrem Schicksal.

Als die Wildgänse sahen, dass nur Kaksi von ihnen getrennt worden war, nahmen sie die Sache leicht. Kaksi war alt und klug. Sie kannte alle Wege und Gewohnheiten der Schar und es würde ihr schon gelingen, sich wieder mit dieser zu vereinigen.

Hierauf begannen die Wildgänse sich umzusehen. Es drang noch etwas Tagesschimmer durch den Eingang herein und sie konnten erkennen, dass die Höhle sehr tief und weit war. Sie freuten sich schon über die gute Nachtherberge, die sie gefunden hatten, als eine von ihnen einige glänzende grüne Punkte bemerkte, die aus einem dunklen Winkel hervorleuchteten. »Das sind Augen!« rief Akka. »Es sind große Tiere hier drinnen.«

Die Gänse stürzten dem Ausgang zu, aber Däumling, der in der Dunkelheit besser als die Wildgänse sah, rief ihnen zu: »Ihr braucht nicht zu fliehen. Es sind nur einige Schafe, die an der Höhlenwand liegen.«

Als die Wildgänse sich an den Dämmerschein in der Höhle gewöhnt hatten, sahen sie die Schafe recht gut. Die Erwachsenen waren ihnen wohl an Zahl gleich, aber außerdem waren noch einige Lämmer da. Ein großer Widder mit langen, gewundenen Hörnern schien der vornehmste von der kleinen Herde zu sein, und unter vielen Verbeugungen gingen die Wildgänse auf ihn zu. »Gott zum Gruß hier in der Wildnis!« begrüßten sie ihn. Aber der Widder lag ganz still und kein einziges Wort des Willkommens drang über seine Lippen.

Da glaubten die Wildgänse, die Schafe seien missvergnügt über ihr Eindringen in die Höhle. »Es ist euch vielleicht nicht angenehm, dass wir hier hereingekommen sind«, sagte Akka. »Aber wir können nichts dafür, der Wind hat uns hierher verschlagen. Wir sind den ganzen Tag im Sturm umhergeflogen und es wäre uns eine große Wohltat, wenn wir hier übernachten dürften.«

Es dauerte eine gute Weile, bis eines von den Schafen nur ein Wort erwiderte, dagegen hörten die Gänse deutlich, wie einige von ihnen tief aufseufzten. Akka wusste wohl, dass Schafe immer schüchtern sind und sonderbare Manieren haben, aber diese schienen ganz und gar keinen Begriff davon zu haben, was sich gehörte.

Schließlich begann ein altes Mutterschaf, das ein längliches, gramdurchfurchtes Gesicht hatte, mit klagender Stimme: »Von uns verweigert euch gewiss keines den Aufenthalt hier; aber dies ist ein Haus der Trauer, und wir können nicht mehr wie in früheren Zeiten Gäste bei uns aufnehmen.«

»Darüber braucht ihr euch keine Sorge zu machen«, sagte Akka. »Wenn ihr wüsstet, was wir heute ausgestanden haben, würdet ihr gewiss verstehen, wie froh wir sind, wenn wir nur ein sicheres Plätzchen bekommen, wo wir schlafen können.«

Als Akka dies sagte, richtete sich der alte Widder auf. »Es wäre gewiss besser für euch, im stärksten Sturm umherzufliegen, als hierzubleiben. Aber jetzt sollt ihr euch doch nicht wieder auf den Weg machen, ehe wir euch mit dem besten, was das Haus vermag, bewirtet haben.«

Er führte sie zu einer mit Wasser gefüllten Vertiefung im Boden. Dicht daneben lag ein Haufen Spreu und Häcksel, und er bat die Gänse, es sich gut schmecken zu lassen. »Wir haben einen sehr strengen Schneewinter gehabt«, sagte er. »Die Bauern, denen wir gehören, brachten uns Heu und Haferstroh, damit wir nicht verhungerten. Und dieser Haufen ist alles, was noch davon übrig ist.«

Die Gänse machten sich eifrig über das Futter her. Sie fanden, dass sie es herrlich getroffen hätten, und waren in allerbester Laune. Sie sahen ja wohl, dass die Schafe voller Angst waren; aber da sie wussten, wie leicht Schafe sich erschrecken lassen, glaubten sie nicht, dass es sich um eine wirkliche Gefahr handeln könne. Sobald sie satt waren, dachten sie darum auch an nichts andres, als sich nun an einem guten Schlaf zu erfreuen. Aber da richtete sich der große Widder abermals auf und kam auf sie zu. Die Gänse meinten, noch nie ein Schaf mit so langen, starken Hörnern gesehen zu haben. Und auch sonst sah der Widder merkwürdig aus. Er hatte eine große, knochige Stirn, kluge Augen und eine vornehme Haltung, wie ein recht stolzes, mutiges Tier.

»Ich kann die Verantwortung nicht übernehmen, euch hier schlafen zu lassen, ohne euch zu sagen, dass es hier durchaus nicht sicher ist«, sagte er. »Wir können für den Augenblick keine Logierbesuche bei uns aufnehmen.«

Jetzt erst merkte Akka, dass dies Ernst war. »Wenn ihr es durchaus wünscht, so werden wir uns entfernen«, sagte sie. »Aber wollt ihr uns nicht vorher sagen, was euch bekümmert? Wir wissen nichts, ja wir wissen nicht einmal, wohin wir geraten sind.«

»Dies ist die Kleine Karlsinsel«, erwiderte der Widder. »Sie liegt westlich vor Gotland, und es wohnen nur Schafe und Meeresvögel hier.«

»Vielleicht seid ihr wilde Schafe?« fragte Akka.

»Ja, man könnte uns beinahe so nennen«, antwortete der Widder. »Mit den Menschen haben wir eigentlich nichts zu tun. Es besteht ein altes Übereinkommen zwischen uns und den Bauern eines Hofes auf Gotland; demgemäß müssen uns diese in bösen Schneewintern mit Futter versehen und dafür dürfen sie die Überzähligen von uns mitnehmen. Die Insel ist so klein, dass sie nur eine begrenzte Anzahl von uns ernähren kann. Aber sonst versorgen wir uns das ganze Jahr hindurch selbst und wir wohnen in keinen Häusern mit Türen und Riegeln, sondern halten uns in solchen Höhlen wie diese hier auf.«

»Was! Bleibt ihr auch im Winter draußen?« fragte Akka verwundert.

»Jawohl«, antwortete der Widder. »Es gibt das ganze Jahr hindurch Futter genug hier.«

»Das klingt ja fast, als hättet ihr es besser als andre Schafe«, sagte Akka. »Aber was ist das nun für ein Unglück, das euch betroffen hat?«

»Im vergangenen Winter«, sagte der Widder, »war es so bitter kalt, dass das Meer zufror. Da kamen drei Füchse übers Eis herüber und sie sind seitdem hier geblieben. Außer ihnen ist auf der ganzen Insel nicht ein einziges lebensgefährliches Tier.«

»Wie, wagen es die Füchse, solche Tiere, wie ihr seid, anzugreifen?«

»O nein, bei Tag nicht, da kann ich mich und die Meinigen wohl verteidigen«, sagte der Widder und schüttelte seine Hörner. »Aber bei Nacht, wenn wir in der Höhle schlafen, da schleichen sie heran und überfallen uns. Wir geben uns zwar alle Mühe, wach zu bleiben, aber einmal muss man ja schlafen, und das benutzen sie. In den benachbarten Behausungen haben sie schon alle Schafe getötet und es waren Herden darunter, die ebenso groß waren wie die meinige.«

»Es ist nicht angenehm, eingestehen zu müssen, dass wir so hilflos sind«, sagte jetzt das alte Mutterschaf, »und es wäre viel besser für uns, wenn wir zahme Schafe wären.«

»Meint ihr, die Füchse werden auch heute Nacht kommen?« fragte Akka.

»Es ist nicht anders zu erwarten«, antwortete das Mutterschaf. »Gestern Nacht sind sie hier gewesen und haben uns ein Lamm gestohlen und sie werden nicht ausbleiben, so lange noch eins von uns am Leben ist. So haben sie es bei den anderen Herden auch gemacht.«

»Aber wenn die wenigen, die übrig geblieben sind, noch länger hierbleiben, dann sterbt ihr ja vollständig aus«, sagte Akka.

»Ja, es wird nicht mehr lange dauern, bis es keine Schafe mehr auf der Kleinen Karlsinsel gibt«, seufzte das Mutterschaf.

Sehr unschlüssig stand Akka da. Wieder im Sturm umherzufliegen, war kein Vergnügen, aber in einem Haus zu bleiben, wo solche Gäste erwartet wurden, war auch nicht gut. Nachdem sie eine Weile überlegt hatte, wendete sie sich an Däumling. »Sag, möchtest du uns diesmal nicht auch helfen, wie schon so oft?« fragte sie ihn.

»Jawohl«, erwiderte der Junge, »recht gern.«

»Du tust mir zwar leid, wenn du nicht schlafen darfst«, fuhr Akka fort, »aber trotzdem möchte ich dich bitten, heute zu wachen und uns zu wecken, wenn du die Füchse kommen siehst, damit wir wegfliegen können.«

Der Junge versprach, es zu tun. Er wusste ja, dass die anderen müder waren als er und also auch mehr Recht zum Schlafen hatten.

Er trat an die Öffnung der Höhle, kroch hier zum Schutz vor dem Sturm unter einen Stein und begann seine Wache. Allmählich klärte sich der Himmel auf, und der Mondschein spielte auf den Wogen. Der Junge trat unter den Höhleneingang und schaute hinaus. Die Höhle befand sich ziemlich hoch an der Felsenwand, und nur ein schrecklich steiler Weg führte zu ihr herauf. Auf diesem würden die Füchse wohl daherkommen.

Füchse sah er nun zwar noch keine, dafür aber etwas andres, das ihm im ersten Augenblick großen Schrecken einjagte. Unterhalb des Berges auf dem schmalen Streifen Land am Ufer hin standen einige Riesen oder andre steinerne Ungeheuer. Oder vielleicht waren es auch Menschen. Zuerst glaubte er, er träume, dann aber war er ganz sicher, dass er noch nicht geschlafen habe. Er sah die großen Männer ganz deutlich, es konnte keine Gesichtstäuschung sein. Einige standen draußen am Ufer, die anderen aber ganz dicht am Berge, als ob sie hinaufklettern wollten. Die einen hatten große, dicke Köpfe, andre wieder gar keine. Die einen waren einarmig, und einige hatten hinten und vorne große Höcker.

So etwas Sonderbares hatte der Junge noch nie gesehen; er stand da droben und fürchtete sich so schrecklich vor den Ungeheuern, dass er beinahe vergessen hätte, auf die Füchse aufzupassen. Jetzt aber hörte er eine Klaue auf einem Stein kratzen, und er sah drei Füchse den Abhang heraufkommen. Sobald der Junge wusste, dass er es mit etwas Wirklichem zu tun hatte, beruhigte er sich vollständig und fühlte keine Spur von Angst mehr. Dann dachte er, es wäre doch recht schade, wenn er jetzt nur die Gänse weckte, die Schafe aber ihrem Schicksal überließe, und er wollte es lieber anders machen.

Eilig lief er in die Höhle hinein, weckte den großen Widder, indem er ihn an den Hörnern schüttelte und sich zugleich auf dessen Rücken schwang. »Steh auf, Alter, dann wollen wir den Füchsen einen gelinden Schrecken einjagen!« flüsterte er.

Er hatte versucht, so still wie möglich zu sein, aber die Füchse hatten doch ein Geräusch gehört. Als sie den Höhleneingang erreicht hatten, hielten sie an und überlegten. Ganz bestimmt hatte sich eines von den Schafen bewegt. »Ich möchte wohl wissen, ob sie wach sind?« sagte der eine Fuchs.

»Ach, geh nur hinein«, sagte einer von den anderen. »Sie können uns jedenfalls nichts tun.«

Als sie tiefer in die Höhle hineingekommen waren, blieben sie stehen und witterten. »Wen wollen wir heute nehmen?« flüsterte der vorderste.

»Heute nehmen wir den großen Widder«, zischelte der hinterste. »Dann haben wir mit den anderen leichte Arbeit.«

Der Junge saß auf dem Rücken des alten Widders und sah, wie die Füchse sich heranschlichen. »Stoß nur gerade aus!« flüsterte er. Der Widder stieß zu, und der erste Fuchs wurde Hals über Kopf an den Eingang zurückgeschleudert. »Stoß jetzt nach links!« sagte der Junge und drehte den großen Kopf des Widders in die richtige Lage. Der Widder führte einen gewaltigen Stoß nach links, der den zweiten Fuchs in die Seite traf. Dieser überkugelte sich mehrere Male, ehe er wieder auf die Beine kam und fliehen konnte. Dem Jungen wäre es am liebsten gewesen, wenn der dritte auch noch einen Denkzettel bekommen hätte, aber dieser war schon auf und davon.

»Jetzt werden sie für heute Nacht genug haben!« rief der Junge.

»Das glaube ich auch«, sagte der Widder. »Lege dich nun auf meinen Rücken und krieche in die Wolle hinein. Nach dem

Sturm, in dem du heute draußen gewesen bist, hast du ein warmes Lager wohl verdient.«

Das Höllenloch

Am nächsten Tage wanderte der Widder mit dem Jungen auf dem Rücken auf der Insel umher. Diese bestand aus einem einzigen großen Felsen. Sie war wie ein großes Haus mit senkrechten Mauern und einem Plattdach. Der Widder ging zuerst auf das Felsendach hinauf und zeigte dem Jungen die guten Weideplätze, die da oben waren, und dem Jungen kam die Insel gerade wie für Schafe geschaffen vor. Auf dem Berg wuchs nicht viel weiter als Schafschwingel und andre kleine, dürre, gewürzige Kräuter, die Schafe gern fressen.

Aber wer glücklich den jähen Abhang hinaufgekommen war, für den gab es da oben wahrlich auch noch andres zu sehen als nur Schafweiden. Da war zuerst das weite, weite Meer, das jetzt im Sonnenglanz herrlich blau leuchtete und mit schimmernden Wellen daherrollte. Nur an einzelnen Klippenvorsprüngen schäumte es weiß auf. Geradeaus gegen Osten lag die gleichmäßige, langgestreckte Küste von Gotland, und im Südwesten die Große Karlsinsel, die dieselbe Formation zeigte wie die Kleine Karlsinsel. Als der Widder ganz an den Rand der Felsenkuppe trat, so dass der Junge die Bergwand hinunterschauen konnte, sah er, dass sie voller Vogelnester war, und in der blauen Flut unten lagen in friedlicher Vereinigung die verschiedensten Arten von Möwen, Eidervögeln und Lummen und Alken, die eifrig Strömlinge fischten.

»Dies ist wirklich ein gelobtes Land«, sagte der Junge. »Ihr habt es wahrlich gut, ihr Schafe.«

»Jawohl, es ist schön hier«, sagte der Widder. Es war, als wollte er noch etwas hinzufügen, sagte aber doch nichts, sondern seufzte nur. »Aber wenn du allein hier umhergehst«, fuhr er nach einer Weile fort, »dann nimm dich ja vor all den Spalten in acht, die über den Berg hinlaufen.« Und das war eine gute Warnung, denn an mehreren Stellen waren tiefe und breite Felsenrisse. Die größte von diesen Spalten heiße das Höllenloch, sagte der Widder, es sei mehrere Meter tief und mehr als einen Meter breit. »Wenn einer da hinunterfiele, dann wäre es aus mit ihm«, fügte der Widder noch hinzu, und dem Jungen kam es vor, als habe er dies mit einer besonderen Absicht gesagt.

Nun führte er den Jungen an den Strand hinunter. Da bekam er denn auch die Riesen, die ihn in der Nacht erschreckt hatten, in der Nähe zu sehen. Es waren große Felsengebilde; der Widder nannte sie »Raukar«, und der Junge konnte sich nicht satt daran sehen. Er meinte, wenn es wirklich in Steine verwandelte Zauberer gäbe, müssten sie so aussehen.

Obgleich es unten am Strand auch recht schön war, gefiel es dem Jungen doch noch besser oben auf der Felsenhöhe. Es war ihm unheimlich da unten, weil überall tote Schafe lagen, denn hier pflegten die Füchse ihre Mahlzeiten zu halten. Der Widder und der Junge sahen vollständig abgenagte Skelette, aber auch Körper, die nur halb abgefressen waren, und wieder andre, die die Füchse ganz unversehrt gelassen hatten. Mit Grausen sahen sie, dass die wilden Tiere nur zu ihrem Vergnügen über die Schafe herfielen, nur um zu jagen und zu morden.

Der Widder hielt nicht bei den Toten an, sondern ging still an ihnen vorbei. Aber selbstverständlich sah der Junge die ganze Abscheulichkeit; er konnte nicht anders.

Jetzt stieg der Widder wieder den Berg hinauf; als er aber oben angekommen war, blieb er stehen und sagte: »Wenn jemand, der klug und tüchtig wäre, all dieses Elend hier zu sehen bekäme, dann würde er gewiss nicht ruhen, bis die Füchse ihre gerechte Strafe bekommen hätten.«

»Die Füchse müssen aber doch auch leben«, sagte der Junge.

»Jawohl«, erwiderte der Widder. »Und wer nicht mehr Tiere tötet, als er zu seinem Unterhalt bedarf, der darf wohl am Leben bleiben. Diese hier aber sind Übeltäter!«

»Die Bauern, denen die Insel gehört, müssten kommen und euch helfen«, meinte der Junge.

»Sie sind auch schon mehrere Male hier gewesen«, sagte der Widder, »aber die Füchse versteckten sich in Höhlen und Felsenspalten, wo man nicht auf sie schießen konnte.«

»Ach, mein guter Alter, Ihr glaubt doch wohl nicht, dass so ein armer kleiner Wicht wie ich mit ihnen fertig werden könnte, nachdem weder ihr noch die Bauern sie haben überwältigen können?« sagte der Junge.

»Wer klein und pfiffig ist, kann vieles ausrichten«, antwortete der Widder.

Sie sprachen jetzt nicht weiter von dieser Sache, und der Junge begab sich zu den Wildgänsen, die auf dem Berggipfel weideten. Obgleich er es dem Widder nicht hatte zeigen wollen, war er doch sehr betrübt über das Schicksal der Schafe, und er hätte ihnen gar zu gern geholfen. »Ich will jedenfalls mit Akka und dem Gänserich Martin darüber reden«, dachte er. »Vielleicht können sie mir einen guten Rat geben.«

Etwas später nahm der weiße Gänserich den Jungen auf den Rücken und wanderte mit ihm über den Felsengipfel nach dem Höllenloch. Ganz sorglos lief er über die offene Berghöhe hin und schien gar nicht daran zu denken, wie weiß und groß er war. Er suchte sich nicht hinter Erdhaufen oder anderen Erhöhungen zu verstecken, sondern ging ruhig seines Weges weiter. Es war merkwürdig, dass er nicht ein bisschen vorsichtig war, denn es schien ihm während des gestrigen Sturmes gar schlecht gegangen zu sein. Er hinkte mit dem rechten Bein, und der linke Flügel schleifte am Boden, als ob er gebrochen wäre.

Er wanderte umher, als sei durchaus keine Gefahr zu befürchten, biss da und dort einen Grashalm ab und sah sich gar nicht um. Der Junge lag auf dem Gänserücken ausgestreckt und schaute zum blauen Himmel empor. Er war das Reiten jetzt so gewohnt, dass er auf dem Gänserücken stehen und liegen konnte.

Da der Gänserich und der Junge so sorglos waren, bemerkten sie natürlich die drei Füchse nicht, die jetzt auf dem Berggipfel auftauchten. Und die Füchse, die wohl wussten, dass es beinahe unmöglich ist, einer Gans auf offenem Felde beizukommen, dachten im ersten Augenblick gar nicht daran, auf sie Jagd zu machen. Da sie aber nichts andres zu tun hatten, sprangen sie schließlich in eine der langen Felsenspalten hinein und versuchten, sich an die Gans heranzuschleichen. Sie gingen dabei so vorsichtig zu Werk, dass der Gänserich auch nicht einen Schein von ihnen sehen konnte.

Als sie nicht mehr weit von dem Gänserich entfernt waren, machte dieser einen Versuch, aufzufliegen. Er schlug mit den Flügeln, aber es gelang ihm nicht, vom Boden wegzukommen. Daraus folgerten die Füchse, der Gänserich könne nicht fliegen, und sie eilten rascher vorwärts. Sie hielten sich nicht mehr in der Kluft versteckt, sondern liefen auf die Hochebene hinaus. Hier verbargen sie sich, so gut sie konnten, hinter Erdhaufen und Felsstücken und kamen so immer näher zu dem Gänserich hin, ohne dass dieser merkte, dass Jagd auf ihn gemacht wurde. Schließlich waren sie ihm ganz nahe, jetzt konnten sie den Sprung wagen, und mit einem großen Satz warfen sie sich alle drei zugleich auf ihn.

Im letzten Augenblick musste der Gänserich aber doch etwas gemerkt haben, denn er sprang rasch zur Seite, und die Füchse verfehlten ihn. Aber das war nicht von großer Bedeutung, denn der Gänserich hatte nur ein paar Meter Vorsprung, und dazu war er lahm. Der Ärmste lief zwar, was er konnte, und Gänse können ja ungeheuer schnell laufen, selbst einem Fuchs kann es schwer fallen, sie zu fangen.

Der Junge saß rücklings auf dem Gänserücken und rief und schrie den Füchsen zu: »Ihr habt euch am Schaffleisch zu fett gefressen, ihr Füchse, ihr könnt ja nicht einmal eine Gans fangen!« Er reizte und ärgerte sie; das machte sie ganz toll und hitzig, und sie rannten jetzt sinnlos vorwärts.

Der weiße Gänserich aber lief geradeswegs auf die große Kluft zu. Als er sie erreicht hatte, schlug er mit den Flügeln, und drüben war er! Gerade da hatten ihn die Füchse eingeholt.

Der Gänserich lief, nachdem er über das Höllenloch hinübergekommen war, ebenso schnell vorwärts wie vorher. Doch kaum war er einige Meter weiter gelaufen, als der Junge ihm auf den Hals klopfte und sagte: »Jetzt kannst du anhalten, Gänserich!«

In diesem Augenblick hörten sie hinter sich ein paar wilde Schreie, ein Kratzen von Krallen und das Aufschlagen von mehreren Körpern. Aber von den Füchsen sahen sie nichts mehr.

Am nächsten Morgen fand der Leuchtturmwächter auf der Großen Karlsinsel ein Stück Rinde unter seiner Haustür, auf dem mit krummen, eckigen Buchstaben geschrieben stand: »Die Füchse auf der kleinen Insel sind in das Höllenloch gefallen. Mach, dass du hinkommst!«

Und das tat der Leuchtturmwächter auch.

George Sand

Ein Winter auf Mallorca

Mallorca, das Herr Laurens Balearis Major nennt, wie die Römer es taten, und von dem Doktor Juan Dameto, der König der Historiker Mallorcas, sagt, dass es in früherer Zeit Clumba oder Columba hieß, nennt sich heute als Folge sprachlicher Vereinfachung Mallorca, und die Hauptstadt trug niemals diesen Namen, wie mehrere unserer Geografen zu behaupten beliebten, sondern hieß stets Palma.

Diese Insel ist die größte und die fruchtbarste des Archipels, Zeugin eines Kontinents, dessen Becken das Mittelmeer überspült haben muss und der mit Sicherheit Spanien und Afrika verband, und daher trifft man hier das Klima und die Erzeugnisse beider an. Sie liegt 25 Meilen südöstlich von Barcelona und 45 vom nächsten Punkt der afrikanischen Küste. Ferner glaube ich, dass sie sich 95 oder 100 Meilen von Toulon entfernt befindet. Ihre Fläche beträgt 1234 Quadratmeilen, ihr Umfang 143 und die breiteste Stelle 54, die schmalste 28. Die Bevölkerung belief sich im Jahre 1787 auf 136.000 Personen; heute sind es ungefähr 160.000. Von ihnen leben 36.000 in Palma, im Gegensatz zu den 32.000, die es damals waren.

Die Temperatur kann von Ort zu Ort sehr unterschiedlich sein. Der Sommer ist in der ganzen Ebene heiß, aber die Gebirgskette, die sich vom Nordosten bis zum Südwesten erstreckt, die durch ihre Ausrichtung auf die Ähnlichkeit zwischen spanischen und afrikanischen Landstrichen verweist und deren einander am nächsten liegende Punkte gleichzeitig die jeweils höchsten sind, beeinflusst das winterliche Klima stark. So be-

Absender

Name, Vorname

Straße, Nr.

Plz, Ort

Telefonnummer*

Faxnummer*

E-Mail*

Unterschrift

*freiwillige Angabe

Für Ihre schnelle Anfrage:
info@verlagshaus-roemerweg.de

Bitte ausreichend frankieren

Rückantwort

Verlagshaus Römerweg GmbH
Römerweg 10
D-65187 Wiesbaden

richtet Miguel de Vargas, dass in Palma während des schrecklichen Winters 1784 das Thermometer nur an einem einzigen Januartag auf sechs Grad unter dem Gefrierpunkt sank. An anderen Tagen stieg es auf sechzehn Grad und blieb meistens bei elf. Ungefähr diese Temperatur hatten wir einen gewöhnlichen Winter über in den Bergen von Valldemosa, das im Rufe steht, eine der kältesten Gegenden der Inseln zu sein. In den kältesten Nächten, als zwei Zoll Schnee lagen, war das Thermometer bloß bei sechs oder sieben Grad. Um acht Uhr morgens stieg es auf neun oder zehn, um mittags bei zwölf oder vierzehn Grad anzugelangen. Gewöhnlich fiel gegen drei Uhr, das heißt nach dem Sonnenuntergang hinter den Gipfeln der Berge, die uns umgaben, die Temperatur plötzlich auf neun und selbst acht Grad.

Der Nordwind weht hier oft mit Heftigkeit, und der Winterregen fällt mit einer Stärke und Dauerhaftigkeit, von der wir uns in Frankreich keine Vorstellung machen. Im Allgemeinen ist das Klima im ganzen südlichen Teil, der Afrika gegenüber liegt, gesund und zuträglich. Hier ist man vor den wilden Windstürmen des Nordens der Gebirgskette geschützt sowie vor den Zerklüftungen der Nordküste. Der Gesamtplan der Insel entspricht also einer von Nordwesten nach Südosten geneigten Fläche, und die Schifffahrt, die im Norden aufgrund der Beschaffenheit der Küste quasi unmöglich ist, gestaltet sich im Süden leicht und sicher.

Trotz seiner Wirbelstürme und Rauheit wurde Mallorca von den Alten zu Recht die goldene Insel genannt, denn es ist äußerst fruchtbar und seine Erzeugnisse sind von ausgezeichneter Qualität. Der Weizen ist hier so rein und so schön, dass die Bewohner ihn exportieren und er ausschließlich in Barcelona zur Herstellung eines hellen und leichten Gebäcks dient, das man Pan de Mallorca nennt. Die Bewohner lassen aus Galizien und der Biskaya gröberes Korn zu niedrigeren Preisen kommen, von dem sie sich ernähren. Dies führt dazu, dass man in dem Land, das an ausgezeichnetem Weizen am reichsten ist, widerwärtiges Brot essen muss. Ich weiß nicht, ob dies den Bewohnern zum Vorteil gereicht.

In den Provinzen der Mitte unseres Landes, wo die Landwirtschaft die wenigsten Fortschritte gemacht hat, beweisen die Gepflogenheiten der Landwirte lediglich ihre Sturheit und Unwissenheit. Dies trifft umso mehr auf Mallorca zu, wo die Landwirtschaft, obwohl man sich ihrer mit Hingabe widmet, noch in den Kinderschuhen steckt. Nirgendwo sonst habe ich gesehen, dass die Äcker so geduldig und träge bewirtschaftet wurden. Die einfachsten Maschinen sind unbekannt; die Arme der Menschen, im Vergleich zu den unsrigen sehr mager und unterentwickelt, müssen alles erledigen, aber mit unerhörter Langsamkeit. Es bedarf eines halben Tages, um weniger Erde umzugraben, als man bei uns in zwei Stunden schafft, und fünf oder sechs Männer sind nötig, um ein Ackergerät fortzubewegen, das der Schmächtigste unserer Gehilfen fröhlich auf den Schultern davontragen würde.

Trotz dieser Trägheit ist auf Mallorca alles beackert und dem Anschein nach gut beackert. Man sagt, dass diese Insulaner kein Elend kennen. Aber inmitten all dieser Naturschätze und unter dem denkbar schönsten Himmel ist das Leben rauer und auf traurige Weise kärglicher als das unserer Bauern.

Für gewöhnlich lassen sich die Reisenden über das Glück der Völker des Südens aus, deren Gesichter und malerische Gewandung ihnen wie die Sonntagssonne erscheint und deren mangelnde Vorstellungskraft und Voraussicht ihnen wie die ideale Gelassenheit des Landlebens vorkommt. Dies ist ein Irrtum, den ich selbst oft begangen habe, dessen ich mir aber durchaus bewusst geworden bin, besonders, seit ich Mallorca besucht habe.

Nichts auf der Welt ist so traurig und so arm wie dieser Bauer, der nur beten, singen und arbeiten kann und niemals nachdenkt. Sein Gebet ist eine stupide Formel, die in seinem Geiste keinerlei Sinn ergibt; seine Arbeit ist eine Anstrengung der Muskeln, die keine Anstrengung des Geistes ihm zu vereinfachen beibringt. Sein Gesang ist der Ausdruck dieser trüben Melancholie, die ihn niederdrückt, ohne dass er sich dessen bewusst wäre, und deren Poesie uns beeindruckt, während sie ihm verborgen bleibt. Würde ihn nicht dann und wann die Eitelkeit aus seiner Lethargie wecken und ihn zum Tanz gehen lassen, wären seine Feiertage nur dem Schlaf gewidmet.

Aber schon verlasse ich den Rahmen, den ich mir gesteckt hatte. Ich vergesse, dass ein geografischer Artikel im strengeren Wortsinn Ertragswirtschaft und Handel erwähnen muss, oder sich erst ganz zum Schluss, nach dem Getreide und dem Vieh, mit der Gattung Mensch zu beschäftigen hat.

In aller beschreibenden Geografie, die ich gelesen habe, habe ich im Artikel über die Balearen diesen kurzen Hinweis gefunden, den ich hier bestätige, auf den ich jedoch später mit Betrachtungen zurückkommen werde, die seinen Wahrheitsgehalt verringern: »Diese Insulaner sind sehr liebenswürdig (es ist bekannt, dass sich auf allen Inseln die menschliche Rasse in zwei Kategorien gliedert: die Menschenfresser und diejenigen, die sehr liebenswürdig sind). Sie sind sanft und gastfreundlich; es ist selten, dass sie Verbrechen begehen, und Diebstahl ist bei ihnen gleichsam unbekannt.« Auf diesen Text werde ich wahrlich zurückkommen.

Sprechen wir aber zunächst von den Erzeugnissen, denn ich glaube, dass in der Abgeordnetenkammer unlängst ein paar Worte (die zumindest unvorsichtig waren) über die mögliche Besetzung Mallorcas durch die Franzosen gefallen sind, und ich vermute, dass, falls dieses Schriftstück in die Hände eines unserer Abgeordneten gelangt, er sich sehr viel mehr für den Abschnitt über die Nahrungsmittel interessieren wird als für meine philosophischen Betrachtungen über die intellektuelle Lage der Bewohner.

Ich erwähnte, dass der Boden Mallorcas von einer bemerkenswerten Fruchtbarkeit ist und dass eine aktivere und klügere Bewirtschaftung seinen Ertrag verzehnfachen würde. Hauptsächlich werden Mandeln exportiert, sowie Orangen und Schweine.

Oh schöne Äpfel der Hesperiden, die ihr von scheußlichen Drachen gehütet werdet, es ist nicht meine Schuld, wenn ich bei der Erinnerung an euch an jene schrecklichen Schweine denken muss, auf die man auf Mallorca neidischer und stolzer ist, als auf eure duftenden Blumen und goldenen Äpfel! Aber der Mallorquiner, der euch anpflanzt, ist nicht poetischer als der Abgeordnete, der meinen Text liest.

Ich komme also wieder auf meine Schweine zu sprechen. Diese Tiere, verehrter Leser, sind die Schönsten der Erde, und in naiver Bewunderung entwirft der Doktor Miguel Vargas das Porträt eines Schweins im zarten Alter von anderthalb Jahren, das 600 Pfund wog. Damals genoss die dortige Schweinezucht noch nicht den Ruf, den sie heute erlangt hat. Der Viehhandel wurde durch die Habgier der Assistentes oder Lieferanten behindert, denen ihn die spanische Regierung anvertraut hatte, das heißt, an welche sie das Versorgungsgeschäft übertragen hatte. Kraft ihrer Entscheidungsgewalt stellten sich diese Spekulanten jedwedem Viehexport entgegen und behielten sich die Möglichkeit eines unbegrenzten Imports vor.

Diese wucherische Praxis zog nach sich, dass die enttäuschten Viehzüchter sich nicht mehr um ihre Herden kümmern mochten. Das Fleisch wurde zu lächerlichen Preisen verkauft, und da der Außenhandel verboten war, blieb ihnen nur der Ruin oder die vollständige Aufgabe ihres Geschäfts. Die Auslöschung der Viehzucht ging schnell vonstatten. Der Historiker, den ich zitiere, bedauert, dass Mallorca zur Zeit der arabischen Besetzung und lediglich im Artagebirge mehr fruchtbare Kühe und edle Stiere zählte, als man heute in der gesamten Ebene Mallorcas zusammenbrächte.

Es war nicht diese Misswirtschaft allein, die das Land daran hinderte, seinen natürlichen Reichtum zu nutzen. Derselbe Schriftsteller berichtet, dass die Gebirge, besonders diejenigen von Torella und Galatzo, seinerzeit die schönsten Bäume der Welt besaßen. Gewisse Olivenbäume hatten zweiundzwanzig

Fuß Umfang und vierzehn Durchmesser. Aber dieses herrliche Holz wurde von den Zimmerleuten der Marine zerstört, die anlässlich des spanischen Angriffs auf Algier aus ihm eine ganze Flotte von Kanonenbooten bauten. Die Erniedrigungen, denen die Waldbesitzer damals ausgesetzt waren, und der Geiz, mit dem sie entschädigt wurden, brachten die Mallorquiner dazu, ihr Holz gänzlich zu zerstören, anstatt seinen Anbau auszuweiten. Noch heute ist die Vegetation so üppig und so schön, dass es dem Reisenden gar nicht einfällt, der Vergangenheit nachzutrauern; aber heute wie damals und auf Mallorca wie in ganz Spanien, ist immer noch der Missbrauch die wichtigste Macht. Indes wird der Reisende niemals eine Beschwerde hören, weil der Schwache zu Beginn einer Unrechtsherrschaft aus Angst schweigt, und wenn sie erst einmal etabliert ist, schweigt er aus Gewohnheit.

Obwohl die Tyrannei der Assistentes aufgehört hat, geht es der Viehzucht nicht besser, und das wird auch nicht der Fall sein, solange sich die Exporterlaubnis auf den Handel mit Ferkeln beschränkt. Man sieht Rinder und Kühe in großer Zahl in der Ebene, aber nie im Gebirge. Das Fleisch ist mager und zäh. Die Schafe sind von schöner Rasse, aber schlecht gefüttert und ungepflegt; die Ziegen, die afrikanischen Ursprungs sind, geben nicht ein Zehntel der Milch von unseren.

Der Erde fehlt Dünger, und trotz aller Loblieder der Mallorquiner auf ihre Kunst, sie zu bestellen, glaube ich, dass die Algen, die sie benutzen, ein kärglicher Dung sind und die Felder weit davon entfernt, so viel abzuwerfen, wie sie es unter einem solchen Himmel eigentlich müssten. Ich betrachtete aufmerksam diesen Weizen, den zu essen sich die Bewohner nicht für würdig halten: Es ist genau derselbe wie in unseren zentralen Provinzen, unsere Bauern nennen ihn den weißen Weizen oder spanischen Weizen; bei uns ist er genauso schön, trotz des unterschiedlichen Klimas. Derjenige aus Mallorca müsste jedoch von höherer Qualität sein als der, den wir unseren so harten Wintern und wechselhaften Frühjahren abringen. Und dabei ist auch unsere Landwirtschaft noch recht barbarisch, wir haben in dieser Hinsicht noch viel zu lernen, aber der französische Landwirt ist von einer Ausdauer und Energie, auf die der Mallorquiner wie auf Hektik ohne Sinn und Verstand herabblicken würde.

Feigen, Oliven, Mandeln und Orangen gibt es auf Mallorca im Überfluss; mangels Wegen im Landesinneren ist dieser Handel allerdings weit davon entfernt, die nötige Ausweitung zu haben. Fünfhundert Orangen werden vor Ort für ungefähr drei Francs verkauft. Aber um diese sperrige Fracht von der Mitte des Landes mit Maultieren an die Küste zu bringen, muss man fast ebenso viel bezahlen wie für die Ware. In Anbetracht dieser Tatsache wird der Orangenanbau im Landesinneren vernachlässigt. Nur im Sollertal und in der Nähe der Buchten, wo unsere kleinen Boote Ladung aufnehmen, wachsen die Orangenbäume zuhauf. Das könnten sie jedoch überall, und in unserem Gebirge von Valldemosa, einer der kältesten Gegenden der Insel, haben wir wunderbare Zitronen und Orangen, auch wenn sie später kommen als diejenigen des Tals. In La Granja, einer anderen Berggegend, haben wir Limonen groß wie Köpfe geerntet. Es scheint mir, dass ganz Frankreich mit den herrlichen Früchten dieser Insel versorgt werden könnte, und dies zum gleichen Preis wie für die schrecklichen Orangen, die wir aus Hyères oder von der Küste bei Genua bekommen. Dieser Handel, der auf Mallorca so gerühmt wird, wird also wie auch das Übrige durch eine unglaubliche Nachlässigkeit verhindert.

Das Gleiche ließe sich über den unermesslichen Ertrag der Olivenbäume sagen, die sicherlich die Schönsten sind, die es auf der Welt gibt, und die die Mallorquiner dank der arabischen Traditionen perfekt anzubauen wissen. Leider verstehen sie von ihnen lediglich ein ranziges und Ekel erregendes Öl zu gewinnen, das wir abscheulich finden und das sie nie in großem Umfang nach Spanien werden exportieren können, wo auch der Geschmack dieses fürchterlichen Öls vorherrscht. Aber Spanien selbst ist an Olivenbäumen sehr reich, und wenn Mallorca dorthin Öl liefert, muss dies zu sehr niedrigen Preisen sein.

In Frankreich haben wir einen enormen Verbrauch an Olivenöl, es ist von ausgesprochen schlechter Qualität und sehr teuer. Wenn unsere Herstellung in Mallorca bekannt wäre und wenn es auf Mallorca Wege gäbe, wenn schließlich die Handelsmarine dieses Ziel anführe, stünde uns das Olivenöl zu einem wesentlich niedrigeren Preis zur Verfügung, es wäre rein und reichlich vorhanden, wie hart der Winter auch sein mag. Ich weiß wohl, dass die Fabrikanten, die in Frankreich Olivenbäume anbauen, ein paar Tonnen von ihrem kostbaren Öl lieber zum Goldpreis verkaufen und dass es unsere Händler mit Nelken- und Rapsöl verpanschen, um es uns zum Einkaufspreis anzubieten; es wäre jedoch seltsam, würden wir uns darauf versteifen, dieses Nahrungsmittel dem rauen Klima abzuringen, wo wir es doch auf einem vierundzwanzig Stunden längeren Weg in besserer Qualität und billiger bekommen können.

Unsere französischen Assistentes sollen sich jedoch nicht allzu sehr fürchten: Wir würden den Mallorquinern und, so will ich meinen, Spaniern insgesamt versprechen, uns bei ihnen einzudecken und ihren Reichtum zu verzehnfachen, was nichts an ihren Gewohnheiten ändern würde. Sie verachten die Verbesserungen, die aus dem Ausland und besonders aus Frankreich kommen, derart, dass ich nicht weiß, ob sie sich für Geld (obwohl sie Geld im Allgemeinen nicht verachten) entschließen würden, etwas an den alt hergebrachten Methoden zu ändern.

Der Mallorquiner versteht nichts von Rindermast, von der Nutzung der Wolle oder vom Kühe Melken (der Mallorquiner verabscheut Milch und Butter ebenso wie die Industrie); er schafft es nicht, genug Weizen anzubauen, um davon zu essen sich anzumaßen; er hält es kaum für nötig, Brombeersträucher anzupflanzen und Seide zu gewinnen; die Tischlerkunst, die einst auf der Insel in Blüte stand, ist völlig in Vergessenheit geraten; es gibt dort keine Pferde (Spanien kümmert sich für seinen

Armeebedarf mütterlich um sämtliche Fohlen Mallorcas, woraus sich ergibt, dass dessen friedliebende Bewohner nicht dumm genug sind, für die Kavallerie des Königreiches zu arbeiten); er hält es nicht für nötig eine einzige Straße zu haben, auf seiner ganzen Insel einen einzigen befahrbaren Pfad, da das Exportrecht den Launen einer Regierung ausgesetzt ist, die nicht die Zeit hat, sich um derlei Geringfügiges zu sorgen. Darum lebte der Mallorquiner in den Tag hinein und hatte außer seinem Rosenkranzgebet und dem Flicken seiner Schuhe, die zerfledderter sind als diejenigen von Don Quichotte, seinem Schutzheiligen für Elend und Stolz, nichts mehr zu tun, bis das Schwein gekommen ist und alles gerettet hat. Der Export dieses Vierbeiners hat eine neue Ära beginnen lassen, die Ära des Heils ist angebrochen.

In späteren Jahrhunderten werden die Mallorquiner dieses Jahrhundert das Zeitalter des Schweins nennen, wie die Muselmanen ein Zeitalter des Elefanten in ihrer Geschichte haben.

Nun bedecken Oliven und Johannisbrotbäume nicht mehr den Boden, die Kaktusfeige dient den Kindern nicht mehr als Spielzeug und die Mütter lernen, an Bohnen und Kartoffeln zu sparen. Das Schwein erlaubt es nicht mehr, irgendetwas zu verschwenden, denn mit dem Schwein kommt nichts um; es ist das schönste Beispiel einer großzügigen Gefräßigkeit, die sich zum einfachsten Geschmack und den simpelsten Sitten gesellt, die man den Nationen schenken kann. So genießt das Schwein auf Mallorca Rechte und Vergünstigungen, die bisher den Menschen zuzubilligen undenkbar waren. Die Wohnstätten sind größer und angenehmer geworden, die Früchte, die auf den Boden verfaulten, wurden aufgesammelt, sortiert und konserviert, und die Dampfschifffahrt, die man für überflüssig und unvernünftig hielt, hat nun zwischen Insel und Kontinent Einzug gehalten.

Es ist daher dem Schwein zu verdanken, dass ich die Insel besuchen durfte, denn wenn ich vor drei Jahren den Plan dieser Reise gefasst hätte, hätten ihre lange Dauer und die Gefahren auf den Küstenschiffen mich abgeschreckt. Aber seit Schweine exportiert werden, hat die Zivilisation Fuß zu fassen begonnen. Man hat in England ein hübsches kleines Dampfschiff gekauft, das zu klein ist, um gegen die Nordwinde zu kämpfen, die hier so schrecklich sein können. Es transportiert aber bei schönem Wetter einmal pro Woche zweihundert Schweine und zusätzlich noch ein paar Passagiere nach Barcelona.

Es ist schön mit anzusehen, mit wie viel Rücksichtnahme und Aufmerksamkeit diese Lebewesen (ich spreche nicht von den Passagieren) an Bord behandelt werden und mit wie viel Liebe man sie an Land absetzt. Der Kapitän des Dampfschiffs ist ein sehr liebenswürdiger Mann, der durch das Leben und Sprechen mit den noblen Tieren durchaus ihr Grunzen und auch ein bisschen von ihrer Leichtfertigkeit angenommen hat. Falls ein Passagier sich über den Lärm, den sie machen, beschwert, antwortet der Kapitän, dass es der Klang des Goldes ist, das über den Tresen rollt. Sollte eine Frau zickig genug sein, eine Bemerkung über den Gestank auf dem ganzen Schiff zu machen, ist ihr Mann zur Stelle, um ihr zu sagen, dass Geld nicht stinkt und dass es ohne die Schweine für sie weder Seidenkleider noch französische Hüte noch Mantillen aus Barcelona gäbe. Wird jemand seekrank, soll er nicht versuchen, irgendjemanden aus der Besatzung um Hilfe anzugehen, da die Schweine auch seekrank sind und sich dies bei ihnen durch depressive Verstimmung und Lebensekel äußert, den es unbedingt zu bekämpfen gilt. So wird der Kapitän, der jedem Mitgefühl abgeschworen hat, um das Überleben seiner teuren Kunden zu garantieren, höchstpersönlich und mit einer Peitsche in der Hand, sich mitten unter Letztere stürzen und nach ihm seine Matrosen und Schiffsjungen. Jeder wird greifen, was ihm in die Hände fällt, eine Eisenstange, ein Stück Tau, und in einem Augenblick wird die gesamte stumme Gesellschaft, die auf der Seite lag, väterlich geprügelt und so gezwungen, auf die Beine zu kommen, sich zu bewegen, und dank dieser heftigen Emotion die ungute Wirkung des Wellengangs zu bekämpfen.

Gaunilo of Marmoutiers

Eine Antwort auf den Anselmschen Gottesbeweis

Man sagt, dass es irgendwo im Ozean eine Insel gibt, die, wegen der Schwierigkeit oder eher der schieren Unmöglichkeit, etwas zu entdecken, was es nicht gibt, die verlorene Insel genannt wird. Und man sagt, auf dieser Insel gebe es unschätzbare Reichtümer aller Art und Annehmlichkeiten in größerer Fülle, als es von der Insel der Seligen berichtet wird. Und es gibt auch keinen Besitzer oder Einwohner, weswegen die Insel in ihrem Überfluss, der sie umgibt, besser ist als alle anderen Länder, die von Menschen bewohnt sind

Wenn mir nun jemand erzählen wollte, dass eine solche Insel existiert, wäre es mir ein leichtes seine Worte zu verstehen, darin liegt ja keinerlei Schwierigkeit. Wenn derjenige nun aber fortfahren würde, als wäre es eine logische Folgerung und sagen würde: »Nun kannst du nicht länger daran zweifeln, dass diese Insel, die vortrefflicher ist als alle anderen Länder, irgendwo existiert, da du nicht daran zweifeln kannst, dass die Sache in deinem Verstand begründet liegt. Und da es nun noch besser ist, nicht nur im Verstand zu existieren, sondern in Beidem, dem Verstand und der Realität sowohl in Verstand als auch der Realität, muss sie tatsächlich existieren. Denn würde sie nicht tatsächlich existieren, so wäre jedes Land, das tatsächlich existiert, vortrefflicher. Und so wäre die vortrefflichste aller Inseln, die bereits in deinem Verstand existiert, auf einmal nicht mehr die beste von allen.

Wenn mir jemand durch diese Argumentation versuchen wollte zu beweisen, dass diese Insel tatsächlich existiert, und dass man nicht länger an ihrer Existenz zweifeln solle, würde ich entweder annehmen, dass man einen Scherz mit mir treibt, oder wäre nicht mehr in der Lage zu entscheiden wer von uns beiden nun der größere Narr ist: Meine Wenigkeit, sollte ich den Beweis annehmen; oder mein Gegenüber, sollte er annehmen, dass er die Existenz der Insel mit Gewissheit bewiesen hätte. Er sollte doch zuallererst zeigen, dass die hypothetische Vortrefflichkeit der Insel als reale unbezweifelbare Tatsache existiert, und in keiner Weise als unreales Objekt, oder als eines, dessen Existenz in meinem Verstand ungewiss ist.

Gustav Schwab

Kirkes Insel

Nun fuhren wir auf dem einzigen Schiffe zusammengedrängt weiter und kamen wieder an eine Insel mit Namen Aiaia. Hier wohnte eine sehr schöne Halbgöttin, ein Kind des Sonnengottes und der Okeanostochter Perse und Schwester des Königes Aietes. Sie hieß Kirke und hatte einen herrlichen Palast auf der Insel. Wir aber wußten nichts von ihr. Wir fuhren in eine Bucht der Insel ein, legten unser Schiff vor Anker und lagerten uns, müde von der Anstrengung, voll Verdruß und Betrübnis, im Ufergrase. Am dritten Morgen machte ich mich, mit Schwert und Lanze bewehrt, auf, das Land auszukundschaften. Endlich ward ich einen Rauch gewahr, und dieser stieg aus Kirkes Palast auf. Doch ging ich nicht sogleich auf die Spur los, sondern durch frühere Gefahren gewitzigt, kehrte ich erst zu meinen Freunden zurück und sandte Späher aus. Wir hatten auch alle schon lange keine genügende Nahrung zu uns genommen. Da erbarmte sich auf meinem Rückwege der Götter einer über uns und schickte mir einen Hirsch mit hohem Geweih in den Weg, der durstig aus dem Walde zum Bache hinunter in raschen Sätzen stürzte. Ich schoß ihn im Laufe, indem ich ihn mit meiner Lanze mitten in das Rückgrat traf, daß sie unten am Bauche wieder hervordrang. Dann zog ich die Lanze, mit dem Fuße auf das Tier gestemmt, aus der Wunde, macht mir ein Seil von Weidenruten, band es dem Wild um die Füße und trug es so um den Nacken gehängt zu dem Schiffe, indem ich mich bei der ungewohnten Last unter dem Gehen auf meine Lanze stützen mußte.

Meine Begleiter fuhren freudig empor, als sie die schöne Waldbeute auf meinen Schultern erblickten. Geschwind wurde das Tier geschlachtet und ein Festschmaus angestellt, indem wir, was von Brot und Wein zu finden war, auf dem Schiff zusammensuchten. Nun meldete ich ihnen von dem Rauch, den ich entdeckt hatte. Aber meine Freunde wurden ganz mutlos, denn alle mußten an die Höhle des Zyklopen und den Hafen des Lästrygonenköniges denken, wo uns die Hoffnung beidemal so grausam irregeführt hatte. Ich allein blieb mutig unter ihren Tränen. Ich teilte alle meine Genossen, soviel ihrer mir geblieben waren, in zwei Scharen und gab der einen mich selbst, der andern den Eurylochos zu Anführern. Dann schüttelten wir Lose in einem ehernen Helme. Das Los traf den Eurylochos, und er mußte sich sofort mit zweiundzwanzig Genossen, die ihm nur unter Seufzern folgten, auf den Weg machen, nach der Seite, von welcher ich den Rauch hatte aufsteigen sehen.

Diese Schar fand bald den herrlich aus behauenen Steinen aufgeführten Palast der Göttin Kirke in einem anmutigen Tale der Insel versteckt. Wie staunten aber meine Genossen, als sie in der Umzäunung des Hofes und vor der Pforte des Wohnhauses Wölfe mit spitzigem Gebiß und Löwen mit zottigen Mähnen umherwandeln sahen. Voll Angst erblickten sie die gräßlichen Ungeheuer und dachten schon darauf, wie sie sich aus dem unheimlichen Orte durch die schleunigste Flucht retten möchten. Aber bereits waren sie umringt von den wilden Tieren. Diese taten ihnen jedoch nichts zuleide, stürzten auch nicht, wie solche Bestien pflegen, mit einem Satze auf sie zu, sondern sie näherten sich ihnen langsam und schmeichelnd, und trugen ihre langen Schweife wedelnd aufgerichtet, wie Hunde, wenn sie dem Herrn entgegengehen, der ihnen gute Bissen von einem Schmause mitbringt. Es waren dies, wie wir nachher erfuhren, lauter durch die Zauberkünste Kirkes verwandelte Menschen.

Da die Tiere ihnen nichts anhatten, faßten meine Freunde wieder Mut und näherten sich der Pforte des Palastes. Aus diesem hörten sie die Stimme Kirkes, die eine vortreffliche Sängerin war, erschallen. Sie sang zu ihrer Arbeit; denn sie saß eben über dem Gewebe eines großen, wundervollen Gewandes, wie es nur Göttinnen zu wirken verstehen. Der erste, der einen Blick in den Palast geworfen hatte und sich dieses Anblicks erfreute, war der Held Polites, der mir besonders befreundet war. Auf seinen Rat riefen unsere Freunde die Bewohnerin heraus, und sie erschien auch wirklich freundlich an der Pforte und nötigte alle Angekommenen herein, mit Ausnahme ihres Führers Eurylochos, der ein besonnener Mann war und, durch die früheren Vorfälle gewarnt, irgendeinen Betrug witterte.

Die andern führte Kirke gar holdselig in ihren Palast ein und hieß sie auf hohen, schmucken Sesseln Platz nehmen. Alsdann brachte man Käse, Mehl, Honig und herben pramnischen Wein herbei, woraus ein Gericht köstlicher Kuchen von Kirke geknetet wurde; während dieser Arbeit aber mischte sie unvermerkt unheilbringende Säfte unter den Teig, welche die Armen von Sinnen bringen und sie ihres Vaterlandes vergessen machen sollten. Und wirklich wurden sie alle miteinander, sowie sie von der verführerischen Speise gekostet hatten, in borstige Schweine verwandelt, fingen an zu grunzen und wurden von der Zauberin samt und sonders in die Kofen getrieben. Hier ließ ihnen Kirke statt der köstlichen Bissen Steineicheln und Kornellen, wie andern Schweinen, zur Nahrung vorwerfen.

Eurylochos hatte von weitem das alles zum Teil mit angesehen, zum Teil geschlossen. Er eilte, was er nur konnte, zu unsrem Schiff zurück, um das schreckliche Schicksal unsrer Freunde mir und den Zurückgebliebenen zu verkündigen. Als er aber bei uns ankam, konnte er anfangs kein einziges Wort hervorbringen, weil ihm die entsetzliche Angst noch immer die Sprache raubte; aus seinen Augen stürzten Tränen, und seine Seele war ganz in Jammer versenkt. Wie wir nun alle voll Verwunderung in ihn drangen, zu sprechen, fand er endlich Worte und erzählte das jämmerliche Schicksal der andern Freunde. Auf diese Schreckensbotschaft warf ich Augenblicks mir das Schwert um die Schultern und den Bogen darüber, dann befahl ich ihm, mich auf der Stelle den Weg nach dem Palast zu führen. Er aber umschlang mir mit beiden Armen die Knie und flehte mich an, zurückbleiben zu dürfen und selbst zurückzubleiben. ›Glaube mir‹, schluchzte er, ›du kehrest weder selbst um, noch bringst du einen der verlorenen Freunde zurück. O laß uns von diesem verwünschten Strand fliehen!‹ Ihm nun erlaubte ich zu bleiben; ich selbst aber gehorchte der Notwendigkeit und ging. Auf dem Wege begegnete mir ein blühender Jüngling, mit dem holdesten Reiz der Jugend geschmückt, und streckte mir den goldenen Stab entgegen, an welchem ich Hermes, den Boten der Himmlischen, erkannte. Er faßte mich freundlich bei der Hand und sprach: ›Armer, was rennest du so, aller Gegend unkundig, durch das Waldgebirg? Deine Freunde sind bei der Zauberin Kirke in Schweineställe gesperrt. Willst du gehen, sie zu erlösen? Eher wirst du auch zu den andern gesteckt werden! Nun wohl, ich will dir ein Mittel an die Hand geben, dich zu bewahren. Wenn du dieses Heilkraut bei dir trägst‹ – und mit diesen Worten grub er eine schwarze Wurzel mit milchweißer Blüte aus dem Boden und nannte sie mir Moly –, ›so vermag ihr Betrug nicht, dir zu schaden. Sie wird dir nämlich ein süßes Weinmus bereiten und ihre Zaubersäfte dareinmengen. Dieses Kraut aber wird sie verhindern, dich in ein Vieh zu verwandeln. Wenn sie dich dann mit ihrem langen Zauberstabe berührt, so reiß du dir nur dein scharfes Schwert von der Hüfte und renn auf sie los, als wolltest du sie ermorden. Dann zwingst du ihr leicht einen heiligen Eid ab, daß sie keinerlei Tücke an dir üben wolle. Du magst alsdann ohne Gefahr bei ihr wohnen und ihr in allem zu Willen sein, und wenn ihr vertraut geworden seid, wird sie dir auch deine Bitte nicht abschlagen und dir deine Freunde zurückgeben.‹

So sprach Hermes und verließ mich, in den Olymp zurückkehrend. Ich selbst eilte unruhig und nachdenklich dem Palaste der Zauberin entgegen. Auf meinen Ruf öffnete sie die Pforte und hieß mich freundlich eintreten, was ich, obwohl mit einem Herzen voll Ingrimm, auch tat. Nun führte sie mich zu einem herrlichen Thronsessel, rückte mir einen Schemel unter die Füße und mengte sofort in goldener Schale wirklich ihr Weinmus. Sie konnte kaum erwarten, bis ich es ausgeleert, und ohne im mindesten an meiner Verwandlung, die auf der Stelle eintreten würde, zu zweifeln, berührte sie mich mit ihrem Stabe und sprach: ›Fort mit dir in den Schweinestall, zu deinen Freunden!‹ Ich aber riß das Schwert von der Seite und rannte wie mordbegierig auf die Zauberin ein. Nun schrie sie laut auf, warf sich zu Boden und umfaßte mein Knie, indem sie mir jammernd entgegenrief: ›Wehe mir! Wer bist du, Gewaltiger, den mein Trank nicht zu verwandeln vermag? Noch kein anderer Sterblicher hat der Stärke meines Zaubers widerstanden. Bist du vielleicht der erfindungsreiche Odysseus selbst, dessen Ankunft, wenn er von Troja zurückkehrte, mir Hermes schon lange geweissaget hat? Wenn du es bist, so stecke dein Schwert in die Scheide und laß uns Freunde werden!‹ Ich aber veränderte meine drohende Stellung nicht und antwortete: ›Wie kannst du verlangen, Kirke, daß ich mich freundlich gegen dich erweisen soll, da du meine Begleiter in deinem Hause zu Schweinen umgewandelt hast? Muß ich nicht vermuten, daß du nur darum dich so zuvorkommend gegen mich beträgst, um auch meinem Leibe irgendein Leid anzutun? Ich kann nur alsdann dein Freund werden, wenn du mir einen heiligen Eid schwörst, mir auf keinerlei Weise schaden zu wollen!‹ Die Göttin beschwur auf der Stelle, was ich verlangte, und nun war auch ich zufrieden und überließ mich sorglos der Nachtruhe.

Frühmorgens waren vier Dienerinnen, lauter schöne und edelgeborene Nymphen, damit beschäftigt, die Säle ihrer Herrin in Ordnung zu bringen. Die eine bedeckte die Thronsessel mit herrlichen purpurnen Polstern, eine zweite stellte silberne Tische vor die Sessel und setzte goldene Körbe darauf, die dritte mischte in einem silbernen Kruge den Wein und verteilte goldene Becher auf den Tischen umher; von der vierten endlich wurde frisches Quellwasser herbeigetragen, der Kessel auf den Dreifuß gesetzt und die Glut darunter geschürt, bis das Wasser kochte. Dieses mußte mir zu einem erquickenden Bade dienen, und als ich darauf gesalbt und angekleidet war, sollte ich in Kirkes Gesellschaft das Morgenmahl genießen. Aber obgleich reichliche Speisen vor mir auf meinem Tische standen, streckte ich doch nicht die Hände darnach aus, sondern saß schweigend und kummervoll meiner schönen Wirtin gegenüber. Als diese mich endlich nach der Ursache meines stummen Grames fragte, da sprach ich: ›Welcher Mann, der noch ein Gefühl für Recht und Billigkeit hat, könnte sich auch an Speise und Trank erfreuen, solange er seine Freunde im Elende weiß? Wenn du willst, daß ich mit Lust bei dir genießen soll, so laß mich meine lieben Genossen mit Augen sehen!‹

Kirke ließ sich nicht lange bitten, sie verließ das Gemach, ihren Zauberstab in der Hand. Draußen schloß sie die Türe des Kofens auf und trieb alle meine Freunde heraus, die mich, der ich inzwischen auch herbeigekommen war, in der Gestalt neunjähriger Schweine umwimmelten. Nun ging sie bei allen umher und bestrich jeden mit einem andern Safte. Auf einmal schälten sie sich aus der borstigen Hülle und wurden alle zu Männern, und zwar jünger und schöner, als sie vorher gewesen waren. Freudig eilten sie auf mich zu und reichten mir die Hände; als sie aber ihres elenden Schicksals gedachten, fingen sie alle zu weinen und zu jammern an. Die Göttin sprach darauf schmeichelnd zu mir: ›Jetzt, lieber Held, habe ich ja deinen Willen getan. Tu du nun mir auch den Gefallen und laß dein Schiff ans Ufer ziehen, birg seine Ladung in den Felsengrotten des Ufers und laß es dir dann mit deinen lieben Genossen wohl bei mir sein!‹

Ihre Schmeichelrede gewann mein Herz. Ich suchte das Schiff und die zurückgebliebenen Freunde auf, die mich schon lange für tot beklagt hatten und nun mit Freudentränen auf mich zustürzten. Als ich ihnen den Vorschlag machte, das Schiff ans Ufer zu ziehen und bei der Göttin einzukehren, zeigten sich auch sogleich alle willig, nur Eurylochos wehrte die Genossen ab und sprach zu ihnen: ›Habt ihr denn ein gar so großes Verlangen nach eurem Verderben, daß ihr in den Palast der Zauberin eingehen wollt, die uns alle in Löwen, Wölfe und Schweine verwandeln und zwingen wird, in dieser scheußlichen Gestalt ihr Haus zu hüten? Wie ist der Zyklop mit unsern Freunden umgegangen, als der Unverstand des Odysseus uns ihm in die Hände geliefert?‹ Als ich diese Schmähung hörte, empfand ich einige Lust in mir, das Schwert zu ziehen und ihm den Kopf vom Rumpfe zu schlagen, obgleich er nahe mit mir verwandt war. Die Freunde sahen die Bewegung, die ich machte, fielen mir in den Arm und brachten mich zur Besinnung.

Nun brachen wir alle auf, und Eurylochos selbst, durch meine Drohung erschreckt, weigerte sich nicht, zu folgen. Inzwischen hatte Kirke unsre Freunde gebadet, mit Öle gesalbt und herrlich bekleidet, und wir fanden sie alle ganz fröhlich beim Schmaus versammelt. Da war ein Weinen und Umarmen und Begrüßen! Die Göttin sprach allen Mut ein und tat uns so viel Liebes, daß wir von Tag zu Tag fröhlicher wurden und das ganze Jahr über bei ihr blieben. Wie aber nun das Jahr zu Ende ging, riefen mich meine Begleiter und ermahnten mich, endlich der Heimkehr eingedenk zu sein. Sie bewegten mir auch mit ihrer Rede das Herz, und noch an demselben Abend umfaßte ich Kirkes Knie und flehte sie an, Wort zu halten und mich, wie sie mir anfangs gelobt hatte, zur Heimat zu entsenden. Die Zauberin antwortete: ›Du hast recht, Odysseus; es geziemt mir nicht, dich länger mit Zwang bei mir zu halten; aber bevor du heimkommst, müßt ihr doch noch einen Umweg machen. Ihr müßt das Reich des Hades und der Persephone, das Schattenreich besuchen und die Seele des blinden Greisen, des thebanischen Propheten Tiresias, um die Zukunft befragen; denn diesem ist auch im Tode noch sein voller Geist und die Sehergabe durch Persephones Gunst verblieben; die Seelen der andern Toten sind alle nur wandelnden Schatten gleich.‹

Als ich diesen Beschluß vernahm, fing ich zu weinen und zu jammern an; mir graute vor der Behausung der Toten, und ich fragte, wer mich denn geleiten sollte, denn eine Schiffahrt in die Unterwelt hat noch kein Sterblicher bei Leibes Leben unternommen. ›Laß dich die Sorge um das Geleite deines Schiffes nicht bekümmern‹, antwortete die Göttin; ›richte nur getrost den Mast in die Höhe und spanne die Segel aus! Der Nordwind wird euch schon hintreiben; bist du einmal am Gestade des Okeanos, des Stromes, der die Erde umgürtet, landest du an einem niedrigen Ufer, wo du Erlen, Pappeln und Weidenbäume beisammen erblickst. Dies ist der Hain Persephones; dort ist auch der Eingang in die Unterwelt. Hier, in einem Tale bei einem Felsen, wo die schwarzen Ströme Pyriphlegethon und Kokytos, der letztere ein Arm des Styx, sich in den Acheron oder die Unterwelt stürzen, wirst du eine Kluft finden, durch welche der Weg in das Schattenreich geht. Da gräbst du eine Grube und bringst den abgeschiedenen Seelen ein Totenopfer von Honig, Milch, Wein, Wasser und Mehl dar, gelobst ihnen auch ein Schlachtopfer, wenn du nach Ithaka heimkommst, und außerdem dem Tiresias einen schwarzen Widder; dann opferst du noch zwei schwarze Schafe, ein männliches und ein weibliches, und blickst dem vereinigten Strome durch die Kluft in die Tiefe nach, während deine Genossen die Tiere den Göttern verbrennen und zu ihnen beten. Da werden dir die Seelen der Toten erscheinen, und die Luftgebilde werden herauf ans Licht zu dringen begehren und von dem Blute der Totenopfer kosten wollen. Du aber wehrest sie mit dem Schwerte ab und erlaubst ihnen nicht, näher zu gehen, bis du den Tiresias befragt hast. Denn dieser wird bald herannahen und dir auch über deine Heimfahrt Aufschluß geben.‹

Diese Rede tröstete mich einigermaßen. Am andern Morgen versammelte ich meine Freunde und wollte sie zum Aufbruch mahnen. Nun hatte sich einer von ihnen, mit Namen Elpenor, der jüngste von allen, aber weder besonders mutig noch sehr verständig, vom süßen Weine Kirkes trunken, von den Freunden entfernt und, um kühlere Luft zu atmen, auf dem platten Dache des Palastes gelagert. Dort war er am vorigen Abend eingeschlummert und hatte die Nacht über in ungestörtem Schlafe gelegen. Als er nun durch das Gewühl der sich erhebenden und zur Versammlung eilenden Freunde plötzlich aufgeweckt wurde, fuhr er empor und vergaß in der Betäubung, wo er war; anstatt sich zur Treppe zu wenden, taumelte er über das Dach hinaus und fiel den hohen Palast herunter, so daß ihm das Genick zerbrach und sein Geist auf der Stelle zum Hades fuhr.

Ich aber sammelte meine Begleiter um mich her und sprach: ›Ihr meinet nun wohl, teure Freunde, nun gehe es geraden Weges ins liebe Vaterland? Aber ach, dem ist leider nicht so; die Göttin Kirke hat uns eine ganz andere Fahrt vorgeschrieben. Wir sollen hinunter in das schreckliche Reich des Hades und dort die Seele des thebanischen Sehers Tiresias wegen unserer Heimfahrt befragen!‹ Als meine Genossen dieses hörten, da brach ihnen fast das Herz vor Kummer; sie jammerten laut und rauften sich die Haare aus. Aber ihre Klage half ihnen nichts. Ich befahl ihnen, aufzubrechen und mit mir zum Schiff zu wandeln. Kirke war uns vorausgeeilt; sie hatte die zwei Opferschafe uns ins Schiff bringen und dort anbinden lassen, auch uns mit Honig, Wein und Mehl für das Opfer reichlich versorgt. Als wir ankamen, schlüpfte sie mit einem stummen Abschiedsgruße leicht an uns vorüber. Wir aber zogen das Schiff ins Meer, richteten den Mast und die Segel und setzten uns betrübt auf die Ruderbänke. Ein günstiger Fahrwind, den uns Kirke schickte, blies in die Segel, und bald waren wir wieder auf der hohen See.«

Thomas Morus

Die Lage der Insel

Die Insel Utopia erstreckt sich in der Mitte – wo sie am breitesten ist, – zweihunderttausend Schritte weit, eine Breite, die durch die ganze Insel nur wenig schmäler wird, und nimmt gegen die beiden Enden zu allmählich ab. Das ergibt einen Umfang von fünfhundert Meilen, bei der Gestalt des aufnehmenden Mondes, den die ganze Insel hat.

Zwischen dessen Hörnern bildet das Meer eine etwa zehn- bis elftausend Schritte breite Seebucht, die, da die Umgebung rings Land ist, die Winde abhält und wie ein nicht heftig bewegter, sondern mehr stagnirender See erscheint, wodurch der ganze Raum innerhalb dieses Beckens als eine Art Hafen sich darstellt, in dem zum großen Nutzen der Bewohner Schiffe nach allen Richtungen verkehren.

Die Einfahrt ist von der einen Seite durch Untiefen, von der andern durch Riffe zu fürchten. Ungefähr in der Mitte zwischen diesen beiden Spitzen ragt ein Felsen empor, der eben deswegen ungefährlich ist, auf den ein Turm gebaut ist, den eine Besatzung innehat; die andern Klippen sind nicht sichtbar und bergen tückische Gefahren. Die Fahrstraßen sind nur ihnen allein bekannt, daher es nicht leicht vorkommt, dass ein Ausländer in diesen Meerbusen eindringt, wenn nicht ein Utopier den Lootsen macht. Für sie selbst sogar wäre das Einlaufen unsicher, wenn nicht gewisse Landkennungen vom Gestade aus den Fahrweg bezeichneten. Wenn diese an andre Plätze versetzt würden, so könnten sie einer beliebig großen feindlichen Flotte leicht Vernichtung bereiten.

Auf der andern Seite (der Insel) sind lebhaft besuchte Häfen. Aber die Landungsplätze sind überall durch Natur oder Kunst so geschützt, dass riesige Truppenmassen von einer geringen Anzahl Verteidiger abgewehrt werden können.

Wie übrigens berichtet wird, und wie die Gestalt des Landes selbst erkennen läßt, war dieses nicht immer rings von Wasser umgeben. Aber Utopus, dessen Name als Siegers nämlich, die Insel führt – denn früher hieß sie Abraxa – der den ländlich rauhen und rohen Stamm dahin gebracht hat, dass er an Kultur und Humanität fast allen übrigen Völkern voranleuchtet, hat, alsbald nach seinem ersten Betreten des Landes und erfolgtem Siege, auf der Seite, wo das Land mit dem Festlande zusammenhing, einen Landausstich von fünfzehntausend Schritt Breite herstellen und so das Meer ringsherum fließen lassen. Da er zur Ausführung dieses Werkes nicht nur die Eingeborenen verhalten hatte, sondern, damit diese die Arbeit nicht für einen Schimpf ansahen, überdies alle seine Soldaten daran teilnehmen ließ, so wurde das Werk, auf eine so große Menge Menschen verteilt, in unglaublich kurzer Zeit fertig gestellt. Die Nachbarvölker (die anfangs über das Eitle dieses Unternehmens gelacht hatten) durchdrang Bewunderung über den Erfolg und Schrecken.

Immanuel Kant

Das Land des reinen Verstandes

[…]

Wir haben jetzt das Land des reinen Verstandes nicht allein durchreiset, und jeden Teil davon sorgfältig in Augenschein genommen, sondern es auch durchmessen, und jedem Dinge auf demselben seine Stelle bestimmt. Dieses Land aber ist eine Insel, und durch die Natur selbst in unveränderliche Grenzen eingeschlossen. Es ist das Land der Wahrheit (ein reizender Name), umgeben von einem weiten und stürmischen Ozeane, dem eigentlichen Sitze des Scheins, wo manche Nebelbank, und manches bald wegschmelzende Eis neue Länder lügt, und indem es den auf Entdeckungen herumschwärmenden Seefahrer unaufhörlich mit leeren Hoffnungen täuscht, ihn in Abenteuer verflechtet, von denen er niemals ablassen, und sie doch auch niemals zu Ende bringen kann. Ehe wir uns aber auf dieses Meer wagen, um es nach allen Breiten zu durchsuchen, und gewiß zu werden, ob etwas in ihnen zu hoffen sei, so wird es nützlich sein, zuvor noch einen Blick auf die Karte des Landes zu werfen, das wir eben verlassen wollen, und erstlich zu fragen, ob wir mit dem, was es in sich enthält, nicht allenfalls zufrieden sein könnten, oder auch aus Not zufrieden sein müssen, wenn es sonst überall keinen Boden gibt, auf dem wir uns anbauen könnten; zweitens, unter welchem Titel wir denn selbst dieses Land besitzen, und uns wider alle feindselige Ansprüche gesichert halten können.

Nachwort

Man hätte auf Ernst Jünger hören sollen, der in seinen Reisetagebüchern schrieb:

»Über Inseln lässt sich viel erzählen, und man findet leichter den Anfang als das Ende dabei. Ich entsinne mich der Unterhaltung mit einem jungen Freunde, der eine Monografie ›Die Insel‹ zu schreiben beabsichtigte. Ich musste ihm abraten, denn der Stoff ist so gewaltig, dass er gelehrte Gesellschaften in Atem halten kann. Inseln gibt es nicht nur wie Sand am Meere, sondern alles ist Insel, auch die Kontinente, und selbst die Erde ist ein Inselchen im Äthermeer. Daher kommt es wohl, dass uns Inseln nicht nur extensiv, sondern auch intensiv beschäftigen; sie gehören zu den großen Traumbildern.«

Gottseidank hatte ich nicht vor eine Monographie* zu schreiben, sondern wollte nur eine möglichst interessante Anthologie zusammenzustellen. Das von Jünger geschilderte Problem bzw. die Herausforderung bleibt aber erhalten, denn wie er so richtig sagt, lässt sich »Insel« als Metapher auf so gut wie alles ausbreiten. Die Gründe dafür sind verstiegen aber interessant. Chesterton hat in seiner *Philosophie der Insel* einmal gesagt: »Der Mensch hat den Instinkt die Dinge dadurch zu definieren, indem er sie isoliert.« Abstrakt betrachtet entwickeln Inseln durch den Kontrast zwischen Wasser und Land eine gewisse Prägnanz. Sie sind »überschaubar«, zumindest aus einer gewissen Distanz. Diese Distanz darf allerdings nicht zu groß sein – Kontinente lassen sich aus dem Weltall ja auch als Inseln erleben und die Er-

* Wer auf der Suche nach einer solchen gelungenen philologisch-philosophischen Monographie ist, wird bei Volkmar Billig fündig (Inseln. Matthes und Seitz Berlin, 2011).

de, wie Jünger sagt, wohl auch. Inseln geben sich als etwas, das ein seltsames Ganzes bildet, sich von einem klaren Hintergrund abhebt und wahrnehmen lässt. Sie sind damit so etwas wie die Landschaft schlechthin, ein Bonsai-Kontinent, ein Miniatur-Land: Der Strand als fließender Übergang fungiert als Grenzbereich. In den Robinsonaden ist der Strand meist der am wenigsten gefährliche Bereich. Das Meer bedeutet den offensichtlichen Tod, der Wald oder das Inland versprechen zumindest Abenteuer und stehen für das Unbekannte. Die Isoliertheit (isola; ital. Insel) der Inselwelt eröffnet Möglichkeitsräume, abseits der gewohnten zivilisatorischen und kulturellen Verhaltensweisen. Die Inseln der Literatur sind ja nicht selten rechtsfreier Raum und die Herausforderung besteht ja auch nicht selten darin, ein kleines Stück Rechtsstaat – man denke an den *Herrn der Fliegen* –, oder einen Alltag mit seinen geregelten Ritualen wiederherzustellen. Es ist also kein Wunder, dass die erste literarische Utopie auf einer Insel spielt und Dystopien auch häufig auf Inseln verlegt werden. Und es ist auch kein Wunder, dass der erste Protagonist des englischen Romans auf einer Insel strandet. Im Roman wird wie in keiner anderen Gattung Subjektivität entwickelt und erforscht, und was läge eben näher, als das zu erforschende und zu entwickelnde Subjekt alleine sein zu lassen, mit sich, mit seiner Angst, mit seiner Einsamkeit, mit seinen Beständen. Sie sind Orte, an denen man entweder ungewollt strandet, oder sind Rückzugsgebiete, in denen man seine Sehnsucht nach vollkommener Einsamkeit auskosten kann. Das Motiv der Insel fungiert so als »Setting«, das den Konflikt zwischen Mensch, Technik und Natur, zwischen Bewusstsein und Materie hinterlegt. Dafoes Original-Crusoe und Wezels Adaption etwa lassen sich als Ausdruck der von Max Weber beschrieben Arbeitsethik lesen. Kein anderes Szenario bietet die Möglichkeit so glaubhaft neue unerhörte Handlungs- und Verhaltensweisen durchzuspielen. Spekulationen und Phantasiegebilde auf Inseln zu verlegen ist insofern nachvollziehbar, als dass Inseln »woanders« sind, bezuglos erscheinen, ohne komplett außerirdisch und außerweltlich zu sein. Insel-Welten isolieren »Merkmale« und dienen (man denke an die Auswüchse der Regional- und National-Robinsonaden) als Vergrößerungs- und Deckglas bestimmter Eigenschaften. Das Inselmotiv ist stets an wesentliche anthropologische Fragestellungen gebunden: Wie viel Zivilisation tut uns gut? Wer sind wir, wenn wir den Elementen ausgeliefert werden? Bricht Recht und Moral zusammen, wenn wir unbeobachtet und unreguliert sind? Letztlich ist die »Einsame Insel« – als ob die Insel einsam wäre – der Raum, in dem sich die Frage danach stellt, was ein Mensch oder eine kleine Gruppe von Menschen erreichen oder nicht erreichen kann, wenn er oder sie quasi wieder bei null anfangen müssen. Abseits von Weltuntergangsszenarien– und diese haben auch häufig robinsonadischen Charakter (man denke etwa an Cormac McCarthys *The Road*) – lässt sich diese Frage literarisch wohl nicht geschickter verarbeiten.

Was die Textauswahl betrifft, habe ich mich auf mehr oder weniger »konkrete« (was das in der Literatur auch immer heißen mag) Inseltexte beschränkt, also Texte, in denen es um eine oder mehrere Inseln oder Inselwelten geht, um ihre Beschreibung, die Reise zu ihr, ihr Verhältnis zu ihren Bewohnern etc.

Gesa Holsten 2014

Literatur

Auburtin, Victor: Sündenfälle Feuilletons. Rütten und Loening 1970

Chamisso, Adelbert von, (Hrsg.) Jost Perfahl: Sämtliche Werke in zwei Bänden, Bd. 1. Winkler-Verlag, München: 1975, S. 468–470. Chamisso, Adalbert von:

Defoe, Daniel: Leben und Abenteuer des Robinson Crusoe. Bibliographisches Institut 1869

George, Stefan. Sämtliche Werke in 18 Bänden, Bd. 3. Klett-Cotta, Stuttgart 1982

Gernhardt, Robert, Bernd Eilert, Peter Knorr: Der Inselpfarrer. Aus: dies.; Das Ungeheuer von Well Ness © S. Fischer Verlag GmbH, Frankfurt am Main 2005

Heinrich Heine: Werke und Briefe in zehn Bänden. Band 3. Reisebilder zweiter Teil

Heym, Georg: Dichtungen und Schriften Bd. 1 H. Ellermann Hamburg / München, 1964.:

Hölderlin, Friedrich: Exzentrische Bahnen. Deutscher Taschenbuch Verlag München 1993

Kafka, Franz: Beim Bau der Chinesischen Mauer. Aufzeichnungen aus dem Jahre 1920. Gustav Kiepenheuer. Berlin 1931

Kant, Immanuel: Werke in zwölf Bänden. Band 3, Suhrkamp Frankfurt am Main 1977

Lagerlöf Selma: Die Die schönsten Reisen des kleinen Nils Holgersson. marixverlag Wiesbaden 2015

Lukian von Samosata . marixverlag Wiesbaden 2013

Morus, Thomas: Utopia. marixverlag Wiesbaden 2013

Poe, Edgar Allan: Geschichten von Schönheit Liebe und Wiederkunft Bd. 2. Propyläen Verlag, Berlin

Rilke, Rainer Maria: Neue Gedichte Erstauflage: Insel Verlag, 1907.

Ringelnatz, Joachim. Nie bist du ohne Nebendir. Karl H. Henssel Verlag 1976

Rodenberg, Julius: Stilleleben auf Sylt. Verlag Schuster 1979

Sand, George: Ein Winter auf Mallorca. marixverlag Wiesbaden 2011

Scheerbart, Paul: Der Sturm, Ausgabe 2, Nummer 76, 9 September 1911

Schnitzler, Arthur: *Die Frau* des Weisen. In: Arthur Schnitzler: Leutnant Gustl. Erzählungen 1892 – 1907. S. Fischer, Frankfurt am Main 1961Geßner, Salomon: Idyllen. Georg Olms Verlag 1976. Faksimile Druck der Ausgabe 1762

Schwab, Gustav: Sagen des klassischen Altertums. Insel Verlag Frankfurt am Main 1982

Storm, Theodor: Die schönsten Novellen Bd. 1. Deutsche Buch Gemeinschaft, Berlin

Swift, Jonathan: Gullivers Reisen. Verlag Adolph Krabbe 1843

Thelen, Albert Vigoleis: Die Insel des zweiten Gesichts. Erstveröffentlichung 1953 © 1981, 1992 Claassen Verlag in der Ullstein Buchverlage GmbH

Twain, Mark: Meisterwerke neuer Novellistik – Bd 9. In: Die 1,000,000 Pfundnote und andere humoristische Erzählungen und Skizzen. Max Hesses Verlag Leipzig 1909

Walcott, Derek: Die Antillen. Fragmente epischen Erzählens. Aus: Erzählungen von der Insel. Gedichte. Ausgewählt und aus dem Englischen von Klaus Martens. © Hanser 1993. . Bzw. Copyright © The Nobel Foundation (1992) Source: Nobelprize.org

Weissmann, Maria Luise: Gesammelte Dichtungen, Pasing 1932

Wezel, Johann Karl: Robinson Krusoe. Rütten und Loening Berlin 1979

Verne, Jules: Zwei Jahre Ferien. Bekannte und unbekannte Welten. Abenteuerliche Reisen von Julius Verne, Band LIV–LV, Wien, Pest, Leipzig 1889